U0944506

图 1　哥贝克力石阵围合 D 概览

图 2　围合 D 中神秘的 43 号巨石柱位于左侧

图 3　2013 年，作者与克劳斯·施密特教授在哥贝克力石阵。施密特教授（图片左侧）于 2014

图 4　围合 D 中东部的中心立柱

图 5　支柱底座

图 6　柱身西侧“腰带”上的细节

图 7　哥贝克力石阵围合 D 中的 43 号巨石柱。这张早期照片由克劳斯·施密特教授拍摄

图 8　哥贝克力石阵围合 B

图 9　作者在哥贝克力石阵采石场上与废弃的未完工的 T 形石柱合影

图 10　作者与波士顿大学地质学家罗伯特·修奇（左）和丹尼·纳特韦德伽伽（中）在印尼巴东山巨石遗址研究哥贝克力石阵围合 B 的扫描图

图 11　作者与丹尼·纳特韦德伽伽在巴东山巨石遗址

图 12-13　巴东山主要阶地的概览。该遗址以这种形式为考古学家们所知已经有一个世纪之久。但是只有当地质勘探工作真正开始，考古学家们才意识到这里还存在隐藏的结构，更早期的建筑层就隐藏在阶地下面

图 14　作者与兰德尔·卡尔森在干瀑布合影

图 15　瓦卢拉缺口，“大量水流的汇合之处”，其背景是疤地和“孪生姐妹”

图 16　卡马斯草原上巨大的水流纹，有的超过五十英尺高

图 17　“巨石公园”，美国华盛顿州。10000 多吨巨石被冰河时代末期的大灾洪冲到这里

图 18　在亚美尼亚兹瓦尔特诺茨大教堂的废墟上观看亚拉拉特山

图 19　入口通道和石门——土耳其德林库尤地下“城市”

图 33　狮身人面像及其寺庙的鸟瞰图

图 34　“河古庙”古老的巨石石灰岩核心。其石块重达 100 吨

图5 狮身人面像和“梦的石碑”

图 36　含花岗石成分的“河谷庙”在王朝时代被加筑在古代预先存在的石灰岩结构上

图 37　“河谷庙”巨大的石灰岩块是在狮身人面像建成之时，在其核心主体的周围开采的，因此是同一种文化的作品

上帝的魔法师

MAGICIANS OF THE GODS

［英］葛瑞姆·汉卡克 著
舒丽萍 译

北京联合出版公司
Beijing United Publishing Co.,Ltd.

图书在版编目（CIP）数据

上帝的魔法师 / (英) 葛瑞姆 · 汉卡克
(Graham Hancock) 著 ; 舒丽萍译. -- 北京 : 北京联合
出版公司, 2016.12
ISBN 978-7-5502-8927-7

Ⅰ. ①上… Ⅱ. ①葛… ②舒… Ⅲ. ①世界史－文化
史－通俗读物 Ⅳ. ①K103-49

中国版本图书馆CIP数据核字(2016)第249402号

著作权合同登记号：图字01-2016-6858

上帝的魔法师

作　　者：(英) 葛瑞姆 · 汉卡克
译　　者：舒丽萍
出版统筹：精典博维
选题策划：曹伟涛
责任编辑：张　萌
装帧设计：博雅工坊 · 肖杰/程海林

北京联合出版公司出版
（北京市西城区德外大街83号楼9层 100088）
北京雁林吉兆印刷有限公司印刷 · 新华书店经销
字数576千字　710毫米×1000毫米　1/16　37印张
2016年12月第1版　2016年12月第1次印刷
ISBN 978-7-5502-8927-7
定价：88.00元

致桑莎，我的灵魂伴侣。

图片出处说明

卡梅伦·威尔特（www.sacredgeometryinternational.com）：提供图片1、2、3、7、10、11、12、13、14、15、16、17、18、19（与兰德尔·卡尔森一起拍摄），图片20、21、22、23、24、25、26、27、32、33、34、35、36、40、41、42、43、44、45、46、47、48、49、50、51、53 、54、55、56（与阿福艾·理查德森一起拍摄），以及图片57、58、59、60、61、62、63、64、65、68、69、70、71、72。

阿福艾·理查德森：提供图片4，8（顶行），图片46、50、52、53、54、55、56（与卡梅伦·威尔特一起拍摄），以及图片66（与卢克·汉卡克一起拍摄）。

卢克·汉卡克：提供图片37、38、66（与阿福艾·理查德森一起拍摄），以及图片67、73。

迈克尔·莫尔丁：提供图片6、8，以及图片28、29、30。

塞缪尔·帕克：提供图片5、8。

庞·S·普拉加尼卡：提供图片9。

c o n t e n t s

目录

上帝的
魔法师
Magicians
of
the Gods

致　谢

首先，我要向摄影师桑莎·法伊亚表达我的爱和感激。二十年前她成为我的妻子，对此我深感荣幸。早在遇到我之前，她就有自己非常成功的职业生涯，但她欣然同意和我一起共事。这本书中的大多数图片都是桑莎拍摄的，我以前写的书里的图片也是如此。从《上帝的指纹》到《上帝的魔术师》，她与我携手走过这段漫长旅程的每一步！谢谢你，桑莎！还要感谢我们的孩子肖恩、香提、拉维、莱拉、卢克和加布里埃尔。在我写《上帝的魔术师》期间，我们的第一个孙子尼拉出生了。迎接他来到我们这个热闹的大家庭是一件乐事。还要感谢我的妈妈穆里尔·汉卡克和舅舅詹姆斯·麦考利。在我心里，一直保留着对我的爸爸唐纳德·汉卡克的美好回忆，他给了我很多指教，经过多年大力支持我的工作之后，于2003年与世长辞。

我的杰出的文稿代理人索尼娅·兰德创造了奇迹，从各方面来讲，她都不愧是一位伟大的代理人。我的英国编辑马克·布斯和我的美国编辑彼得·沃尔弗顿在促成《上帝的魔术师》的过程中都起到了非常积极的作用，并在正确的时间以恰当的方式将它呈现在公众面前。

为这本书创作地图、图表、图纸和图解的图片团队包括卡梅伦·威尔特、阿福艾·理查德森、迈克尔·莫尔丁和塞缪尔·帕克。我的儿子卢克·汉卡克也提供了大量的图表。在图片出处说明中，我对每一位艺术家提供的图片都进行了单独的标注，但在这里我要一并感谢他们所倾注的专注、才华、智慧和辛勤工作。

2013年，德国考古研究所的已故教授克劳斯·施密特在带领我参观土耳其的哥贝克力石阵期间，他所付出的远远超出了他的职责范围。作为哥贝克力石阵的发现者和挖掘者，克劳斯对这片遗址拥有独到的知识，在为期三天的参观和现场采访中，他慷慨地与我分享他所有的知识。对于他的去世，我深感遗憾，但我相信他的名字将被历史铭记。

2014年，我去黎巴嫩做了一个研究访问。我的朋友拉姆齐·纳贾尔、萨米尔和桑德拉·迦玛卡尼所给予的善意友好的帮助和后勤支持，使我在那里的工作取得了极大的进展。在随后的行程中，通过与考古学家暨建筑师丹尼尔·罗曼就巴勒贝克这一话题进行大量的交流，我感到获益良多。他付出卓绝的努力，耐心且颇具说服力地让我相信主流分析的优点所在。

在印尼，我要特别感谢丹尼·希尔曼·纳特韦德伽伽，非常古老的巴东金字塔遗址的发掘者。还要感谢他的同事韦斯努·阿里斯提卡和班邦·韦道寇·苏瓦嘎蒂，他们加入我们在爪哇、苏门答腊、弗洛雷斯和苏拉威西所进行的一系列广泛的实地考察。

在美国，我要特别感谢兰德尔·卡尔森，他对灾变地质有着深刻的见解。在我们从俄勒冈州的波特兰市去往明尼苏达州的明尼阿波利斯市的旅程中，他与我分享自己的知识，研究在冰河时代末期困扰着整个地区的洪灾对陆地的影响。还要感谢布拉德利·杨，他在陪同我们的旅程中，一直担任驾驶工作——这绝对是个壮举！

我很感谢艾伦·韦斯特，他是研究新仙女木期彗星撞击的一大群科学家当中的通讯作者。我在第三章至第六章里面将详细讲述他们工作的故事。艾伦为我提供了非常有益的帮助，以确保我得到的是正确的事实。此外，他还主动提供进一步的见解，使我更加深入地了解灾难的影响。

最后但并非最不重要，我要感谢全世界我的忠实读者们！在我追求寻找失落文明的旅程中，你们一直坚持跟随我二十多年。《上帝的魔术师》是这段旅程的最新目标，尽管它是一部新作品，但在一些论点上，我必须重新审视我在《上帝的指纹》以及我的其他书籍里探索的根据，这样做是为了将我呈现在这里的新证据放在适当的背景中。

毋庸置疑，前文中提到的任何个人对《上帝的魔术师》文中出现的任何错误或瑕疵都不负有责任。

葛瑞姆·汉卡克
英国巴斯
2015 年 9 月

引　言
沙　子

在沙子上搭建的房子始终处于坍塌的危险中。

有越来越多的证据表明，尽管大多数后来的施工质量上乘，但过去的那些由历史学家和考古学家建造的宏伟建筑物是矗立在有缺陷且极不健全的基础之上的。在介于距今 12800 年和 11600 年之间的那段时期，我们的星球上发生了一次灭绝级灾难。这次灾难的后果是全球性的，对全人类造成了深刻的影响。由于证明这次灾难发生过的科学证据自 2007 年起只出现过一次，而当时历史学家和考古学家们丝毫没有考虑灾难带来的影响，因此我们不得不考虑这样的可能性：关于文明的起源，我们被教导的一切可能是错误的。

尤其被认为是合理假设的是：世界各地的神话公认洪水和火灾终结了黄金时代是真实的，还认为在人类故事的整个发展过程中，介于 12800 年前和 11600 年前之间的那 1200 个灾难多发的年头的记录是个空白——而这一段时期并不是纯粹以狩猎采集为主，而是有了先进的文明。

假如这一段时期的文明的确存在过，那么尽管流逝了这么多的时间，它会为我们留下任何仍然能够在今天确定它存在过的痕迹吗？如果是这样，它的丢失对我们有什么实质意义？

本书试图回答这些问题。

第　一　部

异　常

Part ❶

Anomalies

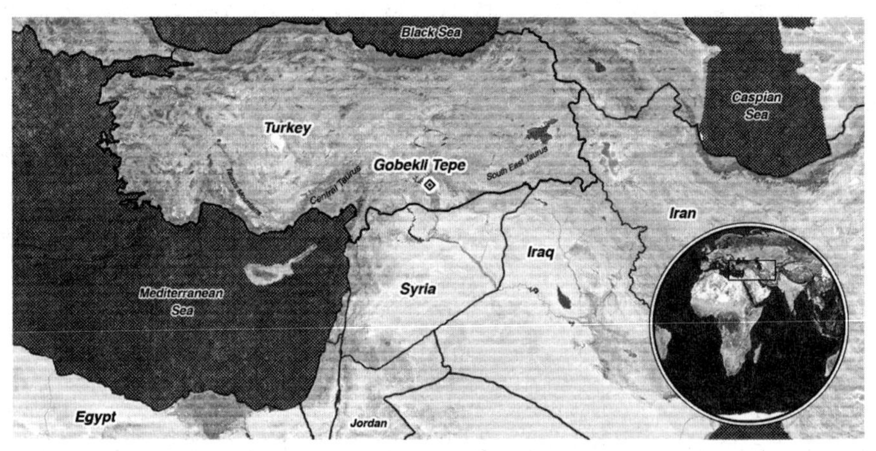

图 1　哥贝克力石阵的位置及其区域设置

第一章
这里的奥秘太多了……

哥贝克力石阵是世界上迄今为止发现的最古老的纪念性建筑，至少考古学家认可这个说法，而且它规模宏大。

“令人敬畏”“气势磅礴”“神圣庄严”及“压倒一切”这样的形容词都无法恰当地描述它。在过去的几个小时里，我一直和哥贝克力石阵的发掘者克劳斯·施密特教授在这里转悠。我实在是感到震惊。

“这个寺庙将会改写历史，而你是发现它的人。”我问他，“感觉怎么样？”

施密特是一个红光满面的德国考古学家，长着桶状胸和灰白的胡须。他穿着褪色的牛仔裤和蓝色牛仔衬衫，袖子上沾着一道泥浆。他裸露的、脏兮兮的脚上穿着一双磨损的凉鞋。现在是 2013 年 9 月，三个月后就是他的六十岁生日，而我们谁都不知道他将在不到一年的时间内去世。

他一边思考我的问题，一边擦去额头上闪闪发亮的汗珠。上午还未过半，土耳其东南部安纳托利亚地区的太阳已经高高地挂在天上，天空万里无云，托罗斯山脉的山脊被晒得非常炙热。我们就站在这个山脊上，没有风，甚至没有一丝微风的迹象，也没有任何地方可以遮阴。在 2014 年，这里将会搭建一个顶棚，以覆盖和保护这片遗址，但现在是2013年，这项工作只是打了一个基础，所以我们此刻站在一个露天的临时搭建的木质走道上。走道下面是一系列半埋在地下的带有围墙的遗址，多多少少呈环形，围墙里有数十根T形巨石柱。是施密特和他的来自德国考古研究所的团队使它们重见天日。在他们展开工作之前，这里表面上看起来只是一座圆形的山丘——实际上哥贝克力石阵的意思为“肚脐山”[1]，有时也被译作“大肚山”[2]——但是这次的发掘把以往的大部分说法都推翻了。

“当然，我们不能断定哥贝克力石阵就是一座庙宇。”施密特终于开始回答我的问题了，他显然是在字斟句酌，“且让我们称其为山的圣所。我不认为它将改写历史，而是在既存的历史中增添一个重要章节。我们向来认为，人类从狩猎采集向农耕的转变是一个缓慢而循序渐进的过程，但是现在却发现，在这个转变时期，出乎意料的是这种激动人心的纪念性建筑被建造出来了。”[3]

“不只是纪念性建筑。”我提醒说，“一开始当地人只是狩猎采集者，并没有农业发展的迹象。”

“对！”施密特对我的说法表示赞同，“没有一点迹象。”他豪迈地指向这一片环形立柱说，“但是，来到哥贝克力土丘并建造了这些石阵的人发明了农业！我们可以看出这里发生的事和后来出现的依赖于农业的新石器时代之间存在某种关联。”

听到“发明”一词，我的耳朵就竖了起来。我想确认自己是否理解对了。“所以……”我强调道，“您的意思是建造了哥贝克力石阵的人发明了农业？”

“对，对。”

“您能详细说说吗？”

“因为在这个地区先前已经有了驯养物，包括动物和植物。驯养是在这个地区完成的。所以驯养动植物的人和修建石阵的人是同一批人。”

“所以在您看来，这里是世界上第一个——也是最古老的——农业发源地？”

“是全世界第一处有农业的地方，对。”

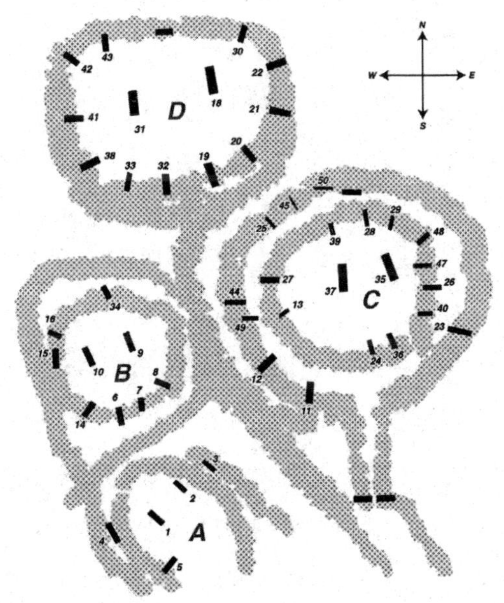

图 2 在哥贝克力石阵中挖掘出的围合的中心集群——A、B、C、D。为方便指认，德国考古研究所将所有立柱都编了号

我感觉到，我针对这一问题进行探讨的方式已经使施密特有些不耐烦了，但是我有我的理由。被发掘的哥贝克力石阵区域距今将近12000年（根据正统年表），它要比其他任何巨石遗址——比如马耳他的甘特遗址和姆娜拉神庙、英国的巨石阵和埃夫伯里巨石圈、埃及

的吉萨金字塔——都要再早6000年以上。但是那些遗址都是属于被考古学家称为新石器时代的人类文明演化阶段，农业和社会组织在这个时期被一同构建起来，阶级划分也取得了很大的进展，这才造就了技术娴熟的匠人，因为他们可以用农民生产的补给维生而不用自己去生产食物。相反，哥贝克力石阵属于旧石器时代晚期的最末阶段，在旧石器时代晚期，我们的祖先是通过游牧的狩猎采集维生，这些流动的小规模群居人类还无法完成需要长期计划、复杂分工和高度管理技巧的任务。

施密特和我站在步道的一处能够俯瞰围合C和围合D的地方，我在背景知识研究中了解到一幅引人深思的图像，它是刻在某一石柱上的。于是我想征得这位考古学家的同意，向下爬到围合D里面，以便能更近地观察这一图像，但是在此之前，我想先弄清楚他对农业起源及其与巨石建筑之间关系的看法。围合C，是目前挖掘出的四个主坑当中最大的，主要由两根庞大的中央立柱构成，但两根立柱都折断了。它们原本应该每根超过6米（约20英尺）高，20吨左右重。周围的围墙内还嵌入了另外十多根立柱。这些立柱相对较小，但仍然十分巨大。围合D也是一样——又是一圈较小的立柱，环绕着两根高耸的中央立柱，但两根都保存完好。它们的顶部呈T字形，从正面看有个微微向下倾斜的角度，似乎没有特别之处，但是却让人莫名联想到巨大的人头——石柱上一些淡淡的轮廓加深了这一印象：顺着柱子的侧面有肘部弯曲的手臂，向下延伸至精心雕刻的人类手掌和长长的手指。

“所有这些——”我说，“这些巨石、人物肖像、遗址的总体构思和布局……说实话，这规模看起来已经和英格兰的巨石阵一般宏大了，但是巨石阵却年轻得多。所以，您在这里的发现要怎么贴合您所说的狩猎采集社会的概念呢？”

“这里要比我们预计得更有组织。”施密特说道，“我们从中看到的是一群明显有着劳动分工的狩猎采集者，因为这些巨石工程是一项特殊工作，不是每个人都能做的。他们还能搬运这些沉重的石头，并且能把它们竖起来，这表示他们必须有某些工程方面的基本知识，我们不能期待狩猎采集者能够做到这些。这真的是人类最早的建筑，而且规模宏大。”

“所以，施密特教授，如果我理解得没错，您是说我们现在站的地方不仅是一个纪念性的建筑物，而且是人类首次发明农业的地方。”

“对，是这样。”

“但是您并不觉得这具备任何颠覆性意义？您只将之看作一个能够被妥帖地纳入现有历史框架的过程？”

“是的，纳入现有的历史当中。但是这个过程比我们预期得更令人兴奋。特别是因为我们在哥贝克力石阵中发现的东西更多地属于狩猎采集的世界，而不是农业社会。这个时间接近狩猎采集即将结束的时代，当时新石器时代尚未开始。”

“所以这是个过渡期，是风口浪尖的时刻。也许还不止于此？从我们的对话中，以及您今早给我展示的遗址中，我产生了一种想法，哥贝克力石阵是一个史前的智囊团或创新中心的所在地，也许是居民当中的精英人物在掌控。您觉得呢？”

“对，是的。这是个聚会场所，人们会聚集于此，而且毫无疑问，这儿是传播智慧和发明创新的平台。”

“传播内容包括大规模石材加工的知识和农业方面的知识。您会不会大胆揣测控制这一场所和传播思想的人们是祭司呢？”

“不管他们是谁，都绝不仅仅在这里实践萨满教，他们更像是在遵循一种习俗。所以，答案是肯定的，他们正在朝神职人员的方向发展。”

“由于一千多年以来，人们一直在使用哥贝克力石阵，从未间断，那么这会不会变成一种带有自身习俗的持续的文化呢？掌控这一场所的人也在此期间保持着相同的思想和‘祭祀制度’？”

“是的。但奇怪的是，随着几个世纪的流逝，过去的劳动创造存在明显的坍塌。真正不朽的建筑结构位于较古老的岩层；建筑结构在较年轻的岩层中会变得越来越小，而且在质量上也有明显的下降。”

“所以最古老的是最好的？”

“对，的确如此。”

“但您不觉得这令人费解吗？”

克劳斯·施密特看上去几乎有些歉意。“希望我们最终能找出甚至更古老的岩层，在那里，我们就能看到我们期待看到却还没有找到的小起点。然后，我们会看到不朽的那部分建筑，再然后是衰败的那部分。”

我突然想到，在施密特教授刚才说的话里，“希望”是最关键的词。我们习惯于从小而简单的事物开始，然后进步—发展—成为更复杂和精细的事物，所以这自然是我们在考古遗迹中期待能找到的。先前我们精细构建了文明的运转模式，以及它们如何逐渐成熟和发展的模式。所以当我们遇到哥贝克力石阵，目睹它发端完美却渐渐退化直至成为早前的自我的一个暗淡的影子，会感到它颠覆了我们的观念。

我们也不是有多么反对文明退化的过程。众所周知，文明是可能衰败的，看看罗马帝国和大英帝国就知道了。

就像雅典娜突然婀娜多姿、全副武装地从宙斯的头颅里孕育出来那般，哥贝克力石阵的问题是突然出现一种似乎已经经过岁月打磨的文明，它是如此完善，以至于其在诞生之初就“发明了”农业和纪念性建筑。

即使没有一丝从简单到精细的发展痕迹，考古学可以解释为何古埃及最早的纪念碑、艺术、雕塑、象形文字、数学、医药学、天文学和建筑在最初就很完美，但却无法解释哥贝克力石阵的问题。我们不妨像我的朋友约翰·安东尼对古埃及发问那样，对哥贝克力石阵同样进行发问：

> 一种复杂的文明是如何应运而生的？看看 1905 年的汽车，拿它跟现代的汽车对比一下，我们对“发展”过程不存在任何误解。但埃及的情况没有相似之处，那里的一切在最初就是好端端的。
>
> 这一奥秘的答案当然是显而易见的，但是，因为其为当代主流思想所排斥，所以不被考虑。埃及文明并非是一种“发展”，而是遗产。[4]

那么哥贝克力石阵是否也是同样的情况呢？

关于这一失落文明是后来所有已知文明的起源这种想法，克劳斯·施密特根本没时间去考虑，所以在我因此向他施压时，他反复提出，哥贝克力石阵的绝大部分都还未挖掘。“我说了——”他有些不耐烦地嘀咕道，“等我们挖出更早阶段的遗迹时就能找出演化的证据了。”

他有可能是对的。哥贝克力石阵在很多方面让人震惊，其中一点便是，到克劳斯·施密特在 2013 年带我参观它时，人们已经对其进行了连续十八年的发掘工作，而它的很大部分还埋藏于地下。

但是这部分到底有多大呢？

“很难说。”施密特告诉我，“我们做了地质勘测——使用探地雷达——能看到至少还有十六个尚未发掘的大型围合。”

“大型围合？”我指着围合 D 中高耸的石柱问道，“像这样的？”

“对，就像这样的，最少十六个。在有些区域地质勘测无法提供全面的答案，看不清里面的情况，但我们预计会超过十六个。可能最终实际数字会翻倍，甚至达到五十个。”

“五十个！”

“是——五十个大型围合，每个围合有十四根或更多的石柱。但是，我们的目的并非挖出所有的东西，只需要挖出一小部分，因为挖掘就是破坏。我们想让大部分的遗址保持原封不动。”

试想古人建造哥贝克力石阵这一事业所具的规模，是需要耗费想象力的。不仅因为这里挖掘出的排成圆圈状的巨石柱至少比任何其他已知的巨石遗址古老六千年，我现在还认识到，哥贝克力石阵是巨大的——它所占的面积可能最终将被证明一处是比其他大型遗址（例如巨石阵）还要大三十倍的区域。

换句话说，我们遭遇的是一个广博而莫名的古迹，有着超大规模和不为人知的用途，一切都是来源不明的未解之谜，没有清晰的背景和铺垫，全然被笼罩在迷雾之中。

巨人围合

我已经习惯了考古学家们在我出现在他们的挖掘现场时，标志性地睥睨着，背对着我。施密特的态度让人耳目一新。虽然他很清楚地知道我是谁，但却同意我和我的摄影师妻子——桑莎·法伊亚——一起进入到围合 D 仔细研究。哥贝克力石阵的四个已被挖掘的主围合都有人看管，严格禁止公众进入，但是我需要近距离地观察围合 D 中一根石柱上的一幅图像，这在步道上是无法做到的——在步道上我连看都看不到它——所以施密特的慷慨让人很受用。

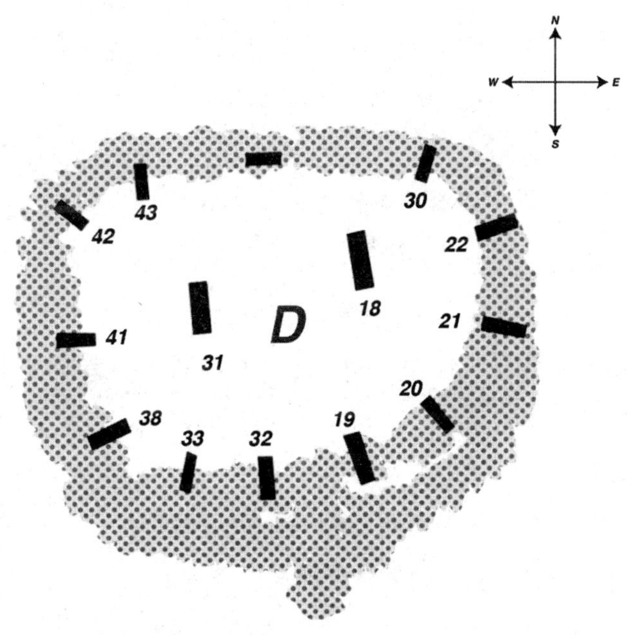

图 3 哥贝克力石阵围合 D 布局。石柱 43 是最令人感兴趣的

我们沿着一块木板进入了围合，木板通往一个两米高、尚未挖掘的土堆，土堆将两根中央立柱分隔开来，一东一西。两根石柱是从这个地区坚硬的结晶石灰岩中挖掘出来的，表面做了抛光处理，光滑无瑕，在阳光下焕发出醇厚的金光。我从施密特教授那里得知，每根柱子高约 5.5 米（约 18 英尺），重超过 15 吨[5]。爬到围合 I 的地面时，我注

意到柱子都立在约20厘米（约8英寸）高的石质柱基之上，这些柱基是直接由原有的基岩凿成的。在东侧的石柱柱基的前缘，高凸浮雕刻成的七只鸟排成一排，尾巴向下蹲着，翅膀不明显，看起来没有羽毛。

两根中央立柱别具一格的拟人化外表，又被它们倾斜的T形“头部”强化了，仿佛一对双胞胎巨人俯视着我。虽然它们本不是我的最初目标，但我还是要抓住机会仔细研究一番。

立柱的前面，呈现的是巨人的胸膛和腹部，这个部分非常狭窄——只有大约20厘米宽。但是侧面，前后距离测出来超过一米（大概4英尺）。两座石柱雕刻，正如我从步道上观察到的一样，侧面都有浮雕的手臂，肘部弯曲，末端是有着细长手指的手部。这些手指环绕到柱子前方，几乎在“肚子”处相会。

在手的上方，有开襟衣袍的痕迹覆盖着巨人的“胸膛”。而手的下面，是两座人像围着的宽腰带——也是浮雕——装饰着独特的扣子，似乎是某种动物的皮——施密特认为是狐狸后腿到尾巴的部分[6]——从纽扣处悬挂下来挡住生殖器的部分。

两座雕刻中，人像都戴着项链。东边的立柱上，项链装饰着新月和盘形图案，西边立柱的项链装饰着一个牛头。

另外，两根石柱以完全相同的独特的方式立于各自基座上——并非牢牢地嵌在上面，而是摇摇欲坠地固定在仅仅10厘米（约4英寸）深的插槽里。克劳斯·施密特和他的团队已经用木制的支撑物为其加固。我能想象他们不得不像古人一样把石柱扶直的样子——除非，在围合上方有一个框架，石像的头部才能放进去被固定住。既然哥贝克力石阵的建造者们是巨石建筑的塑造、移动和放置专家，那么他们不选择刻出更深的插槽来让柱子牢牢地站稳，肯定是有奥秘的。这么做一定有某种理由，但我捉摸不透。

两根中央立柱的相同之处就是这些了，它们之间也存在着差异。比如，在东边石柱的右侧，有一只接近真实大小的高凸浮雕狐狸，看起来像是要从手肘的弯曲处跃向前方。西边石柱的腰带除了纽扣外并无其他装饰，东边石柱的腰带上有一些耐人寻味的装饰图案，包括一串看起来像罗马字母 C 的字符，另一串则像 H。我在研究它们时联想到，我们不可能知道这些符号对于哥贝克力石阵当时的人们意味着什么，我们与他们之间横亘着 11000 多年的时光之渊。难以想象他们拥有任何的书面表达——更别说我们今天使用的字母系统了！尽管这些字符的排列方式诡异地带着当代感和目的性，对我而言它们不仅仅是装饰而已。世界上没有别的地方存在跟它们相似的旧石器晚期的艺术，那些动物和鸟类的图案也是一样。在这个早期阶段，巨石和如此精巧的雕塑的结合是绝对独特、前所未有的。

我继续研究围合 D 边缘发掘出来的十几根石柱，它们并不是围成一个正圆，而是更像一个椭圆，椭圆东西两端相距约 20 米（约 65 英尺），南北相距约 14 米（约 46 英尺）。这些周围的石柱差不多只有中央立柱的一半高，石柱的大半部分都嵌入围墙中。大多数，但不是所有的石柱都是 T 形的。大部分石柱上都装饰着丰富的图案，有鸟、虫以及其他动物，仿佛诺亚方舟上所载的动物都变成了石头：狐狸、羚羊、野猪、众多鸟类，其中包括脚下盘着蛇的几只鹤，以及更多单独或成群的蛇；蜘蛛、野驴、野牛，一头尾巴弯曲到脊椎上的狮子——还有许多其他动物。

为了最大化地利用我们的通行证，我抓紧时间看了很多东西，最后终于到达我特地来看的围合西北边的石柱。为了便于识别，施密特和他的同事们把哥贝克力石阵的所有柱子都编了号，我们要看的是“43号石柱”。我在预先的研究中了解到，这根石柱的柱基上面有一个很大的蝎子图案浮雕。有人猜测这是我们今天所说的黄道星座中的天蝎座[7]。施密特称考古学家们用碎石把它覆盖住以免损坏。我告诉他这图案有可能跟天文学有关联，我对此挺感兴趣的，但他对此嗤之以鼻——“这里没有天文学的图案。黄道星座是直到巴比伦时代才为人所知的，比哥贝克力石阵要年轻9000年”——然后直截了当地拒绝了我清除那些堆积的碎石的请求。

我差点和他争论起来——实际上我们有很好的证据证明黄道十二宫早在哥贝克力石阵出现之前就已被编纂归类[8]——此时，我注意到同一根石柱上没被碎石掩埋的上方还有一组其他图案。其中包括一只精致描绘的秃鹰，它的翅膀像人类的手臂一样伸出来，一个实心圆盘悬在翅膀之上，像是被翅膀托着或保护着。另一只拟人化的老鹰，和其他我所见过的大自然中的老鹰形象都截然不同，因为它的“双膝”向前弯曲，长着奇怪的又长又扁的脚——有些类似于老的蝙蝠侠漫画中的卡通“企鹅”形象。换句话说，这是一个兽人（来自希腊语的therion，意为野兽，anthropos，意为人类），一个杂交的生物——部分为人部分为兽。[9]

在图案之上，是更多的H形的象形图，排成一排在一系列直立和倒置的V形象形图中间。我又一次感觉到这里面含有某种信息和表达思想的技巧，但不可言喻。最后，在该石柱顶端，出现的是三个大的手包图案——总之，是带有弯曲手柄的矩形容器。把它们分隔开的，是在每个容器把手前方的三个图形——左边的一只鸟长着与人腿相似的长长的腿，凭这腿几乎可以确定它也是兽人。

图 4 围合 D 中的 43 号石柱。在我造访时，该石柱的下面部分被碎石掩盖，但在此前的照片中已经被修复了（见彩色图版第一部分）

整个图像集合给我一种挥之不去的感觉，我确定自己曾经看过它——或者是跟它极其类似的东西——在别的地方。唯一的问题是我无法记起是在哪儿以及那是什么！我让桑莎仔细地给这根柱子拍照，她拍完之后，施密特建议我们陪他去遗址西北边看看。离这儿几百米远，在山脊的另一侧，他和他的团队正在那儿积极地进行挖掘。这只是他们用探地雷达测出还埋藏在地下的十几个大型石柱围合的其中之一，也是他们正在研究的第一个。

范式

我一边走一边询问施密特教授是如何以及何时开始参与到哥贝克力石阵的发掘研究中的。讽刺的是，他取得这一重大突破是由于他自身对建筑发展有着坚定的看法，而别的考古学者对相同的问题也坚定地持有其他看法！1964 年，芝加哥大学和伊斯坦布尔大学的联合考察队伍探访了这一区域，目的是搜寻和发现石器时代的遗迹。但当看到地面上耸立的 T 形石柱，以及其他断掉并被当地农民拖出来摆在一旁的石灰岩石柱时，他们误以为哥贝克力石阵与他们要寻找的东西并无关联，便继续往其他地方去了。

原因何在?

这个由美国人和土耳其人组成的联合考察队伍判断，这些柱子上的做工太过精细——过于发达、过于成熟——石器时代的狩猎采集者是无法做到的。在他们看来，虽说石灰岩石块旁边还有用过的火石，哥贝克力石阵也仅仅是一座废弃的中世纪墓地，因此并无任何史前研究的价值。

他们的损失成了施密特的收获。在二十世纪八十年代末及九十年代初，施密特参与了在土耳其的另一个项目——挖掘一处被称作纳瓦勒柯里的新石器早期遗迹，该遗迹后来很快就被阿塔图克水坝的水给淹没了。他和一个来自海德堡大学的考古学家队伍在那里发现并于水淹之前抢救出了很多做工精致的 T 形石灰岩石柱，这些石柱后来被归为 8000 至 9000 年前的作品。它们中有的在侧面有手臂和手掌浮雕。“所以我们认识到，这个地区存在着与我们已知的该时期的遗址不同的东西。纳瓦勒柯里是我们的第一条线索，它让我们知道从狩猎采集社会到早期农业聚居社会的过渡时期存在着大规模的石灰岩雕塑。”

不久之后的 1994 年，施密特看到了一个三十年前土耳其人和美国人联合做出的报告，刚好看到一个段落，提及哥贝克力石阵中沉睡的石灰岩柱子旁边还有用过的火石。“我当时还是个年轻的考古学者。”他解释道，“我在寻找属于自己的研究项目，我马上意识到这里可能存在着意义重大的东西，也许与纳瓦勒柯里一样重要。”

“这是你的前辈们忽视了的，因为火石和建筑石柱在考古学家脑中通常不会被联系在一起？”

我希望他能理解我的这一提示，那就是他也有可能因为既有的范式而忽视了哥贝克力石阵的某些东西。但是他似乎浑然不觉，回答道：“是，正是如此。”

我向前望去。过去的时间里，我们边走边谈，已然来到了热火朝天的挖掘现场。从四个主围合处向周围看去，我一直没意识到这个挖掘现场的存在，因为它被山脊的最高处给遮住了。现在我们往北翻过了山脊线，正下到另一侧的新挖掘点，这是由施密特在哥贝克力石阵发掘出的，被称为围合 H[10]。有五六个德国考古学者正在此工作，有的正用泥刀层层刮开泥土，有的将一桶桶泥土和石块倒到筛子上面，其他人正指挥一支三十人的土耳其劳工队干活。工作重心是一个巨大的巨型坑。这个坑有半个足球场那么大，里面被齐膝高的土墙分成十多个区域，这些区域又被分成更小的区块。在地面上的几个地方，笨重的石灰岩石柱突兀地站立着。大部分石柱为 T 形，但我的眼球被其中一根吸引了。它的顶端是光滑弯曲的，只有一小处破损，上面雕刻着一只特别精美的雄狮。跟围合 D 里的狮子一样，它的尾巴伸向上前方，高悬在背部上方。但这只狮子的做工要比今天目前为止我所看到的其他作品更高超。

"这根石柱上的内容特别丰富。"我对施密特说，"能让我们看看吗？"

他同意了。我们一路寻找着下脚的地方，好不容易穿过挖掘现场，来到离那根有狮子雕像的柱子几米远的地方。这根柱子斜靠在残余的鹅卵石大小的石头和泥土堆上，显然在考古学家们来此开展工作前，整个围合都被这些石头和泥土填满了。在该区块的边缘，可以看到另一根石柱的头，区块中间挖出了一个深一些的沟——我猜是为了让狮子石柱的前三分之一露出来——这个沟的内壁也是同样的石块和泥土。

关于这些石块，我询问了施密特。我说："那些鹅卵石是怎么跑到这儿的呢？看起来不像是自然沉降形成的。"

"不是。"他答道。他看上去有些自鸣得意，"这是被人特地放进来的。"

"特地？"

"对，是建造哥贝克力石阵的人放的。他们建好了这些巨石建筑，然后使用了不知道多久之后，故意把每个围合迅速掩埋了。比如我们目前挖出的最古老的围合C，在建造跟它挨着的围合D之前，它被封起来，从上到下都填满了，这样所有的柱子就完全被覆盖了。这种故意的填充行为对考古来讲是极其有利的，因为它能有效封存每个围合，使它们不受之后的有机物侵蚀，而这些有机物能帮我们准确判断它们的年代。”

施密特说话的时候，我的大脑在飞速思考。他关于年代判断的观点很有意思，他解释说至少有三个原因。

首先，他的话中暗含一个意思，世界上其他没被“封存”的巨石遗址，可能会因有机物的侵蚀而造成考古学家们对它们的年代判断有误（顺便说一句，有机物是唯一可以进行碳定年的物质；因为你肯定不能用石头这样的无机物做碳定年）。那么从理论上讲，那些著名的没被其修建者们掩埋的巨石建筑遗址（比如马耳他神庙、梅诺卡岛巨石碑、埃夫伯里巨石圈和英国的巨石阵）都有可能要比我们所以为的要古老得多。

其次，如果说哥贝克力石阵的年代是从填充物中的有机物判断得来的——这是我后来从施密特发表的论文里确认过的事实[11]——那么这告诉我们的只是填充物的年代；巨石立柱自身的年代肯定至少跟它们一样，但可能要更古老，因为它们是在建好“不知多久”之后才被填埋的。

第三，或许这是最重要的一点，即为什么要掩埋遗址？经历了重重困难建起了这些宏伟的巨石圈之后，最终却故意将其掩埋得如此彻底和迅速，而等它们被人发现也许要再过一万年之久，这么做的动机到底是什么？

我首先想到的是……时间囊——建造哥贝克力石阵是为了给未来

传递某种信息，掩埋它是为了在几千年中完好地保存和隐藏这些信息。在我继续进行研究时，这个想法多次萦绕于心，又过了整整一年之后这个想法才得出成果，我们会在后面的章节中看到。与此同时，当我向克劳斯·施密特提出这个问题时，他为故意掩埋石柱圈给出了一个完全不同的解释。

"在我看来这是他们的规划。"他说，"他们建造这些围合就是要埋起来的。"

"建造起来就是要埋的？"我提起了兴趣。我在等他说"埋起来做时间囊的"，相反的是，他回答说："比如，西欧的巨石墓地——大型的建筑，顶上是一个土堆。"

"但是之后它们是用来埋尸体的。这里有任何埋葬尸体的线索吗？"

"我们目前没找到埋葬品。倒是在填充物里找到些混杂着动物骨头的人类骨头，只是现在还没找到埋葬品。我们希望能尽快找到。"

"所以你觉得哥贝克力石阵是个大墓地？"

"还有待证明。但这是我的猜想，对。"

"那么在填充物里面找到的混杂动物骨头的人类骨头，您觉得是怎么来的呢？是献祭？或者同类相食？"

"我觉得都不是。我猜他们会对死者的尸体做某种特殊处理，而这些骨头就是证据——也许特意进行肉体脱离。这种仪式在其他几个同年代的遗址地区都存在。对我而言，这些填充物里面的人类骨头更好地证明了我的猜测，哥贝克力石阵某处肯定有最早的埋葬品，我们会找出来的。这些埋葬品在被埋一段时间之后会被挖开，再和死去的人一起继续进行一种特殊的仪式。"[12]

“那，这些柱子有什么功能呢？”

“这些 T 形的柱子肯定是拟人化的，但上面又往往刻上了动物图案，也许是要向人们讲述跟这些 T 形生物相关的故事。我觉得它们代表的是神灵，当然了，我们也不能确定。”

“那些不是 T 形的柱子也是这样吗？”我指着刻有狮子雕像的柱子问，“比如这根，这上面也有动物雕像。”

施密特耸耸肩：“我们也不确定。或许永远都弄不清楚。这里的奥秘太多了。我们就是再挖五十年也无法找出所有问题的答案。现在只是开了个头。”

“但是即便如此，你们也找到一些答案了。你们显然是有想法的。比如这根狮子石柱，你们能至少说出它有多古老吗？”

“说实话我们不知道。希望我们能在它下面挖出些有机物做碳定年。但是在那之前我们确定不了它有多古老。”

“那您对它的外形风格是什么看法呢？”

施密特又耸了耸肩，然后有些勉强地做出了一个让步的回答：“它跟围合 C 里面的柱子看起来一样。”

“也就是最古老的那些柱子？”

“对——所以应该是跟它们同年代的。”

“那它们的确切年代是？”

“刚好是公元前 9600 年，已校准。是我们找到的最古老的。”

随着时间的推移，放射性碳测年得出的年代与历法年的年代相差越来越远，因为在不同的年代，大气中以及所有有生命的、有机的生物中的放射性同位素碳 14 的含量也不同。幸运的是科学家们已经找到了纠正这种年代波动的方法——但实在是太复杂了，目前用不了。这个处理过程叫作校准，所以施密特说“公元前 9600 年，已校准”，给的是历法年。“公元前 9600 年，已校准”的意思是——在我跟他谈话的公元2013年，距那时已经有9600年，加上基督降临后的2013年，也就是说，那是在 11613 年之前。我在公元 2014 年 12 月写下这句话，而你可能要到 2016 年才能读到，到那时，施密特所指的最早的时间已经是 11616 年之前了。

明白了吧。

换句话说，用个大概的数说得简单点，哥贝克力石阵被挖掘出的最古老的部分已经有 11600 年以上的历史了。而且，即便施密特表达得如此谨慎，又附加许多条件，但他修饰后的观点也告诉了我们，我们眼前的狮子石柱极有可能至少与迄今在哥贝克力石阵挖出的任何最古老的遗迹一样古老。

的确，虽然他讲得不多——从各方面看几乎没有证据——但是这根石柱更为古老的可能性是存在的。毕竟，他已经承认了哥贝克力石阵中做工最精美的作品就是最为古老的。所以，这也是麻烦之处，即使考古队有希望如他所愿在深入挖掘中找到“尚未发现的建筑物源头”，这一深入挖掘得到的首件作品已经揭示了一个真相，那就是没有所谓的“建筑物源头”。恰恰相反，狮子石柱揭开的是一个宏大的、用超凡技艺建成的巨石立柱，上面用精致的高凸浮雕刻画了一头张牙舞爪的狮子，至少从施密特所说的字面上讲，它非常古老。

也许，并没有施密特所希望找到的“建筑物源头”，深入挖掘只会揭开更多同样古老的东西？

“我们知道结局。”教授坚定地告诉我，“哥贝克力石阵最年轻的岩层可追溯到公元前 8200 年。该遗址是在那时被永远废弃的。但是我们不知道遗址是何时开始建造的。”

“你们只知道公元前 9600 年，就是 11600 年以前，你们从围合 C 得出的年代。那就是开端——至少目前为止你们能构建起来的时间框架是如此。”

“大规模建筑阶段的开端，是的。”教授的眼睛闪烁了一下，“你知道，公元前 9600 年是个重要的时间点。它不只是个数字。它是冰河时代的终结，这是全球现象，所以既然两者相符——”

施密特如此强调这一时间点，让我的脑中突然响起一个声音，我联想到之前做过的一个调查，忍不住打了个岔。

“公元前 9600 年！不仅仅是冰河时代的终结，还是新仙女木期寒潮的终结，寒潮始于——公元前 10800 年？”

“终结于公元前 9620 年，”施密特接过话头，“根据格陵兰冰芯分析。所以公元前 9600 年，在全球气候突然转向好的方向的时候，自然和人类社会都充满了无限的可能。而哥贝克力石阵的大规模建筑时期在此时发生，这有可能是个意外吗？”

我只能同意他的说法。这看起来根本不是个意外。相反，我确定两者是有联系的。我们会在第二部分研究这个关联，那个被地质学家们称为新仙女木期的神秘的剧变期，以及格陵兰冰芯告诉我们些什么。

同时，在 2013 年，我用溢美之辞结束了对克劳斯·施密特的采访。2014 年 12 月，当我坐在自己的书桌前回顾在哥贝克力石阵采访时记录下的手稿，也知道了克劳斯已经于 2014 年 7 月死于一次剧烈的突发性心脏病发作时，我很庆幸自己做了这次访问。“您是个非常谦逊的人。”我说，“但您是这座遗址的发现者，这遗址会让所有人重新思考对历史的看法。这是一件了不起的事，我相信您的名字会和哥贝克力石阵一样名垂青史。”

带来文明的人

2013 年 9 月离开哥贝克力石阵之后，我在回家之前纵贯南北西东，好好地把土耳其游历个遍。

狮子石柱深深印在我的脑海中。尤其萦绕我心的是围合 D 的 43 号石柱上面的景象——那只跟人类一样有着弯曲双膝的老鹰，它的一只翅膀是那么像一只手臂，托起那个实心的圆盘。

我把桑莎的照片传到自己的电脑上，点出了那幅图。里面有很多值得注意的元素，包括那个圆盘。老鹰的双翅都显现出来了，我现在明白了，另一只从它的身后伸了出来。在老鹰的右边是一条蟒蛇。蟒蛇有一个三角形的大脑袋，跟哥贝克力石阵雕刻的所有蛇一样，身体弯曲成卷形，尾巴朝下伸向一个 H 形象形文字。蟒蛇紧挨着一只大鸟——不是老鹰，更像是一只朱鹭，有着长长的、镰刀状的喙。在它和老鹰之间还有一只鸟，也有钩状的喙，但较小，像是一只小鸡。

我把注意力转到圆盘上。我不知道它是由什么做成的，但是从形状上看，明显可以猜测它代表着太阳。

还有其他东西让我很感兴趣，如果我能用手指触碰它就好了——哥贝克力石阵的这根古老石柱上的图案，有一种令人深深回味、挥之不去的熟悉感。桑莎从每个可能的角度给它拍了几百张照片，我着迷地不断翻看这些照片，希望找出一些真相。老鹰……圆盘……老鹰上面的另一个印记、那排诡异的袋子、袋子上弯曲的把手……

袋子！

手袋！

我突然明白了。我走到自己图书馆的一个书架前，上面放着我自己的书的参考书目，取出《上帝的指纹》，然后开始浏览照片部分。第一部分是关于南非的，我要找的不在这儿。第二部分主要是墨西哥，我在第 55 页找到了它。这是第 33 张照片，说明文字为：“拉文塔奥尔梅克遗址，蟒蛇里的人。”这是桑莎早在 1992 或 1993 年拍摄的照片，是一幅给人深刻印象、刻在坚固花岗岩石板上的浮雕，宽 1.2 米（约 4 英尺），高 1.5 米（约 5 英尺）。人们认为浮雕图案是最早的对中美洲神祇的刻画，玛雅人（比奥尔梅克略晚的一个文明）称这位神为库库尔坎或古库玛兹，而之后的阿兹特克人称之为魁札尔科亚特尔。[13] 这三个名字的意思都为“羽蛇神”，这条蛇的头顶上装饰着华丽的羽毛，我们可以在这照片上看到。它强有力的身体卷曲着蜿蜒在浮雕的外围，包围着一个呈坐姿的人像，这个人伸出双脚要触碰踏板。人像的右手握着我之前描述过的“一个小小的、桶装的物体”[14]。

我又重新查看桑莎拍的哥贝克力石阵围合 D 的照片，马上就确认了自己的推测。石柱上的三个袋子跟墨西哥拉文塔的“桶装”物体非常相像。两个雕像上都有相同的曲形把手，“袋子”和“桶”的外形也非常相似——底部比上部略宽。

如果只是这样的话，肯定是个巧合。考古学家门认为拉文塔的“蟒蛇里的人”的年代是在公元前 10 到 6 世纪之间[15]——大概比哥贝克力石阵的图案要年轻 9000 年——两者之间怎么可能有联系呢？

就在那个时候我想起了另一幅奇怪的图，这幅图来自《上帝的指纹》。我在索引里寻找“俄安内”这个名字，然后翻到第十一章，找到了这幅图：图中的人拿着一个包或桶。我之前并没有意识到这幅图与“蟒蛇里的人”的相似之处，但现在，这已经很明显了。虽然并不是完全一样，但两幅图里的袋子都有弯曲的把手，与哥贝克力石阵中雕刻的一样。我迅速地浏览了自己二十年前写下的记录。俄安内是一位被所有美索不达米亚文明所崇拜的英雄。据说他是在遥远的远古时代就出现在那里，并教那里的居民——

书写、算数及各种各样的知识和本领：如何建造城池、建造庙宇……制定律法……划定边界、分割土地，以及如何播种，如何收获果实和蔬菜。简而言之，他教会了人们所有有益于文明生活的东西。[16]

图 5 “蟒蛇中的人”雕像——现存最早的中美洲神 形象，后被称为羽蛇神。照片见彩版第一部分

图6　俄安内，创世记洪水之前的文明英雄，被所有美索不达米亚古代文明所崇拜。他奇怪的装束打扮的原因见第八章——他常被指作“装扮成鱼的形象”

有关俄安内，我们能找到的最全的记载，是在一个巴比伦祭司于公元前 3 世纪写就的作品的现存片段中，这位祭司叫贝罗索斯。幸运的是，我的藏书中有一卷所有贝罗索斯现存作品片段的翻译版，所以我把它翻了出来，还翻出了几本关于古代美索不达米亚神话及习俗的书。没用多久我就发现，俄安内并不是一个人完成那些工作的，他应该是一个团体的首领，这个团体被称为“七圣人”，据说他们生活于“创世记洪水之前”（创世记洪水是一次全世界的灾难性大洪水，尤其在很多美索不达米亚文明中被突出刻画，这些文明包括苏美尔、阿卡德、亚述和巴比伦）。这些圣人与俄安内一起，被刻画成带来文明的人，他们在大多数的古代文化中，给予了人类道德准则、艺术、工艺和农业，教会人们建筑规划、建造以及工程技能。[17]

我情不自禁地去思考这个清单，这其中包含了所有应该在哥贝克力石阵“发明”的技能！

我在电脑上调出了一幅地图，看到土耳其东南部与美索不达米亚平原不仅在地理上毗邻，而且这两个地区的联系非常紧密而直接。当今的伊朗占据了该地区大部分，美索不达米亚这一古地名的意思，字面上为“河之间的土地”——里面的河是指底格里斯河与幼发拉底河，两条河在波斯湾汇入大海。作为它们共同发源地、位于土耳其东南部的托罗斯山，正是哥贝克力石阵的所在地。

我在上网的时候搜索了一些七圣人的图片。一开始并没找到多少线索，但是后来我把搜索的关键词改成了“圣人（Apkallu）”和“七圣人（Seven Apkallu）”，然后打开了一堆图片链接，出现了很多亚述时期的浮雕。亚述是一个发源于两河流域的古文明，存在于公元前 2500 年至公元前 600 年。我在搜索关键词里加入了“亚述圣人”，然

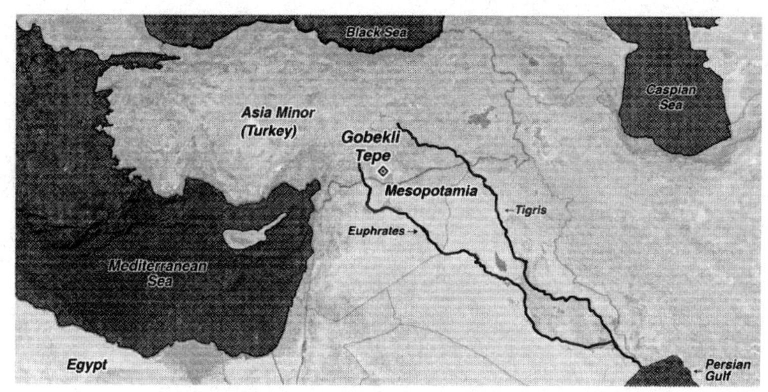

图 7 哥贝克力石阵的位置与美索不达米亚的底格里斯河、幼发拉底河源头的关系

后涌出了更多的图片。这些图片中出现的往往是有着长胡须的男人，手里拿着袋子或桶，跟哥贝克力石阵的柱子上雕刻的袋子很相近，也和墨西哥的“蟒蛇中的人”的图像很像。不只是容器弯曲的手柄，或者容器的形状——相似度要高于《上帝的指纹》中的俄安内浮雕。更引人注目的是，在美索不达米亚和墨西哥的浮雕中，人物拿容器的手有独特而鲜明的方式，都是手指向内，大拇指朝前放在手柄上。

其他地方也有独特之处。很多图片展示的都不是人，而是兽人——长着鹰嘴钩似的喙的鸟人，跟哥贝克力石阵石柱上的鸟人的喙一模一样。使相似度更高的是，美索不达米亚浮雕中的鸟人一手拿着容器，另一手拿着一个锥状物体。虽然形状不一样，但难免会让人拿来跟哥贝克力石阵鸟人用翅膀护住的圆盘相比较。

我尚且无法证明任何观点。当然，这也有可能都只是巧合，或者那些关联只是我的想象，根本不存在。但是这些存在于不同大陆和不同时代的相似的容器已经勾起了我的好奇心，所以我把这一系列的问题都记了下来，形成了一个有待证明的大致框架。比如，这些容器（是袋子也好是桶也罢）会不会是一种初始的兄弟关系机构的标志呢？——其根源可追溯到遥远的史前时期？我感觉这种可能性有其异乎寻常之处，却也可能只是停留在事物的表面，很值得去深入研究，而且雕像上特殊的手势加深了这种可能。它会不会有着跟现在的共济会握手礼一样的功能呢——能让人马上辨别出谁是“自己人”？

这样一种兄弟关系可能意味着什么呢？

更为有趣的是，在墨西哥和美索不达米亚，其传说和风俗的存在都与那些图像和象征物相关，这毫无疑问给我们留下了那些图像与象征的目的。简单来讲，它们的目的就是要教导、指引和传播文明的益处。

毕竟，这是俄安内和七圣人所发挥的明确作用，他们教会了美索不达米亚的人民“如何播种，如何收获果实和蔬菜”——也就是农业——他们也是教会人们建筑和工程技艺的人，尤其是那些庙宇。如果人们需要别人来教，那在这些圣人到来之前肯定对这些知识一无所知。换言之，他们之前是和土耳其东北部的居民一样的游牧狩猎采集者，直到他们突然让人惊讶地进入了哥贝克力石阵的世界舞台。

这还泄露了一点，墨西哥的古代居民在魁札尔科亚特尔，即羽蛇神，降临之前也是如此。羽蛇神教会了他们定居农业的益处和修建庙宇的技艺。虽然这位神祇常被刻画为一条蟒蛇，但他更经常以人的形象被表现出来——蟒蛇是他的象征和保护神——他经常被描述为“一位长着长胡须的高大的白人”[18]“一位神秘人物……有着健硕体格的白人，宽额，大眼，长胡须[19]”。的确，正如研究玛雅文化的老前辈，西尔韦纳斯·格里斯沃尔德·莫利总结的那样，羽蛇神的贡献和生命历程：

他与人类是如此相似，以至于说他可能就是一位真实的历史人物也并非不可能……在他死后，人们心中长存他所做的贡献，其人格最终被神化了。[20]

图 8　俄安内与圣人在美索不达米亚艺术与雕刻中的形象，他们在该地区常被刻画为鱼人或鸟人的复合形象

这些话也同样适用于俄安内——正如七圣人的领袖俄安内一样（圣人们都有着引人注目的胡子），羽蛇神也和自己情同手足的圣人和巫师们一起游历。我们了解到他们“从海的那边自己划船”[21]来到了墨西哥，羽蛇神被当作“城市的修建者、律法的建立者、立法的教授者”[22]。十六世纪的编年史家伯纳狄诺·迪萨哈冈，精通阿兹特克语，非常谨慎地准确记录了阿兹特克人的风俗传统，他进一步告诉我们：

> 羽蛇神是一位伟大的文明传播者，他作为一帮陌生人的头领来到墨西哥。给这个国家带来了各种技艺，尤其是推广了农业……他建起了宽敞高雅的房屋，循循善诱地教会人们一种带来和平的宗教。[23]

因此，简言之，如同这些共享的符号和意象所体现的复杂形态，羽蛇神和俄安内也同样肩负传播文明的使命。他们在可被描述为极其遥远的远古时代，在世界上彼此之间完全分隔的地区传播文明。

难道一直可以追溯到公元前 9600 年？——这是哥贝克力石阵建成的时间。在哥贝克力石阵，众多相同的象征物被发现，虽然没有现存的神话传说，但突然出现的农业和纪念性建筑等传播文明的迹象难道不是随处可见吗？

我到底能不能证明这个猜想呢？这个想法震慑着我。至少它意味着这世界上还存在过这些没被世人知晓的身份未明的人，他们在 12000 年前就精通所有高级文明的技艺和本领，那是远在冰河时代末期，他们还派出使者到世界各地传播知识的益处。这些神秘的使者到底是谁？这些圣人，“上帝的魔术师们”，我现在已经这样称呼他们了。为什么有这么多与公元前 9600 年相关的地方？

克劳斯·施密特在太阳的烘烤下带我参观托罗斯山脉的哥贝克力石阵时，就直接提出过，公元前 9600 年是一个“重要的时间点”——其重要性不仅因为它标志着冰河时代的结束，还因为另一个更为让人吃惊的原因。

雅典立法家梭伦在公元前 600 年拜访了埃及，在尼罗河三角洲的赛易斯神庙，长老们给他讲述了一个离奇的故事——这个故事后来又传给了比他自己更为著名的接班人柏拉图，柏拉图又将故事写进了《提米亚斯和克里提亚斯对话篇》中。

当然，这个故事就是关于失落的伟大文明，在一日一夜间被洪水和地震吞没的亚特兰蒂斯，距梭伦所处的时代还要早 9000 年[24]。

也就是，我们历法中的公元前 9600 年。

第二章

光之山

“我们一直被教导的关于文明起源的一切都可能是错误的。”丹尼·希尔曼·纳特韦德伽伽博士说道。他是印尼科学研究院工艺地质学研究中心的高级地质学家。“那些关于亚特兰蒂斯以及其他失落的伟大史前文明的古老传说，长期被考古学家斥之为神话，看起来将被证明是真的。”

图 9　艺术家对远古巴东山的印象（由本·思·普拉加特尼卡提供）

这是2013年12月，我们在位于印度尼西亚爪哇岛万隆市以西70千米（约43英里）、海拔约900米（约2950英尺）的展望。我和纳特韦德伽伽博士正爬上一个110米（约360英尺）高的台阶式金字塔陡坡，它掩映在火山、高山和丛林的神奇景观里，稻田和茶叶种植园点缀其中。

1914年，由柱状玄武岩块形成的古代人工构造第一次向考古学家们亮相，它们散落地躺在那时还覆盖着金字塔顶的茂密树林和灌木丛里。当地人把这个地方视为圣地，称之为“巴东山”，并一直沿用至今。有些人不知道当地语言不是印尼语而是巽丹语，往往把“巴东山”误译为“山场”——在巽丹语中，“巴东山”的意思是“光之山”或“启蒙之山”。被发现的构造排布经过五个阶地，总占地约150米（约492英尺）长、40米（约131英尺）宽。来访的考古学家被告知，自远古以来，阶地一直被用于打坐和隐居——今天还是如此。

然而，无论是考古学家还是当地人，都显然没有意识到这座角锥状建筑就是一座金字塔。它被认为是一座自然的小山，因人类活动而有所改观。直到2011年，纳特韦德伽伽和他的团队利用探地雷达、电阻率和地震层析成像术，开始对这里进行地球物理调查。那时，塔顶已经被清理出来很久了，阶地上面的构造被公认为巨石建筑作品。但是，放射性碳年代测定尚未完成，遗址的归属年代——约公元前1000年——是基于猜测而不是发掘工作。

第一次科学的放射性碳年代测定是由纳特韦德伽伽本人完成的，采用的样品是位于地表或近地表巨石底层土壤中的有机物。测定出来的年代——公元前500年至公元前1500年左右——与考古猜测非常接近，因此没有引起任何争议。但令人惊讶的事情即将发生，纳特韦德伽伽和他的团队扩展了他们的调查范围，采用筒钻法从更深的地层中提取了土壤和石头的岩芯。

首先，岩芯包含着证据——处理过的柱状玄武岩碎片——躺在地底下的更多的人工巨石构造。其次，岩芯中的有机物开始被检测出越来越古老的年代——公元前 3000 年至公元前 5000 年。然后，当钻得再深一点，是公元前 9600 年，之后是公元前 11000 年左右，再后来是公元前 15000 年。最后，在深度 27.5 米（约 90 英尺）及以下，测定出公元前 20000 年至公元前 22000 年甚至更早的一个惊人的年代序列。

“这根本不是我的考古界同事们所期望或想要看到的结果。”纳特韦德伽伽说。这位世界知名的大型逆冲断层的地震地质专家在美国加州理工学院获得博士学位，但显而易见的是，他把考古学视为一门完全不科学的学科。

一个真正的灾难性时期

问题是，这些追溯到公元前 9600 年之前的年代带着我们深入到了冰河时代的末期，当时的印尼并不与今天一样是一系列岛屿，而是被地质学家称为“巽他古陆”的辽阔的远古东南亚大陆的一部分。

那时的海平面比现在低 122 米（约 400 英尺）。3.2 千米（约 2 英里）深的巨大冰盖覆盖了大部分欧洲和北美，直到冰盖开始融化。然后，全部存储在其中的水返回到海洋，海平面上升，淹没了人类先前生活世界的许多地区。因此，在冰河时代，英国加入到欧洲（没有英吉利海峡或北海）。同样，没有红海，没有波斯湾，斯里兰卡加入到印度南部，西伯利亚加入到阿拉斯加，澳大利亚加入到新几内亚——诸如此类。正是在这个时而缓慢、时而持续、时而快速巨变的海平面上升的新纪元，冰期的巽他大陆被海水淹没，只有马来西亚半岛和印度尼西亚的岛屿，正如我们今天所知，高到足以保持在水面之上。

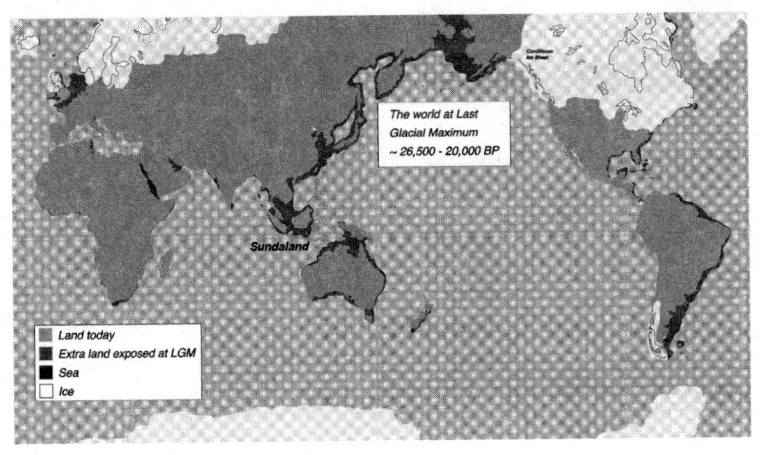

图 10

正如我们在上一章中所看到的，已建立的考古学观点认为，直到冰河时代末期，人类文明状态是：我们的祖先是原始的狩猎采集者，对农业一无所知，并且没有搭建比棚屋和露营地更大的任何建筑物的能力。

这就是土耳其东南部的哥贝克力石阵意义如此重大的原因——因为它极大地打破了原有观念，迫切需要人们去认真考量此前是由极端分子代言的某种可能性，文明可能比我们所认知的更古老更神秘[1]。随着哥贝克力石阵的地基年代目前定在公元前 9600 年（“确实是公元前 9600 千年”，正如克劳斯・施密特煞费苦心地向我指出的），它也要求我们重新打开那个被考古学家们嘲笑已久的亚特兰蒂斯悬案。任

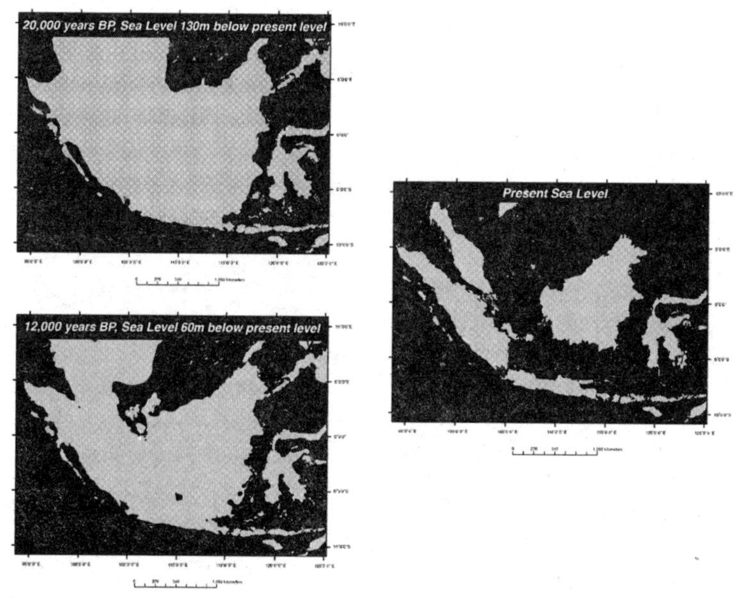

图 11　冰河时代末期的巽他古陆的洪水

何敢于说出那个被狠狠唾骂的“亚”字头词语的人，都曾被他们不遗余力地蔑视和嘲笑。正如在上一章的结尾所提到的，希腊哲学家柏拉图，在他的《提米亚斯和克里提亚斯对话篇》一书的对话中包含了现存最早提及的传说中的沉没王国，他把由洪水和地震引发的亚特兰蒂斯的灾难性毁灭和沉没时间设定在梭伦时代前 9000 年[2]——也就是，恰好在公元前 9600 年。希腊人不可能知道哥贝克力石阵（更别说它正好是在亚特兰蒂斯据说已经消亡的时刻被神秘地建立起来）。此外，他们不仅不知道冰河时代末期到公元前 9620 年（此时正好是哥贝克力石阵建成的 20 年前）之间的格陵兰冰芯，而且也没有关于发生在这一时期的海平面迅速上升的现代科学知识（随着融化的沉重冰盖从大陆陆地脱离，往往伴随着灾难性的地震）。鉴于所有这些因素，柏拉图给出的年代至少可以说是一个离奇的巧合。

然而，以丹尼·纳特韦德伽伽的观点来看，这绝不是巧合。他对巴东山的研究已经使他确信，柏拉图认为在遥远的冰河时代末期存在高度文明的观点是正确的——一段确实遭到灾难性毁灭的高度文明。公元前 10800 年到公元前 9600 年之间全球的巨大动荡引起的洪水和地震导致其毁灭。

这个被地质学家称之为“新仙女木”的新纪元一直被认为是神秘而动荡的。公元前 10800 年当它开始时，地球从冰河时代的封冻中浮现出来大约已有 10000 年，全球气温都在稳步上升，冰盖正在融化。

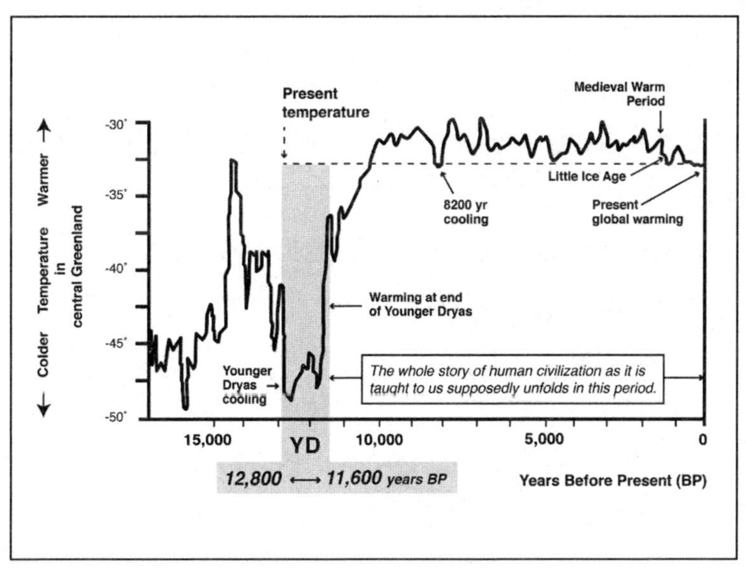

图 12　正如我们目前被教导的，所有的人类历史，都跟随于新仙女木时代——公元前 10800 年（约 12800 年前）与公元前 9600 年（约 11600 年前）之间的神秘巨变时期

之后突然戏剧性地返回到更加寒冷的状况中——几乎与21000年前的冰盛期一样寒冷。这个短暂的深度冰冻持续了1200年，直到公元前9600年回暖趋势恢复时，全球气温再次冲高，残留的冰盖融化得非常突然，它们所含的水全部倾泻到海洋中。

“想象一下，在新仙女木时代地球上的生命会是什么样？这是很困难的。”纳特韦德伽伽说，“那是一个真正灾难性的时期，气候极不稳定，全球状况糟糕且令人生畏。许多大型动物物种，如猛犸象，在这段确切的时期里灭绝了，这并不奇怪。当然，那个时代对我们的祖先产生了巨大影响——不仅对那些考古学家所说的‘原始的’狩猎采集者，而且我相信，还包括对一段由于新仙女木巨变而从历史记录中被抹掉的高度文明产生影响。”

一个存有争议的金字塔

使纳特韦德伽伽萌生这种激进观点的是他和他的团队在巴东山发现的证据。通过对夹杂在人工石块之间缝隙中的黏土填充物里的有机物质进行碳年代测定，他们从岩芯测定出非常古老的年代。这时，他们着手扩展调查，采用地球物理设备——探地雷达和地震层析成像术及电阻率——得到了一张地下物体的图片。结果是惊人的，图片显示出大规模的建筑物，它们采用的是与地面发现的柱状玄武岩一样的巨石，只是在这些建筑物之下，还有巨大的玄武质岩石通道向下延伸到地面以下30米（约100英尺）以及更深的地方。在那些深度的碳素测定年代显示，那些巨石是在12000年前被放置到位，并且在某些情况下，更可追溯到远至24000年前。

柱状玄武岩是自然形成的——英国北爱尔兰著名的巨人之路就是

一个例子——但是在巴东山，它已被用作建筑材料，并呈现出一种在自然界中从未被发现过的形状。

“地球物理方面的证据是明确的。”纳特韦德伽伽说，“巴东山不是一个天然形成的小山，而是一个人造金字塔，其建筑起源可以追溯到冰河时代末期结束之前。由于该建筑即使在最深层的施工也是规模宏大的，它见证了曾被用于建造埃及金字塔或欧洲最大的巨石遗址的各种精良的施工技能。因此，我只能说，我们正在寻找的是失落的文明里的一处建筑作品，那是一处相当先进的文明。”

“考古学家不会喜欢这个。”我指出。

“他们是不喜欢！”纳特韦德伽伽带着一丝悲哀的笑容同意我的说法，“我已经跟随它把自己投进了一大锅滚烫的热水中。我所做的是一个坚实的东西，基于良好的科学依据，但它并不是件容易的事。我反对顽固不化的观念。”

下一步将是全面的考古发掘。“我们必须进行发掘，目的是审查我们的遥感数据和碳素测定的年代序列，并对我们已经在这里发现的东西进行确认或者否定。”纳特韦德伽伽说，“但不幸的是，在我们的道路上有很多障碍。”

当我问到他所说的障碍是什么意思时，他回答说，一些印尼的高级考古学家正在游说雅加达政府阻止他在巴东山开展任何更进一步的工作，理由是他们“知道”该遗址的历史不到三千年，没有任何理由去打扰它。

“我不否认，地面上的巨石只有不到三千年的历史。”纳特韦德伽伽赶紧补充说，“但我认为，它们之所以被放置在这里，是因为巴东山自古以来就被视为一个神圣的地方。处于此前 12000 年和 20000 多年之间的最深层次的构造才是最重要的。它们对于我们了解历史具有潜在的革命性影响，而且我认为，允许我们进行适当的调查是至关重要的。”

亚特兰蒂斯

令人高兴的是，2014 年总统的介入产生了决定性的作用。现在我可以报道，丹尼（此后我将用他的名，因为我们已经成了朋友）被全权委托进行遗址发掘。他和他的团队自 2014 年 8 月开始工作，在八月到十月期间完成了一个短季工作。但哥贝克力石阵的经验表明，艰苦细致的考古工作是一个缓慢的过程，他们并不期望在 2017 年或 2018 年前就能抵达最深地层。然而，随着第一季工作接近尾声，丹尼给我发了一封新的电子邮件：

该研究取得了很大进展。在过去几周里，我们已经在巨石遗址顶部又发掘了三个地点，提供了更多有关地下构造的证据和细节。我们已经在发掘过程中发现了更多其他的石制品。在巨石遗址下存在着金字塔状构造，现在这一点是一清二楚的；即使对非专业人士来讲，如果他们亲自来看一看，懂得这一点也并不太难。我们已经发现了某种开放式大堂，被 5 到 7 米厚的泥土所掩埋；然而，我们现在还没有进入主室。我们现在正钻探到巨石遗址中部的疑似主室位置（基于地下地球物理）[3]。

被掩埋的构造？主室？啊，是的，我忘了提及这些。在后面的章节里，我们将更详细地解读这一切的含义。

简而言之，丹尼和他的团队在2011年和2013年间所做的地球物理勘查工作，在电阻率、地震层析成像术、探地雷达和岩芯钻探中采用了最新的技术，不仅在巴东山发现了深埋地下的大量构造和非常古老的碳素测定年代，而且还发现了另外三个更加隐秘的尚未发掘的腔室存在，它们在形状上是如此垂直，这说明它们根本不可能是天然形成的。其中最大一个腔室的深度在21.3至27.4米（约70至90英尺）之间，测量约5.5米（约18英尺）高、13.7米（约45英尺）长、9.1米（约30英尺）宽。

难道它就是传说中的亚特兰蒂斯“记录殿”？丹尼已经把他的无懈可击的科学证据摆在了这个存有争议的可能真实的传言面前。他不仅拒绝嘲笑“亚特兰蒂斯”这一想法，还写了一本书争辩说，印尼——或者更确切地说，在冰期末期因海平面上升而被淹没的古代“巽他大陆”的大片地区——实际上可能就是亚特兰蒂斯[4]。

2014年6月，丹尼和我在整个印尼群岛周围进行了一次广泛的研究之旅，遍寻那些从未被考古学家们妥善研究过的人迹罕至的巨石遗址。在第十八章，我将介绍我们的调查结果，以及它们如何与巴东山之谜相关联，同时，我要在这里报道波士顿大学地质学教授罗伯特·索奇博士的观点。2013年12月，当我在巴东山第一次见到丹尼时，罗伯特·索奇博士跟我在一起[5]。

罗伯特·索奇教授的观点

索奇是一个很有名的人物，事实上是“声名狼藉”，这缘于他所做的考古案例：基于严格的地质证据，他认为吉萨的狮身人面像具有明确无误的千百年暴雨侵蚀过的模式[6]。这意味着它必须是早于公元前

2500 年（在那个正统的年代，埃及没有得到比今天更多的降雨），并且它最初的刻造一定是在冰河时代结束前后，那时尼罗河流域经历了一次长时期的强降雨。

这位身材高大、四肢修长、长着满脸胡子和一头散乱的拖把样头发，颇有学者派头的索奇，在巴东山用其所长，与丹尼一起仔细询问地球物理扫描的结果，采集样品并细致地检查现场。后来，在他返回美国并有时间来分析这些数据时写道：

第一个重要的观察结果是……巴东山的年代可追溯到冰河时代末期结束之前，大约在公元前 9700 年。根据这些证据，我相信人类使用该遗址的时间大约始于公元前 14700 年。该遗址的最早使用时间有可能追溯到公元前 22000 年甚至更早。

在我的评估报告里，第三层，大约是地面下 4 到 10 米（约 13.1 至 32.8 英尺）左右，包括了冰河时代末期结束的时期，大约是公元前 10000 年至前 9500 年，当时重大气候变化正在发生，全球戏剧性地变暖，海平面上升，暴雨以及不断增多的地震和火山活动，大面积的森林火灾……以及其他穿越地球表面发生的灾难……在第三层有倒塌构造的证据，也许正是当时混乱状况的结果。

参观巴东山遗址，沉思着它的年代和倒塌证据，以及有可能发生在这里的重建，我不由得想到另一个重要遗址——代表着非常古老的文明——贯穿了冰河时代末期，也就是土耳其东南部的哥贝克力石阵……我也想到了埃及和我自己对狮身人面像的年代重定工作，在原始狮身人面像上可以见到由暴雨造成的极度风化和侵蚀（在王朝时代，头部被重新刻造过，并且该遗迹被重新使用过），有可能是冰河时代末期的极端气候变化的结果。

把巴东山的证据与来自哥贝克力石阵、埃及的狮身人面像和其他遗址以及世界各地的同类数据的证据放在一起，我相信，我们正越来越接近冰河时代末期的灾难性时代和事件的真相。一个本质精致的真实文明存在于大约公元前9700年，它被那些把冰河时代末期带向结束的事件所摧毁[7]。

寻找确凿的证据

比史前时期巨大石柱群早6000年或更早的哥贝克力石阵的巨石，像深埋于巴东山地下的巨石一样，意味着在近百年来的大部分时间里，我们在中学和大学里被教导的历史年代表再也站不住脚了。它正开始看起来像某种文明，正如我在我那本颇具争议的1995年的畅销书《上帝的指纹》里所提出的，它的确比我们所想的古老得多而且神秘得多。

我在那本书里提出的观点，从本质上来讲就是，一个先进的文明已经在冰河时代末期的全球性灾难中被消灭并淹没在历史的长河中。我提出，有幸存者居住在世界各地的不同地点，他们试图把他们卓越的知识，包括农业和建筑方面的知识，传承给同样幸免于难的狩猎采集人。事实上，即使在今天，我们仍有狩猎采集人群，例如在卡拉哈里沙漠，在亚马孙丛林，他们与先进的科技文化共存——因此，我们不应该感到惊讶，过去同样也有水平迥然不同的文明共存。

由于在写《上帝的指纹》时还没有可用数据，那时我还不能做的就是，确定曾经消灭了我假想中的失落文明的那场大灾难的确切性质。取而代之的是，我推测了一些可能的原因，特别是查尔斯·哈普古德教授的激进的“地壳位移”理论，虽然得到阿尔伯特·爱因斯坦的赞同，[8]但后来并没有赢得地质学家们多少好感。缺少可信的确凿证据这一点正是我的观点受到考古学家严厉批评的多方因素之一。然而自2007年以来，一连串的科学证据被公之于众，为我指明了确凿的证据。这一切更加耐人寻味，因为它是一大群有公信力的赫赫有名的主流科学家的工作成果，而且因为它并不排斥，在某些方面它确实充实了我在《上帝的指纹》里对大规模地壳不稳定状况所做的调查实例。

在下面的章节，我们将探索这个新的证据以及其惊人的影响。

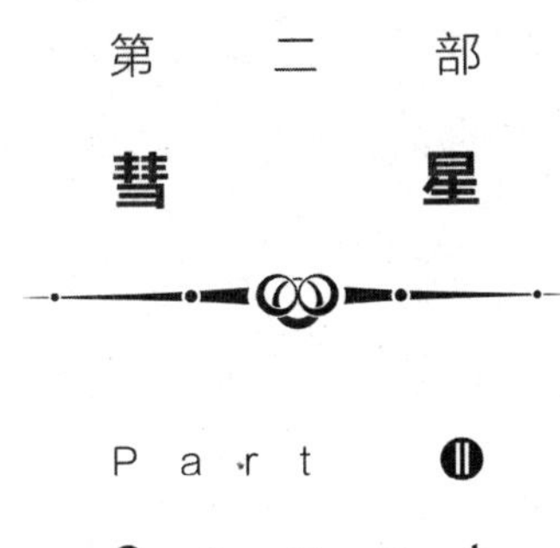

第二部

彗星

Part Ⅱ

Comet

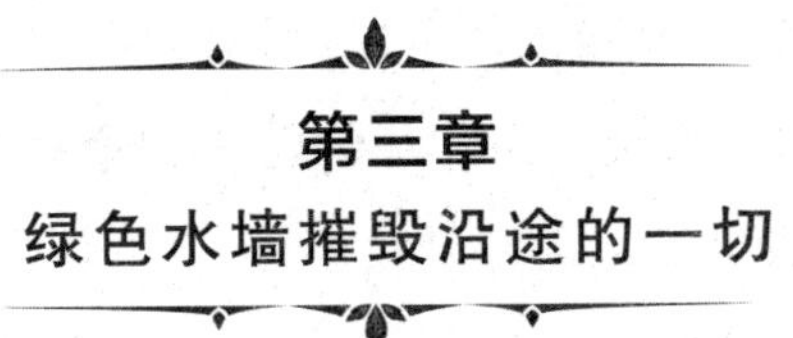

第三章 绿色水墙摧毁沿途的一切

一些被学者们判定为没有历史价值的神话和传统能否成为破译一个时代的准确记忆的密码？在这个时代里，人类经历了一场如此具有破坏性、如此充满剧变和如此混乱的时期，以至失去了对真实过去的记忆。思考一下这个奥吉布瓦人，美洲的土著，如下所述的一段话：

当有一天，这颗拖着又长又宽尾巴的星星再次降低，它将毁灭世界。这颗彗星被称为“长尾登天星”。几千年前，它来到这里一次。就像太阳一样，它的尾巴有辐射和灼人的热量。

这颗彗星彻底烧毁了一切。没有任何东西留下来。这件事发生之前，印第安人已经生活在地球上。但是情况变糟了，很多人放弃追求灵性之路。在彗星到来的很长时间之前，圣灵就警告过他们。巫医告诉大家要做好准备。地球上的大自然出现了问题……然后，那颗彗星经过这里。它拖着一条又长又宽的尾巴，这条尾巴烧毁了一切。彗星飞行得如此之低，它的尾巴烤焦了大地……彗星使世界完全变了样。自那以后，生存变得很艰难。天气比以前更冷。[1]

由考古学家托尔·康威记录，在奥吉布瓦人当中流传的这个神话的各种版本还存在其他有趣的细节。比如，有一处提到这颗彗星杀死了“巨大的动物”……今天，你可以在地球上找到它们的尸骨。据说，这颗彗星下降的时候，其尾巴绵延数英里[2]。这次事件的发生通常被称为“地球的第一次燃烧”。我们被告知，奥吉布瓦人居住在“冰冻之地的边缘”[3]。还有记载称，彗星灾难发生不久之后，“地球上的第一次洪灾”出现了[4]。

正如奥吉布瓦人感叹“情况变糟了……很多人放弃追求灵性之路”，由此暗示在随后到来的灾难来临之际人类的行为，布鲁尔族——由印第安原住民组成的拉科塔国的一个部落——也讲述了一个时代，“在一个比现在还久远的世界”，“当时，人类和动物都倾向于邪恶，忘记了自己与造物主的联系”。作为回应，造物主决定“毁灭这个世界，然后重新开始”。他首先提醒一些好人逃离到最高的山顶上，然后派“雷鸟对其他人和巨型动物发起一场大决战”（同样，正如奥吉布瓦神话中所描述的那样，布鲁尔神话里也讲到体态庞大的动物）[5]。

最后，在战斗进行到白热化的时候，雷鸟们突然同时投下它们最强大的雷电霹雳。喷射出的火焰顿时震撼了整个世界。山脉崩塌，森林沉没，草原起火。火焰升腾到天空中的各个方向，只有山顶最高峰的寥寥数人没有受到侵扰……甚至连岩石都闪着炙热的红光，巨大的动物和邪恶的人们都在原地被焚烧。

现在，造物主开始重新打造这个世界：

当造物主开始高唱创造之歌时，天空开始下雨。造物主唱的声音越大，雨下得越大，直到河流漫过堤岸，泛滥成灾。最后，造物主用力踩踏大地，伴随着一场巨大的地震，大地开裂，巨大的洪水涌向整个世界，只有少数山峰仍然矗立在洪水之上，成为少数活下来的人们的庇护所……（洪水消退之后）当这些人走出这片土地的时候，他们发现巨型动物的白骨埋在了岩石和泥土中……今天，人们还能在南达科他州的荒地里发现它们。[6]

当我们想起冰河时代末期，一种被称为巨河狸的物种在北美濒临灭绝[7]，特别值得注意的是，帕萨马科迪族人和密克马克族人当中流传的神话中讲到的一个被称为魔术师英雄的人物，这个人被形容为“精灵，巫医和术士”，是这个人创造了第一批动物，其中包括第一只巨河狸——这个动物的体态如此庞大，以致当水坝建好之后，从一个地平线到另一个地平线都可以看到这只动物的身影。魔术师英雄拍了拍河狸的后背，于是它缩小到现在的样子[8]。

这个故事中提到的洪水在数百个印第安人的神话中都有提及。其中许多故事包含的耐人寻味的细节与冰河时代末期北美地区发生的事件所连带的新科学信息有很大关联，我们会在下文中探讨。例如，据不列颠哥伦比亚省的考伊琴族人回忆，在遥远的过去，他们的先知对一些预示破坏的奇怪梦境感到很大的困扰。一个人说：“我做了一个奇怪的梦，我梦到下了很大的雨，我们都被淹死了。”另一个人说：“我梦见河水上涨，淹没了这个地方，我们都被摧毁。”“我也做了同样的梦。”另一个人帮腔道：“我也是。”[9]

尽管人们不信先知的梦境，但先知仍然决心建造一个由多个独木舟连在一起的巨大的木筏。木筏建成后不久，就开始下雨。雨点像冰雹一样大，重得可以杀死小婴儿。河水上涨，所有的山谷都淹没了。先知们和为数不多的几个相信他们的朋友们幸存了下来：

（他们）携家人来到木筏上，带着食物等待着。渐渐地，木筏随着河水一起上升……最后，雨停了，他们感觉到水位下降，而他们的木筏停在了考伊琴山的顶峰上……然后，他们看到了陆地，但是他们的眼前是多么荒凉的景象啊！他们的心痛苦地拧巴着，无法用言语形容。[10]

大冰雹通常是奎利特灾难神话的特点：

连日来，巨大的暴风雨一再侵袭。雨和冰雹之后是雨夹雪吞噬着这片土地。冰雹如此之大，许多人都被打死了……（幸存者）因饥饿变得又瘦又虚弱。冰雹打落了蕨类植物、百合科植物和浆果。冰封锁了河流，人们无法捕鱼。[11]

皮马人，或称“河的子民”，目前居住在亚利桑那州。远古时代，他们从更远的北部迁徙到这里。与考伊琴人一样，皮马人的灾难传说以先知为特点。据说，一只巨鹰警告先知，洪水就要来了。这只鹰拜访先知四次，每一次先知都不理会鹰的警告。“你最好相信我的话。”鹰说，“整个山谷将被淹没。一切都将被摧毁。”“你是个骗子。”先知说道。“你是一个什么也预见不到的先知。”鹰反驳道。

鹰飞走了。它刚一离开，人们就听到巨大的雷声，那是有史以来最响亮的雷声……太阳依然隐藏在乌云背后，只有灰色缥缈的暮光。

接着，大地在颤抖，传来一阵巨大的轰鸣声，仿佛有什么东西在势不可挡地移动。人们看到一面绿色的墙在奔向自己，从山谷的一边奔涌向另一边。起初，他们并不知道这是什么，然后才意识到这是一面绿色的水墙。它就像一只巨大的野兽，一个绿色的怪物，激起泡沫，发出嘶嘶声，烟雾腾腾地扑面而来，摧毁沿途的一切。它吞没了先知的房子，将先知和他的房子一起卷走，后来再也没有人见过这位先知。然后，这股水墙涌到村庄，将家园、人、田野和树木全都卷走。洪水像一把扫帚那样将山谷清扫一空。接着，它冲向山谷之外去别处肆虐。[12]

阿拉斯加的因纽特人的灾难神话也维持地震的传统，伴随的是可怕的洪水，洪水如此迅速地席卷地球，只有少数人能够设法逃到他们的独木舟上，或在最高山脉的峰顶避难[13]。加利福尼亚的卢伊塞诺人也记得那场淹没群山、摧毁大多数人类的洪水。当世界上其余的地方都被淹没，只有那些逃到最高山峰峰顶的少数人得以幸免[14]。类似的洪水神话在休伦人当中也有记载[15]。属于阿尔冈琴族的蒙塔格尼人讲述了大洪水之后，主神米恰勃是如何重建世界的：

有一天，米恰勃带着他的那一群训练有素的狼打猎时看到了一个奇怪的景象：狼群跳进一个湖泊，消失了。他跟着狼群跳进水中找它们，但是当他这样做的时候，整个世界都被淹没了。米恰勃放出一只乌鸦去找一些泥土，他想用这些泥土创造新的陆地，但是乌鸦未能成功地找到泥土。然后，米恰勃又派水獭做同样的事情，但同样无济于事。最后，他派麝鼠去，麝鼠带回了足够多的泥土，使他可以开始重建世界。[16]

林德编撰的《达科塔州历史》写于十九世纪，文中保留了许多将会丢失的原住民传统。其中包括一个易洛魁人的神话："海水和汇集而来的各种水同时吞噬陆地，所有的人类生命都被摧毁。"奇克索人断言，世界已经被水毁灭，"但有一个家庭获救了，每种动物存活下来两只"。拉科塔族（达科塔人）也谈到当地球上没有干燥的陆地，当所有人都消失的一段时期[17]。

神话证明科学

多年来，关于美洲印第安人的起源在学者当中一直存在言辞尖刻的争论。到底谁是美洲的原住民？他们什么时候第一次来到新世界？通过什么路线？

每当一种解决方案看似开始变得可能，每当某种共识即将出现，一方或另一方又呈现新的信息，因此需要重新考虑。然而，从未引起过争议的一个事实是：今天的美洲原住民的祖先在12800年前就已经在北美了。当时，地质学家称之为新仙女木的神秘冷事件开始发生，美洲原住民的祖先们见证并猎捕了冰河时代的巨型动物群，包括巨大的哥伦比亚猛犸、相对较小的长毛猛犸象、巨型河狸、巨型短面熊、巨型树懒、两种貘、数种野猪类动物以及令人生畏的美洲狮。

因此，上面的神话中提到的非常巨大的动物不是单纯的幻想，而是保留了一些在新仙女木期开始之前就存在于北美的大型哺乳动物的目击记录，但是这些动物在之后的1200年又进入灭绝期。这同样适用于神话中描述的洪水[18]，因为地质学家一致认为，北美确实遭受过冰河时代末期最后一千年当中发生的阶段性洪灾。然而，过去十年里进行的新研究已提出质疑：那些洪水的规模、程度和原因（这是最重要的）是否得到了正确的解读？自 1960 年以来，主流观点大量地呈现，并在出版的书籍和刊物上不断地重复，但是为了掌握一个强有力的观点，以对既定的理论提出严峻的挑战，我和灾变研究员兰德尔·卡尔森于 2014 年 9 月和 10 月在北美进行了广泛的实地考察[19]。

兰德尔肯定不是 J·哈林·毕捷的转世，因为后者（他的名字是 J，他很反感校对人员试图把 J 当作词首大写字母）早在 1981 年 2 月 3 日就已去世，而当时兰德尔已经三十多岁。但是，鉴于兰德尔对真正的实地考察的热情，他付诸实践而不只是阅读文献的实干精神，以及在对冰河时代末期将北美分割得四分五裂的灾洪的看法上始终顽强地坚持激进的地质假说，从各个方面来讲，他都可谓是又一个 J·哈林·毕捷。

我将会描述兰德尔和我的旅行，并在后面的章节中讲述他向我呈现的那些令人信服的证据。但首先，你也许想知道谁是 J·哈林·毕捷？

关于 J·哈林·毕捷

下面是毕捷在对美国太平洋西北地区的华盛顿州进行完整的实地考察之后，写于 1928 年的手记：

> 但凡留心地貌的人在白天穿越华盛顿州东部的时候，都会遇到这里的“疤地”并对其留下深刻的印象。这些狭长而广阔的地带就像一条条巨大的疤痕，玷污着高原那美丽的脸。这些地带上的光秃秃或者可以说几乎裸露的黑色岩石被蚀刻成孤峰和峡谷的迷阵。高原上的每个人都知道这片疤地（实际上它是火山地带）。它中断了种植小麦的土

地，将不到40英亩的麦地分布在40平方英里以上的山区内。如果不穿过这一大片呈枝杈状的疤地，人们既无法到达麦地，也无法离开它们。除了提供一片稀疏的牧场，疤地几乎是没有价值的。这个流行的名字是一个达意的隐喻。疤地仅是部分愈合的伤口——大自然用土壤表皮的大伤口保护下面的岩石。

如今的观测者只追随离地面几英尺的高度，他们必须反复地来回奔走，必须通过大脑、照相、草图和地图来记录自己的观测之后，才可以形成一个接近完整的画面。然而，早在这张承载着观测信息的纸泛黄之前，当一般的观察者在穿越这片区域的时候从空中俯瞰下来，观测者将数月的地面观测拼凑在一起绘制而成的图片几乎一目了然。这个地区是独一无二的。即使让观察者飞到地球上最遥远的地方去探索，他也无法找到与这片区域相似的地方。[20]

1928年的时候，毕捷是一位经验丰富且极具资质的野外地质学家。他出生于1882年，其职业生涯以西雅图的一名高中生物老师作为开始，但他的大部分业余时间都用来探索普吉特海湾的地质。尽管当时他还没有一个地质学学位，但已成功地将自己写的几篇关于调查结果的文章发表在科技期刊上[21]。在1911年，他被芝加哥大学录取，攻读地质学博士学位。1913年，他以优异的成绩毕业，随后立即回到西雅图，接受作为西雅图华盛顿大学地质学助理教授这一职位[22]。他与大学里的其他教学人员（他后来把他们形容为“老古董”[23]）因意见分歧相处得并不融洽。1914年，他又回到了芝加哥，最初是作为一名教员，但不久之后担任助理教授[24]。

毕捷为华盛顿州东部的疤地所做的第一次实地考察发生在1922

年。从这一点来看，作为他早期工作的结果，他充分了解冰河时代的所有方面，而且比其他大多数地质学家更明白的是，深达两英里的巨大冰盖在 100000 年中的大部分时间一直覆盖北美，直到 11000 年至 15000 年之前的某一段时间冰盖才开始急剧融化。因此，当他看到巨大数量的漂砾——本来不属于该地区，显然是从其他地方带到这里的巨大石块——他倾向于认为，这些巨大的石块是随着冰川洪水携带的流冰一起冲刷到这里的。这一印象在他探索大古力（美国一峡谷）和摩西熔岩流，并参观了大古力南部末端的昆西盆地后得到了加强。在昆西盆地，他发现整整 600 平方英里的洼地填满了 400 英尺深的玄武岩碎片的小颗粒。他忍不住感到疑惑："所有这些碎片从何而来？又是什么时候来到这里？"[25] 同样，这次呈现在他面前的答案又是洪水。

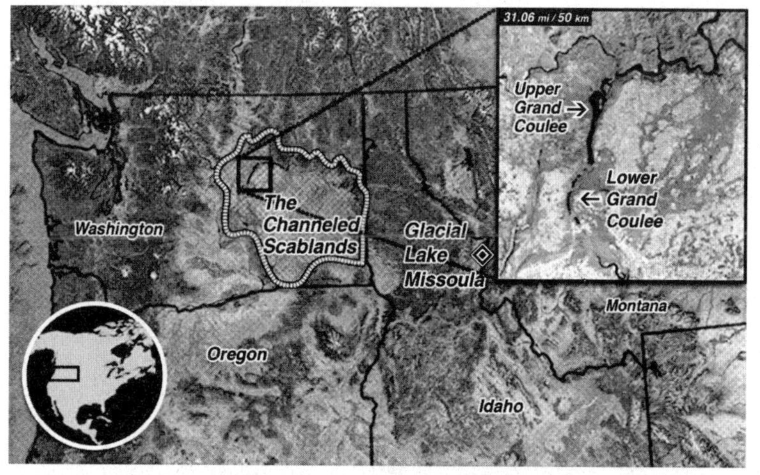

图 13

1923年，毕捷回到疤地进行为期三个月的勘探，似乎正是在这次实地考察期间，他后来的观点——即“一些壮观的水文事件……已经发生在这一地区，然后又突然停止……”——才真正开始形成[26]。

毕捷在1923年发行的《地质学杂志》11月-12月刊上发表了一篇论文，总结自己的发现。这篇论文在语气上有些自卫的基调，是因为当时有一条流行的地质理论，被称为“均变论”。该理论认为现有的所有方法都足以解释所有的地质变化。与之并行的假设是渐变论，即“现在是过去的关键”，认为今天观察到的变化率对于过去盛行的变化率而言是一个准确的指导。

这些理论在毕捷所处的那个年代早已获得不容挑战的地位，它们起源于必要的——事实上是必不可少的——推翻创世论这一旧宗教信仰以及上帝异想天开地用诸如圣经中的大洪水之类的大灾难干预地球历史这一观念。均变论自认为公正地反对这些超自然创造和毁灭的思想，它看似是一个深奥的理性回应，只认可大自然的力量在几百万年实际上是几十亿年的周期对地球的影响。

山不会在一夜之间形成，而是在不知不觉中随着时间的推移慢慢地堆积而成。要想具有神奇的地质特征也是如此，比如美国大峡谷就是经过数百万年河流的侵蚀而形成的。[27]

毕捷是个非常理性的人，他绝不是一个宗教教条主义者。但是，正如他的传记作者约翰·苏尼车森指出：“当他徒步穿过炎热、干燥、崎岖的疤地，他所看到的一切所指向的都不是随着时间推移所发生的缓慢、均匀的变化，而是指向一场灾难——突然爆发的大水冲走了黄土的表层土，然后深深地蚀刻下面的玄武岩。”[28]

问题是这所有的水从而何来？人们清楚地认识到，一定是北美边缘的冰原有一些融化。但是这样的融化几乎不能解释该地区可见的侵蚀性变化的量级。正如毕捷在 1923 年发表的论文中指出：

> 笔者承认，在对该区域进行为期十周的研究期间，每一片新检查过的疤地都会重新唤起一种惊讶的感觉，即如此巨大的水流竟然起源于这么小片的冰盖边缘地带；或者还会有一种感觉：尽管是高梯度，但如此大量的侵蚀本可能会在非常短暂的时间里导致这些存在的水流。无论是沃伦河、芝加哥河口，或是莫霍克峡谷，甚至连尼亚加拉大瀑布和峡谷本身也没有达到这些疤地及其峡谷的比例。单看其中的一个峡谷（上大古力），10 立方英里的玄武岩被它自身的冰川所侵蚀。[29]

毕捷所持的极度异端且反均变论的思想——即在很短的时间内发生的一次灾难性的洪水是他所亲眼目睹的所有生态破坏的导火索——将很快让他陷入极大的麻烦。作为对论文的总结，毕捷写道：

> 整整 3000 平方英里的哥伦比亚高原被冰川洪水所席卷，黄土和淤泥盖被冲走。该区域超过 2000 平方英里的面积被夷为光秃秃的，被侵蚀的岩石切割的沟槽地面，也就是现在的疤地。将近 1000 平方英里的高原携带着由腐蚀的玄武岩衍生的砾石沉积物。这是一场席卷哥伦比亚高原的大灾难。[30]

换句话说，正如毕捷的传记作者所总结，这位地质学家现在认为，他所记录的这些地质特点“只能由难以想象的巨大规模的洪水造就，可能是有史以来最大的洪水”[31]。

地质界权威人士给予的反应是沉抑的、令人尴尬的沉默。如此偏离均变论，只能意味着毕捷一定是疯了。大卫·阿尔特，蒙大拿大学地质学名誉教授，是这样介绍毕捷所主讲的一次讲座的（在该讲座中，毕捷囊括了他在1923年发表的一篇论文中所阐述的思想）：

> 地质学家们……的惊骇程度不亚于当一屋子的物理学家听到某位同事解释他是如何用冰棒棍制造出永动机的场景。物理学家们很早就明白永动机的无用性，而没有受过良好教育的地质学家会用任何一种灾难做交易。[32]

阿尔特描述了一位老教授，这位老教授在自己的大学时代曾作为台下的学生聆听毕捷阅读在1923年发表的那篇论文。这位老教授非常滑稽地模仿毕捷在使用生动的语言和手势向受惊的观众传达他对灾洪的想法时“用两只拳头重击讲台，脚跺地板”的表情[33]。

且不说这些戏剧化的言行，地质学家们为毕捷的论调感到震惊。

> 用骤然而至的灾难来解释华盛顿州东部的疤地，在他们看来，这是回归到大约125年前那种不科学的思维。时至今日，大多数地质学家都认为用灾难来解释地质事件不亚于异端邪说。所以，当毕捷提出是巨大的洪水侵蚀了疤地这一观点，他就已经脱离了主流……这使他成为地质学家当中的被排斥对象，社会优雅阶层的弃儿。[34]

然而，这个弃儿并没有放弃。相反，他顽强地继续自己的研究，平息了比以往更多时候落在自己头上的争议。他坚信，事实最终会证明他的判断是正确的。

危机发生在1927年1月12日。当时，毕捷受邀来到华盛顿特区宇宙俱乐部的华盛顿地质学会主讲一个讲座，却遭到了他的同事们的攻击。毕捷称“他所讲的”洪水是“斯波坎洪水”（根据斯波坎镇命名），并反复提及导致洪水泛滥的冰盖，他称这些冰盖为“斯波坎冰盖”（这两个术语如今都没有使用，但毕捷所谓的“斯波坎冰盖”实际上属于现在被称为“科迪勒拉冰盖”的晚更新世冰盖南部的一部分）。他认为，大部分冰盖一定是以非凡的速度融化，因为“水量非常大，几乎是令人难以置信的大……尽管高梯度引开这些水，但山谷不足以盛下这所有的水，因此洪水以复杂交织的路线广泛地蔓延开来”[35]。

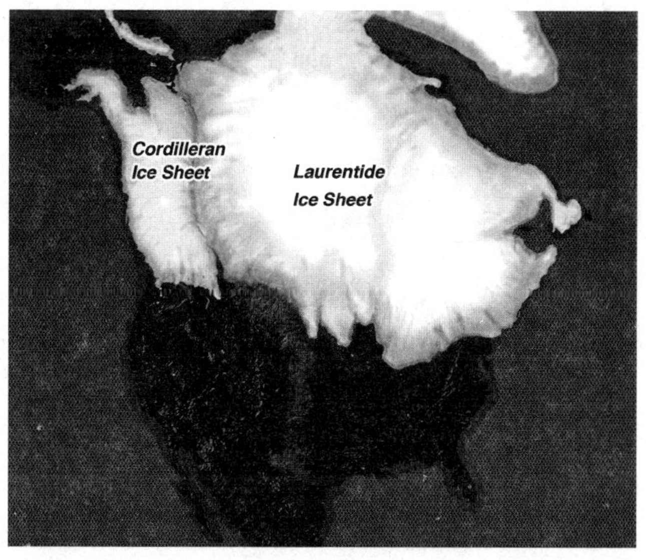

图14 冰河时期的北美

W·C·奥尔登，当时是极其保守的美国地质调查局里研究更新世地质的科长。他反对“所有的河槽必须在很短的时间内被同步开发”的想法，并对毕捷所做的“有大量的水”这一假设非常抵触[36]。“无论在任何条件下，这部分冰原不可能在这么短的时间内产生这么多的水。”[37]奥尔登抗议道，“这在我看来是不可能的。”他承认自己从来没有亲自参观过疤地，但他确信均变论的解释是必需的：“如果较长的时间和反复爆发的洪水能够解释这一地质现象，那么问题会变得更容易。”[38]

詹姆斯·季鲁利，众所周知是地质渐变论的倡导者。他用诸如“荒谬”“无力”和“完全不够”这类字眼驳斥“一次灾难性洪水”这一概念[39]。他在毕捷的证据中找不到任何东西来排除自己的首选方案，即涉及多次小规模洪水，并且这些洪水的量级与目前的哥伦比亚所爆发的洪水的量级差不多，或至多比哥伦比亚的洪水大几倍[40]。

同样地，G·R·曼斯菲尔德也提出质疑：“在如此短的时间内，玄武岩上竟然完成了这么多的工作……在我看来，疤地可以被更好地解释为边际的冰川水持续蓄积和溢出所带来的效应，在一个较长的时期内，冰川水不时地改变自己的位置或排放孔。”[41]

O·E·迈因策尔不得不承认：“该地区土壤侵蚀的特点是大而离奇。”但他也一样支持渐进论的解释：“在需要看似不可能的大量的水这一理论被完全接受之前，应尽一切努力去解释现有的特点，而不是采用如此大胆的假设……我相信，现有的特点可以通过研究古老的哥伦比亚河得到解释……”[42]

总之，没有一个声音支持毕捷。很多自视高人一等的学者驳斥毕捷所说的单一的一次大洪水是“离谱的假设”。尤其是众多地质学家群起而攻之，坚称一场突然和压倒性的灾难是致命的缺陷，因为毕捷未能给他所说的洪水一个令人信服的来源。

毕捷的回答是，他认为这样说没有道理，因为洪水缺乏有据可查的来源并不能证明没有发生过洪水。“我相信我对通道疤地形的解释是基于疤地现象本身。”他争辩道[43]。他说他和任何其他人一样对充满敌意的批评很敏感，并且“无意仅仅通过提倡非常新颖的观点而获得关注”。此外，他本人曾多次被驱使质疑“斯波坎洪水的真实性”[44]，结果被迫复议现场证据，再次使用“庞大量”这一概念……哥伦比亚高原、蛇河和哥伦比亚河里的流水的非凡记录无法依据普通河流的动向和普通流域的开发来解释……单就庞大量而言，就可以解释这些河流的存在[45]。

正是积累的令人信服的现场证据使毕捷要求人们换一种思维考虑问题——不是凭感情、直觉或参考公认的智慧，而只是通过“科学方法的既定原则”[46]。他后来写道：

> “史无先例的思想”通常得不到赞同。假如人们心目中的有序世界的观念受到了挑战，他们会感到震惊。一个切实捍卫的假设引来的情绪反应可能会遮蔽提倡者的观点，但如果这样的假设引起了普遍的思维模式的激愤，那么对抗者的观点也可能会变得不清晰。
>
> 另一方面，地质学的确存在一些荒诞不经的想法，这些想法源于错误的观察和误解。它们比“离谱的假设”更糟糕，因为它们没有出路。斯波坎洪水这一假设可能属于后一类，但暂且不能定性，除非在观察和直接推理上体现出错误。[47]

地质权威人士不喜欢听毕捷必须发表的那些言论，因为毕捷的观点与他们所推崇的渐进主义参考坐标公然相悖，他们认为这是“必须要温和而坚定地摒弃的异端邪说”[48]。然而，归根结底，他们不能否定毕捷的科学，只能表示不赞成，而不赞成的意味与否定大不相同。

问题的核心仍然是毕捷的断言，即冰盖已经急剧融化，而他无法说明是什么机制导致如此迅速的融化。如前所述，他自己并不认为这一点是一个显著的绊脚石，但抨击他的批评者们认为是。因此，多年来，为了试图安抚批评者们，他提出了两个可能的答案：其一，是某种极端而短暂的气候变化所致；其二，是冰盖下发生的火山活动所致。但是，关于第一个答案，他承认“这样的气候变化在其他地方并无记录，因此，要迅速融化似乎是不可能的”；关于后者，他指出“在文献中并未发现表明该地区存在更新世火山活动”[49]。

有趣的是，当毕捷在华盛顿面对他的那些怀有敌意的同行时，他已经意识到——但也不予理会——该如何对灾难性的洪水进行解释，而他的解释在很久以后被地质权威机构所接纳，并为今天人们普遍接受他的证据打开了大门。他在为 1927 年 1 月的宣讲所准备的大纲中写道：“奥尔登先生和帕迪先生都曾建议我考虑用冰川湖的突然排水来解释洪水……帕迪先生在 1925 年写给我的信中指定米苏拉湖，因为米苏拉湖是该地区已知的唯一有可能发挥作用的湖。”[50]

在 20 世纪 40 年代，毕捷终于欣然接受了一个说法，即米苏拉冰川湖的突然排水是他所讲的灾难性洪水的源头，但他为什么没有在 1927 年做此声明的原因很重要，正如我们将要看到的，它与冰河时代末期北美到底发生了什么这一不断变化的讨论密切相关。在毕捷于 1927 年简要提出的观点中，他的传记记者解释说，米苏拉湖的容积

“可能不足以形成疤地，该湖只能爆发为期两周的洪水”。毕捷在他的大纲中所做的手写注释这样写道[51]。

1930 年 3 月，毕捷在《美国地质学会通报》上发表了一篇简短的摘要。该摘要的题目是“米苏拉湖与斯波坎洪水”。毕捷在文中写道，米苏拉湖第一次被地质学家 J・T・帕迪命名和描述（毕捷于 1925 年收到帕迪关于该主题的来信），该湖的海拔在 4000 英尺以上，深度至少达 2100 英尺。没有深入到任何细节，他指出，该湖已经被一个冰坝固定起来。“距西南方 70 英里，沿珀塞尔沟和斯波坎谷的西翼前行，是疤地通道最东端的源头。如果这个大坝发生爆炸，那么水只能沿着这 70 英里流出去”[52]。

到 1932 年，毕捷更热衷于这个想法，即米苏拉湖可能是他所讲的洪水的源头，虽然他认为关于假设的冰坝及其灾难性故障的问题仍有待解决[53]。然而，在他生命中的这个节点上，他似乎准备好继续前进，将未来十年的大部分时间投入到完全不同的地质难题上。1940 年，他应邀去西雅图召开的美国科学促进会宣讲他的疤地理论。他谢绝了这个邀请，称自己的观点和证据正在印刷成铅字的过程中，但这次会议最终被证明对未来有很大的影响。J・T・帕迪参加了该会议，并提交了一份关于米苏拉冰湖的论文，首次公布自己长期持有的结论：米苏拉湖的冰坝曾发生过一次故障，“整个湖水灾难性地流干，而最有可能的是，这一切发生得相当引人注目”[54]。

奇怪的是，帕迪没有把自己对米苏拉冰湖的调查结果与毕捷长期秉持且众所周知的观点——毕捷认为通道疤地形是由特大洪水所造成——相联系。但很久以后，毕捷这样写道：“他从来不说大肆排放洪水之后的最终沉积物。但我真的相信，他是慷慨地把这个问题留给我来解答。”[55]

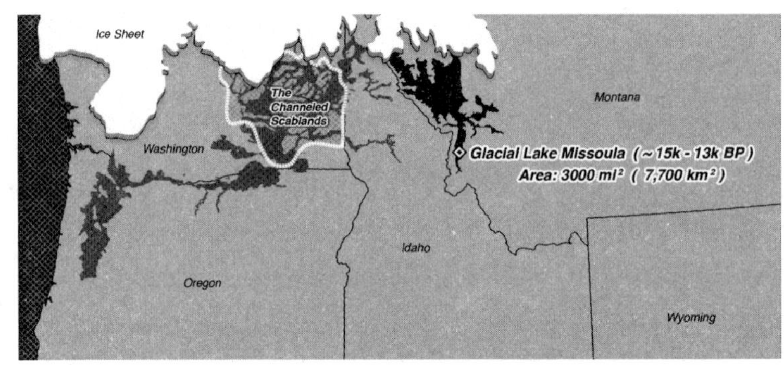

图 15

在最大化地利用自己手中资源的过程中，毕捷为了让他的对手更容易接受，放弃了自己之前的说法，即“单一的一次灾难性洪水”。“发生过好几次洪水。”他最终于 1959 年这样写道，“这个理论有足够的弹性令人接受。”[56] 同年，毕捷获得尼尔·米尔纳奖，以纪念他对地球科学所做的杰出贡献[57]。

几年后，也就是在 1965 年，毕捷从弃儿到海报人物的转变似乎已经完成。针对特大洪水理论之前遭遇的许多批评，国际第四纪研究联合会特地组织了一次去哥伦比亚高原的实地考察。考察队遍历整个大古力水坝、昆西盆地的一部分，以及许多帕鲁斯蛇疤地分水岭。在考察即将结束的时候，该行程的参与者对自己的所见感到非常敬畏，并且确信米苏拉冰湖的洪灾是疤地形成的源头这一说法，他们给毕捷发了一封表达问候和致敬的电报。电报的结束语是：“我们现在都是灾变论者。”[58]

“请放心。”毕捷写道，“三十年后，一定有不止三十个人坚决否认我的理论。这像良药一样对我的心脏有好处。”[59]

最后的荣誉于1979年来临，当时毕捷96岁，他获得了彭罗斯奖——美国地质学会的最高荣誉。此次获奖之后，他告诉他的儿子："我所有的敌人都死了，所以我已经没有了夸耀胜利的对象。"[60]

1981年2月3日，毕捷接着投入他的下一个伟大的冒险，当时他时年98岁。

渐进论使毕捷的洪水论让步

所以……一切似乎都很好。一块陆地受到灾难性洪水冲刷的证据是不能否认的。时间已经被确定——也许并不准确，但一定是在冰河时代末期介于距今15000年和11000年之间的某个时间点。洪水的源头已经被追溯到米苏拉冰湖。是否只有一次巨大的洪水——毕捷作为一名野外地质学家所练就的精湛本能使他最早得出了这样的结论——或如他那些持渐进论观点的同事所倾向认为的多次洪水这一争论的焦点已经得到了让步，因为毕捷后来使自己的理论富有一定的弹性，允许"几次"洪水这种说法。

在毕捷后来发表的论文中可以清晰地看到，他愿意接受发生过多达八次洪水这样的说法[61]。这无疑是对渐进论的让步——在几千年的时间里，八次较小的洪水逐渐蔓延开来要比一次突然发生、造成大规模破坏并在三个月左右的时间内结束的极大洪水更容易为均变论倡导者（即当时和现在的大多数地质学者）所接受。尽管如此，毕捷在本质上仍然是一个灾变论者。亚利桑那大学水文学及水资源系的维克多・R・贝克在他的研究课题"斯波坎洪水争论"中指出，虽然毕捷的确是大幅改动了他最初的假设——

但还是存在一种挥之不去的怀疑，即他极不寻常地违背了一般规则。毕捷本人曾声称："被描述为通道疤地形的独特地质形式记录了更新世历史上的一个独特的里程碑……特殊原因似乎已被显示。"[62]

换言之，无论任何让步，这里所指的是仍然独特到足以被描述为灾变的原因，而且这些原因并没有削弱一个结论，即"这是一场席卷哥伦比亚高原的大灾难"[63]。很明显，在毕捷最后发表的作品中，他表明自己在1979年接受彭罗斯奖章这一最高荣誉时趁机向美国地质学会彻底阐明了一点，他写道：

或许，大家可以认为我是恢复传奇灾变论并解除其神秘感，向过于刻板的均变论发出挑战的那个人。[64]

然而作为灾变论者和均变论的挑战者，毕捷可能还不知道的是，一旦他邀请渐进论这个"吸血鬼"进门，它便不会满足于毕捷之前试图抨击的折中方案，而是但凡涉及这样的观念——通道疤地形中发生的一切都归因于任何形式的"洪水泛滥"——它会继续无情地吸干其血液。

因此，随着时间的流逝，新一代的渐进论学者已经在世界各地的大学就职，洪水暴发的次数从第一次被允许修改到八次一直稳步增长到十几次，然后是二十多次，再然后是三十五次，后来是"大约四十次"，最后，在最近的论文中竟然惊人地多达九十次甚至更多[65]！"最新的观点是——"维克多·R·贝克总结道："大约八十次洪水都是在2500年内（大约在12000年至15000年前）暴发，很可能是定期地暴发。"[66]

2500年之内发生八十次洪水意味着大约每三十一年发生一次洪

水——这样就排除了一次特大洪水的可能性，并解释了通道疤地形这一可怕的地貌本质上是由一系列相当常规的、可预测的渐变事件所产生的累积效应所致。更妙的是，从均变论倡导者的观点来看，冰川堰塞湖突发的洪水在今天仍时有发生。例如，这种现象经常定期出现在冰岛，被称为“冰川湖突发性洪水”，这个术语已经在全球被采用，我也会继续在这里使用。爆发冰川湖突发性洪水的其他常见地点包括喜马拉雅山脉、南极、瑞典北部和北美洲。正如地质学教授大卫·阿尔特所指出，阿拉斯加和不列颠哥伦比亚省北部的几个冰川堰塞湖很容易发生迅速排水的情况。这种情况通常发生“在夏天当快速融化的积雪迅速提高湖泊的水位时。出于同样的原因，米苏拉冰湖的冰坝在夏季可能会断裂”[67]。

均变论学说——“现在是过去的关键”，认为今天观察到的变化率对于过去盛行的变化率而言是一个准确的指导——通过这种方式悄悄地重申自己的理论，而毕捷那令人不安的洪水证据已经被巧妙地解释。学者们也相当聪明地设法做到鱼和熊掌兼得：一方面给毕捷一枚奖章，宣称他们“现在都是灾变论者”；另一方面，将毕捷所说的灾难嬗变成人们每年夏天在阿拉斯加和不列颠哥伦比亚省所看到的那类灾难。

当然，这样的结果非常让人放心，但假设毕捷最初的洞见是正确的，假设在冰河时代末期北美地区的确发生了一场突然的灾难性洪水，那么由此会导致形成某种前所未有和无与伦比的地貌吗？

假如真的是一场大灾难，结果会怎样？

回到毕捷的论点

兰德尔·卡尔森相当肯定，这确实是一场大灾难——以几乎令人难以置信的规模展开的灾难——因此他花了近二十年的时间在通道疤地形来回徒步穿行，询问当地的地质学者一些地质难题，但似乎没有其他人考虑过建立一个强大的地质案例。

我猜测，如果毕捷仍然在世，并且处在他事业的巅峰时期，他一定会建立这类案例。

我第一次见到兰德尔是在2006年。北美冰河时代的洪水是我们讨论的主题之一，我吃惊地发现，他完全不接受冰坝理论，并且他认为米苏拉冰湖是一个巨大的转移——一种简单的解决方案，迎合了均变论的偏见，却使地质学者远离真理。在随后的数年里，我们不时地保持通信，偶尔在我们两个都要讲话的会议上碰到对方。他的知识深度、野外实地经验，以及他对将冰河时代引向结束的神秘事件的有趣新见解，真的给我留下了非常深刻的印象。我发现我们对新仙女木事件都特别感兴趣，并且这种兴趣与日俱增。新仙女木事件于12800年前突然发生，可追溯到全冰期，当时世界似乎正要升温。1200年后，它同样突然地结束。

在这一特殊事件期间，某些石器时代的狩猎采集民族，如北美的“克洛维斯”文化从考古记录中消失，并且动物物种大规模灭绝——很显然，一些不寻常的事情正在发生——但此时均变论或渐变论的解释还未曾提出。此外，虽然我在1995年的著作《上帝的指纹》中没有调查过这一点，但后来我意识到新仙女木事件的时间跨度——从12800年前至11600年前——恰好与“一个时期”吻合，我曾认为这个时期的史前古代的先进文明已从地球上抹去，并从人类的记忆中消失。

因此，在我的那本2002年出版的《上帝的魔岛》中，我非常关注新仙女木事件，我写道：

大约 13000 年前，世界经历了很长周期的不断升温（根据一些研究发现，在 13000 年前至 15000 年前这段期间[68]，这种情况更为加剧），而古气候学家所谓的“新仙女木事件”所造成的全球冷事件却使全球升温的现象几乎在一时之间戛然而止[69]。这个事件在许多方面是神秘而无法解释的，它是一种快得几乎令人难以置信的气候逆转——从 13000 年前比现在还要温暖湿润的气候条件[70]，仅仅在几百年后就逆转到末次盛冰期那寒冷而干燥的气候条件[71]。

从大约 12800 年前开始，冰像被施了魔法般地笼罩着大地。在许多接近末端融化的区域，全冰期的气候条件以惊人的速度得以恢复，并且自末次盛冰期（大约 21000 年前）以来收获的所有利好都几乎化为乌有：“温度回落大约 8~15 摄氏度……北大西洋的极峰重新下降到西班牙西北部的菲斯特拉角的水平，而冰川已经重新推进到崇山峻岭之中。关于温度，全冰期气候的温度回落是绝对的……”[72]

对于当时的人类而言，除了世界上非常意外地受到青睐的几个区域之外，许多地方的人们突然莫名其妙地投身到寒冷和干燥的气候环境中，这对他们来说一定是毁灭性的[73]。

新仙女木事件的神秘感以及它对人类的致命威胁持续激起我的兴趣，鼓励我对其仔细研究，试图更好地理解它。我记得在 2006 年之后，我和兰德尔针对这一主题进行了很多交谈和电子邮件往来。在我看来越来越明显的是，“新仙女木事件”这一术语从任何意义上来讲都是一个全球性灾难。然而直到 2013 年，当兰德尔告诉我北美，特别是通道疤地形正处在灾难的中心，我认为是时候去实地寻找证据了。凭着一时心血来潮，我邀请兰德尔和我一起去实地考察。结果花了一年多才找到一个适合我们双方的时间，最终在 2014 年 9 月，我在俄勒冈州的波特兰市见到了兰德尔。我们离开东部和北部，进入邻近的华盛顿州，租了一辆很大的红色四轮驱动车去探索疤地。

第四章
疤地之旅

我们正行进在2500英里（约4000千米）行程的自驾游途中，从俄勒冈州波特兰市到明尼苏达州明尼阿波利斯。如果我们走直达线路，行程本来会短一点。但此时，我们却在山川河谷和群山孤峰间辗转流连，穿越离奇的通灵疤地，它紧邻着曾覆盖了北美大部地区的辽阔的科迪勒拉和劳伦太德冰盖的南部。我的目标是尽可能充分了解曾经发生在这里的地质事件。到第四天，当我们到达位于大古力景观上的离奇疤地中间的干瀑布时，画面开始变得清晰起来。

我们脚下的大地是古老的黑色玄武岩，覆盖着一层薄薄的地表土。这些玄武岩是由1700万年至600万年前之间的火山爆发而被

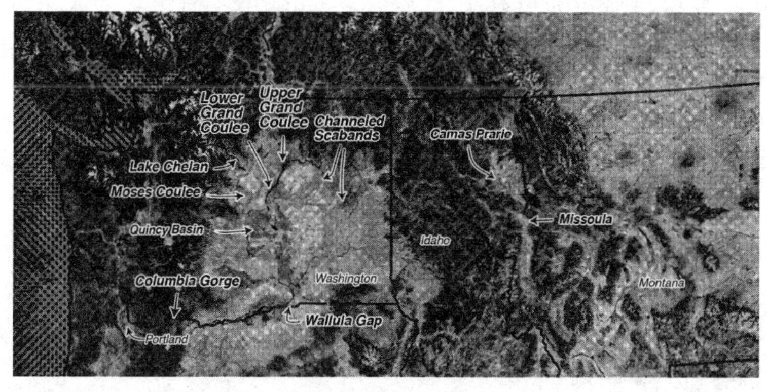

图16

挤出地面的，覆盖了哥伦比亚高原大部分地区，某些地方的岩层厚达2000米（约6600英尺）[1]。

不过，不是在大古力，因为这里好像有某种桀骜不驯的力量，也许甚至是上帝之手，曾抓住一把刀刃有一英里宽的巨型“凿子”，猛地扔向大地，凿出一个数百英尺深、约60英里（约96千米）长的两壁陡峭的缺口。然而，这把“凿子”不是用钢铁做成的，而是用挟带着各种碎片、只持续了几个星期的湍急而狂躁的洪水——毕捷所说的洪水。他写道：

大古力，这个就是由冰川流切割而成的峡谷的最好实例，它不仅能说明哥伦比亚高原，还包括世界各地……最小宽度为三英里的冰川河向南流动，淹没了这里的分水岭，再冲下一个陡峭的单斜坡……冰川流以大约10度的夹角下降了1000英尺……这种情况是前所未有的，即使在这片布满了巨大的突发性高梯度河流的区域……至少有10立方英里的玄武岩被挖掘并转移。[2]

毕捷在这里所指的只是大古力北部或上部[3]。但随着“冰川流”的奔流直下，同样多的玄武岩也从大古力下部被洪水挖掘出来。今天我们经过这里，在大古力南端以南的埃夫拉塔漂砾扇前停下脚步，见到了这个倒满了全部被挖掘出来的玄武岩的地方。这是一片混乱不堪、乱七八糟、令人不安的景象——令人不安，是因为视野所及的大草原上散落着数以千计甚至可能数以百万计参差不齐且破碎的玄武岩大石块。有的跟家用轿车一样大，有的小点——只一个足球那么大，还有很多更大的。

“一切都被夷为碎石。”当我们站在漂砾扇中间时，兰德尔·卡尔森向我解释说，“这就是你看到的。这些碎石堆是以往世界的一部分。”

“以往世界？”

“是的，上古世界。躺在这地面上的是被洪水驱逐出大古力的漂砾的一小部分。漂砾向深处滚落，数百英尺深。”

离开了埃夫拉塔漂砾扇，我们继续沿华盛顿州 17 号公路驱车北上，进入下大古力。一路上，陡峭而险峻的玄武岩绝壁高高地耸立在我们两侧，灰色的积雨云昏暗地倒映在一连串碱性湖上——皂湖、勒诺湖、蓝湖和公园湖——像地板上的一汪汪积水。现在，我们已到达下大古力前端的干瀑布，我们刚从车上跳出来，兰德尔就提醒我妻子桑莎带上她的相机。“你会在这里看到一些灾难性的东西。”他宣布道，一边调皮地咧嘴笑着。

遇见兰德尔·卡尔森

你可能还太年轻，因此不记得 1977 年的电视连续剧《灰熊亚当斯的一生》，可如果你没看过这部电视剧，你总可以用谷歌搜索一下。

那个同名主人公，由演员丹·哈格蒂扮演的粗野的樵夫，是一个高大而直率的胡子拉碴的家伙。而兰德尔·卡尔森，以其浓密的胡须、朴实的形象和粗野的个性，让我想起他的许多往事。兰德尔现居住在佐治亚州亚特兰大市，但他大部分年少时光是在明尼苏达州的农村度过的，他的声音仍然带有斯堪的纳维亚和德国的古怪底音，能够听得出明尼苏达州的口音。

他在施密特湖畔长大，数以万计的小型融水湖分布在明尼苏达州和威斯康星州，他还是个小男孩的时候就经常去那里钓鱼，在一块大石头上玩耍休息，他后来才明白那是一块冰川漂砾——“这块巨石，也许是被来源于数百英里外的前进中的冰川从基岩里挖掘出来并搬走的，然后沉积在一个远离其出发地的地方。”[4]

今天，离儿时已过去半个世纪，他说，年少时的中西部景观在他心灵里留下了不可磨灭的印记：

从这些早期经验开始，我走进了一种与大地的对话中，持续至今，热情不减。这种对话包含了成千上万个小时进行实地考察，在各种各样的景观地貌里来往穿梭并潜心研究，还有数千个小时钻研以某种方式与我的目标相关的各种科学。一切都是为了了解这个非同寻常的星球，这个我们正不断进行着人类体验的星球……这是个有点可怕的动态星球，它已经发生了深刻的变化，变化的规模远超过近期内的任何东西。其实我现在认识到，我们所认为的历史，仅仅是从最近一次巨大的行星灾难以来发生过的人类事件的记录。我也明白，在我们周围到处都能找到这些灾难的印记，事实上是在所有的环境里，而我们才刚刚开始有能力去感知和破译这些证据。[5]

兰德尔以建筑师和建造者为生，但他最热爱的是地质学——灾异地质学。

听过他讲课的人都可以证明，他懂得的地质学知识比你可能遇到的任何人都多得多。他获取的知识，不仅来自对科学文献的广泛阅读，而且正如他前面所说，还来自于数千个小时的实地调查。对我来说，这种对现场的深入了解，在旷野里走过的迢迢里程，以及在图书馆里潜心研究的悠悠岁月，其意义远远胜过任何大学学位。兰德尔不是地质学家，也称不上是地质学家，但他对地质学的理解抵得过一打博士学位。

而现在，我们正站在一个被齐腰高的栅栏围住的混凝土土墩上，悬浮在“干瀑布”的一跃而下的马蹄形露天剧场的上空。这是九月下旬的一天，一阵寒风吹过，兰德尔即将给我上一堂地质学课。

干瀑布

“以前去过尼亚加拉大瀑布吗？”兰德尔问道[6]。

我承认我没有。

“但你见过照片吧？对那个地方有点感觉吧？”

“应该有……”

“好，那就猜一下……哪个更大？”他指着我们前方的远景，“干瀑布大？或者尼亚加拉大？”

我想这个问题跑偏了。兰德尔是一个明尼苏达州人，当然不禁要问跑偏的问题。我朝天然露天剧场放眼望去。那是一个看下去很低、看过去很远的地方。几个由雨水汇集而成的长满了芦苇的圆形湖泊，装饰着高耸在我对面悬崖之上的马蹄形地基——很显然，地基上一定曾有大量的水流过。我没有到过高 51 米的尼亚加拉大瀑布，但我确实曾在南部非洲的维多利亚瀑布度过了惊诧不已的一天，因为那里的瀑布足有 108 米高。您在所有图片中看到的尼亚加拉经典的马蹄形瀑布在维多利亚瀑布被重演。而在美国华盛顿州，这里有着同样的马蹄形状，被保存在一个古代大瀑布的干化石上。

“干瀑布比尼亚加拉大。”我非常自信地回答道。

“好的，不错，但大多少？”

“大一倍。”我大胆地猜测。

“还不错。”兰德尔说，“但实际上干瀑布的高度接近尼亚加拉的三倍，宽度是六倍以上。”他指出。

“看见那些悬崖如何弯成扇形没有？”

我看见了。干瀑布的马蹄实际上是两个并排的马蹄，一个向东，一个向西。

“好吧，尼亚加拉的马蹄刚好可以轻易地放入东边马蹄的一半，它的边缘会在干瀑布的边缘下方约 250 英尺的地方。另外——看那里……”兰德尔把我的注意力吸引到马蹄的东侧，那里有一个缺口，然后是向南延伸的悬崖上的一个又高又窄的鳍状物。“那是尤马蒂拉岩石。”他指着那个鳍状物说，“在洪峰时，它应该是某种岛屿，某种水下岛屿。”

“水下？”

“是的。当洪水经过这里时，水深有五百多英尺。洪水应该曾经淹没尤马蒂拉岩石和干瀑布，而就在我们站的这个位置。哦，洪水有一百，也许一百五十英尺深。”

“所以，如果那时我能站在这里……”

“那你就不会……”

“我知道，我已经被洪水冲走了。但只是作为讨论，如果当时我能够站在这里，我想我不会看见那片清澈透明的水在瀑布的唇边爆裂开来，轰然跌下数百英尺，是吧？”

“是的，因为那是发生在水下很深的地方。在这个地点，你会看到的不是一个真正的瀑布，而更像是一个在时而暴躁、时而平静的激流里挣扎的斜坡。但是，一座瀑布在岩石上的所有工作仍在进行中，在水面下……”

“你说的在岩石上的工作是什么意思？”

“经过这里的洪水，水量巨大，速度惊人，据估计最快可达每小时70英里，而且你要知道，它不只是水，而更像是黏稠的泥浆。它中间翻滚着被整体连根拔起的森林，它上面漂浮着拥挤不堪的冰山舰队，它底下还有隆隆前进的一大堆岩石碎片，以及像我们之前看到的遍布埃夫拉塔漂砾扇的漂砾一样的大石块，这一大堆乱七八糟的东西在其所到之处冲刺着、翻滚着、拔蚀着……”

“拔蚀？”

“是的，这是形容它的最好办法。就像巨人的手指，它拔出一块块玄武岩基岩，撕扯出来，把它们拖进洪流再把它们冲走——侵蚀工作就是这样完成的。”兰德尔再次指向扇形的马蹄悬崖，“但我们在这里看到的不到画面的一半。如果我们从飞机上看，会看到东面另一组甚至比这些更大的马蹄，从远处圆圆地包裹着尤马蒂拉岩石。”

“因此，把所有这些都算在一起，干瀑布的总宽度是多少？”

“大约三个半英里……那是当洪水结束时它必须到达的宽度。如果洪水再持续即使几个星期，只有上帝知道曾经的它现在像什么样，或者说今天的它会在哪里……”

“我不明白。”

“有迹象表明洪水只持续了几周的时间，而在这段时间里，瀑布在不断地向北迁移……”

“迁移？”

“是的，所有瀑布都在以不同的速度迁移，速度快慢取决于流过的洪水水量和力量。它拔蚀基岩，不断地把基岩从上游吞噬并带走。例如，就拿尼亚加拉来说，在过去的12000年里，它后退了7英里，但跟这里发生的事情比起来[7]，那是微不足道的，这里的瀑布后退了约三十里——下大古力的总长度——在不到一个月的时间里。”

“所以，侵蚀速度快得令人难以置信？”

“是的！比尼亚加拉快数千倍，因为这里的洪水水量和力量大得让人难以置信。干瀑布是这个行星地球上曾经存在过的最大瀑布。”

“所有的水都应该来自米苏拉冰湖，是吗？”

“嗯。”兰德尔说，他的胡须顽固地伸了伸，“理论上是这么说的。”

猎取漂砾

兰德尔并不认可渐进理论，这一理论认为，米苏拉湖通过冰坝的多次破坏、再造和再破坏而进行的多次排空，可以对地上迹象做出解释。他并不否认冰川湖的存在，或者存在来自冰川湖的洪水暴发，但他相信从来没有任何地方接近足够大，大到足以解释“通道疤地形”的所有灾难性特征。像20世纪20年代的J·哈林·毕捷一样，他相信，一场短暂而突然的、完全意外的真正巨大的洪水，才是真正的罪魁祸首。

有一天，兰德尔用“猎取漂砾”来向我解释为什么。我们离开了97号州际公路，来到沃特维尔高原上，途经崎岖不平的丘陵地区。星星点点的绿色和黄色的田地点缀在这片因极度贫瘠而无法耕种的荒野上。很快，我们开始看见一大堆一大堆、一大团一大团、各式各样、成群结队的不祥的黑色玄武岩巨石，它们跟这里的景色完全格格不入。我现在知道的东西已经足够多，能够一眼就认出那些大石头。冰盖一边向前移动并漫延，一边抢夺、冻结并搬运巨大的岩石，将其锁定在里面，直到冰盖融化，留下这些沉重的包袱。这里发生了什么——这个地方确实叫作“巨石公园”，是一个公认的“国家自然地标”——这是同一过程的不同方面。兰德尔解释说：

当冰河时代的洪水倾泻而下淹没沃特维尔高原的时候，它携带着数千座冰山——冰山和油轮一样大，里面冻结着房子大小的巨石。当它碰到山坡时（他指向远处的山脊，浩荡的巨石队伍越过山脊并散落四处），冰山沉入水底并被卡在那里。最终，洪水消退，冰山融化，大石头被留在原地直到今天，它们四处散落在远离山脊的高原顶部，向北铺满了 20 英里的山坡。

“但是，山脊一定比我们高八百，也许九百英尺。”我说。

“没错！它告诉我们，这里的水至少有那么深。或者说，不是简单的水，而是污泥浆。当洪水开始消退时，泥浆随着沉积物的增多越变越稠，直到洪水最终从谷底消退。整个谷底覆盖着数百英尺厚的沉积物，并且填满了嵌入地下的巨石。我的意思是，再说一次，我们正在看着远古世界的废墟和残骸。”

我们又回到 97 号州际公路，沿着庄严的哥伦比亚河的西岸向南前行，然后向西朝奇兰湖行进。五十英里长，绝不会超过一英里半宽的奇兰湖，躺在草木丛生的陡峭山谷的谷底，巍峨的高山遮蔽着山谷。它看上去有种壮美的苏格兰海湾的味道。

图 17

既然如此，奇兰湖也有一个关于湖怪的传说——有一条龙，根据美国原住民相传——它吃光了所有的猎物，使人们陷入忍饥挨饿的状态。一位伟大的神灵被激怒了，他决定进行干预。于是，他从天而降：

他用巨大的石刀击打地球。整个世界都被他的打击所震动。平原上空出现了大片云朵。当云朵飘走之后，人们发现这片土地已经发生了变化。四面八方升起了高耸的山峰，巍峨的群山间深谷纵横。一条幽深的峡谷从西北往东南方向延伸，那是一个两天的旅程。精灵把怪物的身体扔进了这条幽长的峡谷。然后，大神把很多水倒入峡谷，便形成了湖泊。很久以后，印第安人称之为“奇兰”。[8]

“奇兰”在当地萨利希印第安语里是“深水”的意思，而“奇兰湖”确实有1468英尺（约453米）深，使其位列美国最深湖泊的第三位，世界第二十六位[9]。我顺便提一下，这个神话的某些方面，让我联想到冰河时代末期的地球变化。曾被埋藏在冰盖之下而不为世人所见的崇山峻岭，确实在冰盖消融之后显露出来。峡谷也确实被“毕捷”洪水湍急的水流雕刻出来，贯穿了整个哥伦比亚高原。我们在下一章中将会看到，无论是那把对大地的打击过于沉重而使“世界震动”的从天而降的巨大石刀，还是那片笼罩大地的不祥阴云，其中的奥妙都不止于此。同样，神话中奇兰北岸的曼森镇上，有一个巨大的冰筏怪物的存在[10]，表明被倒进湖中的“很多水”这一概念（换句话说，就是途经此处的洪水）也许植根于人们对真实事件的记忆中。

途经了更多散布在奇兰湖南端四周的漂砾后[11]，我们又返回97号州际公路，从毕比大桥穿越到哥伦比亚河东岸，然后北上“麦克尼尔峡谷口”，还有很多遍布荒野的巨石在等待着我们。这里的漂砾数以千计，因其独特的外观，被当地人称为“干草堆巨石”；它们从远处显现出的圆形轮廓，走近一看，却变成一堆堆参差不齐、四分五裂的黑色玄武岩。据估计，其中很多的重量都在10000吨以上，当兰德尔和我审视它们的时候，其非凡的高度和质量使我胆战心惊，而把它们带到这里的洪水的力量和能量则使我惊讶不已。

我们再次回到97号州际公路，向南开行40英里到达韦纳奇和哥伦比亚河交汇处，位于喀斯喀特山脉的山麓丘陵的东部附近。在这里，兰德尔要最后再给我看一个巨型漂砾，他估计，这一个的重量有18000吨。它高高地矗立在一条宽大深远的山谷的一侧，隐约出现在一处现代房地产开发工地的上空，比河流与韦纳奇镇的汇合处高出数百英尺。

我们手忙脚乱地爬到这块漂砾的顶部，这样就可以俯瞰远方波光粼粼的河流。“很显然——”兰德尔解释说，“洪水一定曾经从山脚到山顶灌满了整个山谷，当冰山在水中漂流时，正好被困在这里，冰山消融之后，留下这块石头端坐在山脊上。”

“那么洪水呢？接下来它去哪儿了？”

“流经这里的洪水与从大古力和摩西古力等其他众多的疤地沟槽流出的洪水碰到一起，然后它们一起向下流到帕斯科盆地和瓦卢拉缺口……”

黑雨

第二天，我们在一个高耸的悬崖顶部俯瞰瓦卢拉缺口。“所以，这里的洪水暴涨到海拔约 1200 英尺。”兰德尔说[12]，他查询了他的 GPS，“我们现在所站的地方海拔 1150 英尺，所以洪水水面应该在我们头上 50 英尺。”

“洪水从哪个方向来的？”

兰德尔指向北方：“它从通道疤地形呼啸而出。大量来自不同地方的洪流在这里汇合，然后通过这里，流向哥伦比亚。因此，这里是洪水的聚集地。在这里，所有这些声势浩大的洪流聚到了一起。”

我俯瞰着下面的场景，那场关于地球、天空……和水的惊心动魄的大戏。

天空灰蒙蒙的，打着雷下着雨，一直伴随我们这一段行程。起初，大地的成分是厚厚的一层被称为黄土的柔软的暗褐色粉尘，它铺满了我们脚下的悬崖顶部。接着，悬崖用一种急剧翻滚下落的跳水姿势，降落到哥伦比亚——培育出了水的成分——在下面。越过一条在这里看有一英里多宽的河流，地势朝东方升起，但没有我们所站的西侧那么陡峭，覆盖着一层同样的厚厚的黄土粉，并以独特的疤地地形为标志，矗立着一座座坠入深谷的悬崖和一系列被古代洪水雕刻出来的副产品——其中最显眼的是被称为“孪生姐妹”的两根孤立的玄武岩石柱，站在我们正对面。

“那对‘孪生姐妹’——”兰德尔解释说，“是一处遗迹……看那儿，紧挨着左边的姐妹那里，你可以看到一个架子。那个东西应该是连续的……我相信这是洪水前的谷底……根据河流目前的深度和‘孪生姐妹’的高度，当洪水袭来时，水流突破这里并把谷底降低了约200英尺。如果洪水再多持续一个星期，这对‘孪生姐妹’也会被冲走……它们将会在大约800英尺的水下。真的，如果你看过去——那里，远远高于‘孪生姐妹’——你就会看到最高点的玄武岩副产品，大致在我们这个高度。洪峰来临时，那里将是高水位线，一切都在水下——所以在那边，在‘孪生姐妹’周围的疤地里，你现在正看到的，就是洪水对玄武岩的壮观侵蚀，洪水以六七十英里的时速冲过这里，因为背压是如此之大。”

“可怕而凶猛的流水。”我大胆说了一句。

“哦，我的上帝，是的！就像一个内陆海，不同之处在于它的移动……”

“它狂躁不安，而且怒不可遏……”

“当洪水冲到瓦卢拉缺口时受到挤压，其狂躁程度急剧增加。但是，你看一下这个山谷的容量，它简直就是一座人间地狱，洪水从北方倾泻进来，结果又不得不回流到之前的水平。米苏拉湖外围的山谷没有这个山谷大，并且它在这里以北200英里。所以洪水怎么可能从米苏拉湖倾泻出来，再流经200英里抵达这里，并没有减弱到恰好能通过缺口而没有形成积水的程度？但事实上，它形成了相当深的大规模积水，我们从高水位标记便能够判断出来。而这个，对我来说，就是无可辩驳的证据，比起以往任何时候有可能从米苏拉湖倾泻出的水，涌进这里的水要大得多。”

“所以——”我总结说，“有1200英尺深的洪水狂躁不安地流过这里……”

“非常狂躁。”

“后来，那么深的洪水在那里待了多久？”

“据估计，可能有一到三个星期，然后就开始减退。因为……他们把这个叫作液压积水。洪水在奋力冲过像瓦卢峡之类的收缩物时，自身成了一种堤坝，从这个意义上讲，实际上这是一种液压坝——而洪水中塞满了庞大的冰山，情况更是如此。在洪水所到之处布满了被冰山所携带的漂砾——一路下跌到俄勒冈州尤金市……你想象一下那个场面，被数以千计的冰山所阻塞的移动中的汪洋大海……”

好吧，我在脑海里想象那个画面。“疯狂的场面。”我说。

“疯狂的场面。”兰德尔表示赞同。“所有这些冰山相互横冲直撞，在缺口里变得拥堵起来。那时要做的就是使水位进一步上升，直到水压上升到足以把这堆冰山推下缺口——水位随之下降，直到出现下一次拥堵。所以我认为，我们正看见的是一幅脉动水位图，每次水压上升时，洪水回流到上游山谷，然后水位下降，之后水压再次上升。”

我摆在兰德尔面前的第二个要点，跟他刚才勾勒出的洪水泛滥的地狱场面紧密相关，也涉及我希望在本章的其余部分来探讨的核心之谜，但我还没有把它摆在读者面前。它关系到正在成长的证据体，12800 年前，一个巨大的彗星沿内太阳系轨道飞行时分裂成多个碎片，有很多碎片，有的直径超过一英里（约 2.4 千米），撞击到地球。人们相信，北美洲是彗星所引发的灾难中心，北美冰盖上的几次巨大撞击引发了洪水、海啸以及遮天蔽日的云尘，到达大气层上部的云尘使太阳的光线无法照射到地面，从而引发了突然而神秘的全球性深度冻结，地质学家称之为新仙女木事件。在接下来的章节中，我们将为这一切寻找证据，探讨它如何与“毕捷的洪水”相关联——毕竟，洪水有可能不是米苏拉湖冒出来的。但现在，请容许我写完我与兰德尔在瓦卢拉的谈话。

“曾经有过一次彗星撞击。”我说，“所以我们估计当时的天空肯定也是相当糟糕的。”

“哦，那是必须的……”

“暗无天日……”我想了想，又补充说，“由于那次撞击，很多东西被吹送到那里。”

“东西！”兰德尔用他的登山鞋尖在柔软的尘土里踢出一道小沟，“那就是我所认为的六英尺厚的黄土层。在所有洪灾地区，你都可以看到这种六七或八英尺厚的黄土层——很明显它就是从大气层里落下来的。”

“很像康提基·维拉科查的传说。”我说出了那个使南美开化的英雄，他长着跟第一章里介绍的羽蛇神和圣贤阿普卡尔一样的白皮肤和胡须。据说在过去数千年的那个可怕的时期，他已经来过安第斯山脉，“当大地已被特大洪水淹没，因太阳消失而陷入黑暗之时”[13]（正如墨西哥的羽蛇神以及美索不达米亚的圣贤阿普卡尔一样，安第斯山脉的维拉科查的教化使命曾把法律和道德准则带给灾难的幸存者，并教他们农业、建筑和工程技能）。

“是啊。”兰德尔沉吟着，“维拉科查的传说，里面不是也有一些关于黑雨的内容吗？”

“有啊，绝对有。浓厚的黑雨。在我研究过的洪水神话中，它几乎是普遍的……”

兰德尔又朝黄土踢了一脚：“这东西真是令人费解。它有一种垂直结构。大多数理论认为它是风成的，但垂直结构与其不一致。我正在产生一个想法，它实际上是水成和风成的，因为我想外星撞击冰盖之后的雨散落物实质上是一种泥土散落物。过热水一定曾被大规模地注入大气平流层——肮脏而含颗粒的水——然后像核爆炸的蘑菇云一样蔓延开来，最终结果无疑是非常密集的旷日持久的雨散落物。”

但是 12800 年前有没有彗星撞击地球呢？

我们将在下一章中看到，由权威性极高的科学家组成的国际研究小组搜集的证据，正在席卷舒适的渐进论与均变论地质学世界。

第五章
纳米金刚石是永恒的

离开华盛顿并穿过爱达荷州的狭长地带之后，我们继续向东穿越美国北部各州。兰德尔特意向我展示了蒙大拿州西部卡马斯草原独特的壮丽景色。乍看上去，在落基山脉中间长12英里、宽10英里的椭圆形盆地里，仿佛有一座座巨大的沙丘正在平坦的黄色地板上浩浩荡荡地穿越前行。但仔细一看才发现，“沙丘”根本不是沙丘，而是巨大的水流纹，有的超过50英尺高、300英尺长。它形成于冰河时代结束时期，那时的卡马斯草原还是米苏拉冰湖河床的一部分，躺在水下约1400英尺深的地方[1]。地质学家们一致认为这些水流纹是湖泊在灾害性地流干时被强有力的水流冲刷而成的[2]。

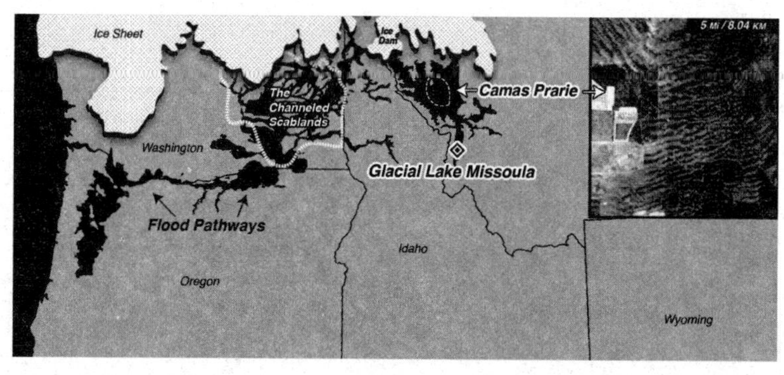

图18

“我并不怀疑它。”当我们站在草原的制高点时，兰德尔说。一条大片荒废的高速公路穿行在古盆地的地板上，这时出现了一辆车提供了参照，与水流纹比起来，那辆车变得像火柴盒一样矮小。

“所以——”我问，“你不反对米苏拉湖的确是灾害性地流干这一观念？”

“是的，我完全不反对。我毫不怀疑米苏拉湖有几十次突发性洪水，有几次洪水甚至是相当大的。不过，我的观点是它们都不足够大，大到足以导致我们曾在通道疤地看到的那种洪灾破坏的惊人程度。那是由某次重大事件造成的，其数量级超过米苏拉湖可以提供的全部洪水。所以，正如渐进主义所说，这个湖泊在克拉克－福克山谷被冰坝所拦截，在数千年的一段时期内，也就是说从 15000 年前到约 13000 年前，那些冰坝也曾多次被冲破。但在这些周期性的洪水暴发期间，释放出的水量是极小的，跟终级事件比起来，它们只是杯水车薪——当然，米苏拉湖也参与其中，但绝对不是罪魁祸首。”

“那次终级事件一定与我们的彗星撞击相关吗？”（我已经开始叫它“我们的”，但通常它是指科学文献中的“克洛维斯彗星”或“新仙女木彗星”。）

“当然啦。”兰德尔回答说，“但不只是一次撞击，而是多重撞击。我猜想有多达四个残骸——每个残骸也许横跨半英里，也许更大——击中“科迪勒拉和劳伦太德冰盖”，产生了一种霰弹枪效应，造成大面积的瞬间融化。融水无处不在，而且规模巨大。其中自然有一部分融水跌落进米苏拉湖，瞬间将其灌满并导致其冰坝爆裂，从而将湖水及其内容物加入到更大的已经从北方席卷而下的洪水中。”

“所以米苏拉湖真的是一个无辜的旁观者，而不是罪魁祸首。”

兰德尔笑着说："嗯，那就对了。这个湖泊是个碍手碍脚的无辜的旁观者，后来还被指控犯罪。但彗星才是罪魁祸首。"

图 19 劳伦太德和科迪勒拉冰盖融水排泄路线（由兰德尔·卡尔森提供）

阴谋的角落

我不是阴谋论者，但我有一种鬼鬼祟祟的感觉——仅此而已——阻止人们对灾变论理念的适当关心和公众的广泛领会，这有点像是一个在科学里作祟的阴谋。正如我在第三章里提到的哈林·毕捷的例子。最初，对他的调查结果，人们报以冷漠与极度反感的接受态度；接着是，他在地狱般的学术领域里不断探索的日日夜夜；再加上，一帮学者的纠缠不休，妄图彻底消灭或者打败他的全部证据，以便用渐进主义方式来做出解释；最终，多年之后，当他们所做的一切都宣告失败，并且米苏拉湖的洪水暴发这个想法给出了它自己的解释方案，他终于如愿以偿，他的想法自始至终都是正确的。可是，单单在凭他的本能意识到的灾难性“解冻”这个问题上，他做得不全对！如果J·哈林·毕捷想要做得对，那么他有必要以某种正确的政治手法去做——换句话说，就是以均变论发烧友的熟练的断章取义的手法，在编辑时删掉有关暗藏的宇宙灾难的一切线索！

事实上，在那样一种阴谋幻想中（我衷心希望那是一个幻想），冰川湖突发性洪水这个想法是其中格外有用的一个。首先，在对疤地的灾难性地质特征做出的所有解释中，这一想法据称是理性而冷静的。其次，在当今世界各地，冰川湖突发性洪水每年都在发生，因此这个想法没有违反现有规矩，这个规矩就是：必须充分地坚持现有流程，用以解释一切地质变化。第三，目前的相关性可以被指定。冰河时代的洪水不一定是单纯的学术兴趣，因为在二十一世纪，冰川湖突发性洪水仍在发生，人们可以利用科学去预测并减轻它们的影响。

如果事实真的是一场灾难，一场独立的、巨大的、确实发生在冰河时代末期的灾难，那么所有这一切也许看起来像是在有效地使人们偏离事实真相。

而且还可能再一次重演。

换言之，如果奥吉布瓦的预言是真的，该怎么办？

假如拖着又长又宽的尾巴的星星，确实“将会在某一天再一次从天而降毁灭世界”，将会怎么样？

那些知道与人分享知识会从中受益的人们呢？或许他们认为，对整个事情保持沉默才能更好地满足他们的利益吧。

我们将在第十九章回到这些问题上来。跟这些问题比起来，我们首先要提出并且回答的问题其实要简单得多。

始于12800年前，如此突然而神秘的新仙女木降温事件是一颗大彗星撞击地球所带来的后果吗？

彗星的证据

"新仙女木撞击的假说"的支持者在2014年9月的《地质学杂志》上的一篇主题论文中重申，"12800年前有一次宇宙大撞击事件，发生在新仙女木边界地层（YDB）"[3]。我们将看到，该论文提供了大量新证据来支撑这一假说——尤其是在许多国家采集到的新仙女木边界地层样品中均含有丰富的纳米金刚石，这极大地扩展并确认了早期证据。纳米金刚石是在高冲击、高压和高温的罕见条件下形成的微小钻石，并被当作特征性指纹之一——科学术语里所指的"代理"——由彗星或小行星产生的强烈撞击的"代理"[4]。

截止到2014年《地质杂志》发表这篇论文之时，关于彗星撞击是否参与到新仙女木事件中的争论已经持续了七年。吸引我眼球的是2007年5月22日的《新科学家》杂志上的第一个大标题，它挑衅地问道：

一颗彗星真的彻底消灭了史前美国人吗?

当时是2007年，我正从失落文明的研究中稍作休息。作为我这么多书的主题的失落文明，长期以来耗费了我大量的精力。但是，《新科学家》杂志的这篇文章激起了我的好奇心，因为它指的正是我在我的书中所关注的时代。文章没有提及失落文明，而是从一开始就提到了北美的所谓"克洛维斯"文化，正如我们在第三章所看到的，那个从距今12800年至11600年期间的新仙女木事件的考古记录中消失的文化。文章指出：

克洛维斯人，繁荣于大约13000年前，石器的掌握使他们在抵抗大型食肉动物，如美洲狮和巨型短面熊的不断威胁时占据优势。但是，他们不可能想到死亡将会来自天空。

本周在墨西哥阿卡普尔科市举行的美国地球物理联盟会议上，由25个研究员组成的团队提供的结果显示，天空就是克洛维斯人厄运的来源。该团队援引了一些证据并提出，一颗任性的彗星在12900年前冲进地球大气层（注意：该日期以后将下调100年至12800年前），破裂成碎块并在巨大的火球里发生爆炸。那些碎块似乎已远在欧洲安家落户。[5]

当我接着读下去，我才知道文章所指的团队是由德高望重的主流科学家组成的：

詹姆斯·肯尼特，团队的三个主要研究者之一，加州大学圣巴巴拉分校的海洋学家，声明在巨变余波中的大规模的森林大火烧焦了北美地区，杀死了众多的哺乳动物，克洛维斯文化也因此戛然而止。"整个大陆陷入了一片火海。"他说。

团队的领导成员理查德·费尔斯通，加利福尼亚州劳伦斯伯克利国家实验室的核分析化学家说，证据就躺在有12900年历史的薄薄的碳富集沉积地层中，在8个最早的克洛维斯时期遗址、横跨北美的沉积物岩芯以及比利时的一个遗址上均发现了这种沉积岩。[6]

在探讨为什么没有找到与假想的12900年前的撞击相符的陨石坑时，第三小组成员亚利桑那州的地球物理学家艾伦·维斯特指出，彗星中较小的、低密度的部分在大气层中发生爆炸，而较大的残骸可能已冲进当时覆盖北美的两英里深的冰盖。“那种陨石坑……”，维斯特指出，“也许被冰墙所包围，在末次冰河时代末期随着冰雪融化而基本上消失了”，几乎没有留下痕迹[7]。

文章接着解释说，研究团队的证据所关注的沉积物样品包含几种不同类型的残留物，这些残留物只能来源于外星，比如彗星或者小行星。除了纳米金刚石，这些残留物还包括熔化液滴在空气中迅速冷却时形成的碳微球，以及含有氦-3同位素的碳微粒，这种稀有元素宇宙中的含量远比地球丰富[8]。

“你个人可能会为这些找到其他解释。”费尔斯通说，“但综合考虑，曾有过一次撞击，这是相当清楚的。”该团队说，灾害源可能是一颗彗星，因为关键的沉积层缺乏小行星撞击的高水平镍和铱含量这两个特征。[9]

最后但并非最不重要的，《新科学家》的文章确认了所有指向北美地区作为灾难中心的证据。

例如，外星残骸的镍和铱水平在密歇根州的盖尼考古遗址是最高的，该遗址远在12900年前的北美主要冰盖的南部。此外，从盖尼往外走，其水平逐步降低，这表明彗星主要是在加拿大上空发生爆炸的……[10]

换句话说，主要是在冰河时代覆盖北美洲北半部的冰盖上——所有融水的源头，产生了“毕捷的洪水”所指的把华盛顿州的疤地冲刷得伤痕累累的融水（事实上毕捷也无法判断融水是否全部来自米苏拉湖或是从其他比米苏拉湖的水量大得多的地方涌出）。正如我们所看到的，毕捷本人也被迫放弃了自己强烈的直觉，那就是曾有过一次单独的、大规模的融水洪水，转而赞成千百年来米苏拉湖发生过多次融水洪水这一观念。

然而，他接受这种理论的主要理由并不是说他已经变成渐进主义者，而是因为他一直无法解释，足以提供他的洪水所需水量的应该是一个面积足够大的冰盖，它怎么可能突然间融化。他提出两种可能性——要么是全球气候一夜间戏剧性地变暖，或者是冰盖下的火山活动——但是，作为读者会记得，他很快承认，两方面都没有证据。毕捷没有想到，也不可能想到——因为支撑的证据在他去世 25 年之后才开始出现——这种可能性就是，冰盖所经历的灾难性融化是一颗彗星撞击的结果。

如果毕捷早就知道……

文章发表在《新科学家》上几个月过后，“克洛维斯彗星”团队发表了一篇关于他们的调查结果的详细论文。该文于 2007 年 10 月 9 日出现在著名的《美国国家科学院院刊》（PNAS）上。尽管背景严肃，标题却富有戏剧性：

促成巨型动物灭绝与新仙女木降温事件的

12900 年前的外星撞击证据

该团队的结论是：

一个富含碳的地层，年代测定时间为12900年前左右，已经在北美克洛维斯年代遗址上预先做出鉴定，并与突发的新仙女木降温事件同时出现。在原地已灭绝的中更新世巨型动物的骨头，连同成套的克洛维斯工具，出现在这个黑色地层的下方，却没有出现在该地层的内部或者上方。灭绝的原因、新仙女木降温事件以及克洛维斯文化的终止，长期以来一直存在争议。在本文中，我们为近12900年前的外星撞击事件提供证据。我们假设是它造成了促成YD降温事件的环境巨变、重大生态重组、大规模灭绝以及克洛维斯时代结束时人类行为的骤变。在北美克洛维斯年代遗址上覆盖着一层薄薄的离散层，均含有不同峰值丰度的以下物质：（1）含铱的磁性颗粒；（2）磁性微球；（3）木炭；（4）煤烟；（5）碳小球；（6）含玻璃状碳的纳米金刚石；（7）含ET氦的富勒烯。所有这些都是外星撞击的证据并且与大约12900年前的生物体燃烧相关联……我们提出，一个或多个巨大的低密度外星在北美洲北部上空爆炸，局部动摇了劳伦太德冰盖并引发新仙女木降温事件。冲击波、热脉冲以及相关的环境影响（例如，大规模的生物体燃烧和食物受限），促成了巨型动物的灭绝……[11]

并不仅限于猛犸象、乳齿象、地懒、马、骆驼以及巨河狸等大型动物，特别引人注目的是，在12900到11600年前，确切地说是在神秘的新仙女木降温事件期间，总共有不低于35类哺乳动物（每一类有若干物种）在北美灭绝[12]。因此，对突发的新仙女木事件本身及其伴随的大灭绝的解释正在浮出水面，也许还有其他很多事件——包括在华盛顿州的通道疤地上留下痕迹的灾难性洪水。

费尔斯通、肯尼特和维斯特对他们的彗星结论是，它是一团撞击物，其中一块的直径可达 4 千米（约 2.5 英里）。当我得知这一结论时，这一切似乎更加合理[13]。而且，这块 4 千米的物体本身只是早期爆裂的多个碎块之一——来自一颗直径高达 100 千米以上的巨型彗星——其他碎块仍在轨道中运行[14]。母彗星的许多碎块（我们将在第十九章看到其中一些体型巨大的）仍然留在轨道里。那些在新仙女木事件发生之初撞击地球的碎块经历了更进一步的爆炸（伴有威力巨大的空中爆炸，对碎块自身也产生了灾难性后果），它们在加拿大上空进入大气层。

尽管如此，论文作者认为，很可能有若干个直径长达 2 千米的大型撞击物在与冰盖发生碰撞之前仍然完好无损[15]。正如维斯特早些时候在《新科学家》上所说的，任何陨石坑都是短暂的，在冰雪消融后几乎没有在地面上留下永久性的痕迹。“持久的证据……”《美国国家科学院院刊》的论文补充说，“可能仅仅局限于加拿大地盾的神秘的凹陷里，例如，大湖或哈得逊湾的下面。”[16]

把这些制造破坏的东西都汇总起来，论文作者设想：

> 一场毁灭性的、具有极端高压的、随后是负压的高温冲击波，引发了激烈的风暴，伴随着撞击产生的强劲涡流，以每小时数百千米的速度横扫北美。此外，无论是一个或是多个物体撞击地球，在撞击物附近的区域，一颗滚烫的火球蔓延开来……在更远处，高温高速的喷出物再一次进入地面，引发了极端森林大火，摧毁了森林和草原，破坏食草动物的食物供应，产生了木炭、烟尘、有毒气体和灰烬。[17]

那么这一切如何导致了新仙女木事件的剧烈降温呢？论文作者提

供了众多的运行机制，其中最为突出的是，来自被抛入大气层上部的融化冰盖的巨大蒸汽羽流，再加上大量的灰尘和残骸（由撞击物、冰盖碎片和地壳组成），以及遍及大陆的森林大火和烟尘[18]。总之，正如作者提出的这么多腾空而起的碎片是如何“因阻挡阳光而导致降温”，这很容易理解；同时，水蒸气、烟雾、烟灰和冰促进了“云量和夜光云的持续生长，导致了阳光减少和地表降温……（从而降低了）高纬度地区的太阳辐射，使积雪量增加并造成进一步的降温”[19]。

这些因素本身已足够严重而具毁灭性，但与假设的冰盖撞击的后果比起来，简直是小巫见大巫：

> 最大的潜在影响是因撞击导致的冰盖的局部不稳定和/或融化。在短期内，这将突然释放融水和冰筏进入北大西洋和北冰洋，降低海水的盐度，随之而来的是洋面冷却。从长期来看，北大西洋温盐环流的减弱会在很大程度上产生冷却效应，维持YD降温千年（以上），直到反馈机制重新修复海洋环流。[20]

与撞击相关的冰原的局部不稳定和/或融化，其规模能够扰乱世界海洋循环一千多年！温盐环流是一个需要解释的重要环节。我们将会再讲到它。但在上面引述的段落中最触动我的是，作者只考虑到庞大的冰山和大量的冰川融水倾倒进了他们提出的彗星撞击中心的北部和东部海洋。他们没有考虑到紧邻冰盖南部的大地上冰冷的特大洪水——这当然不应该被忽略。

我再一次不由自主地想到，如果J·哈林·毕捷生前知道有关一次可能的彗星撞击的信息，他会有什么反应。当然，我不能证明这一点，但我认为他就不太可能会被米苏拉湖的渐进论所诱惑，而更有可能紧握自己的灾异论之枪——因为现在，一个可信的热源已被提供。在由费尔斯通、维斯特、肯尼特以及与之共同工作的大型科学家团队所做的案例的引导下，一场单独的、真正大规模的、直接从冰盖流下来冲刷疤地的灾难性融水洪水开始看起来真的行得通。

同时我自己的这个关于曾有一个先进的史前文明在新仙女木“窗口”期间从地球上被彻底摧毁的假设，也因他们的工作而得到巩固。如果他们的计算是正确的，新仙女木彗星的爆炸力将是亿万级的[21]。这使得它的威力比苏联的沙皇炸弹——有史以来经过测试的最大的核武器——高出两百万倍[22]，而且比当今全世界所有库存核武器的估计爆炸威力（10000 兆吨）高出一千倍[23]。这种量级的全球性灾难正好发生在我在《上帝的指纹》里所提出的时间里，这并不能证明冰河时代的失落文明的存在，但至少为我们提供了一种足够大的机制——如果那样的文明确实存在——足以把它从人类的记忆中几乎彻底抹去。

证据继续增加

新仙女木彗星撞击理论，对于我们自以为了解的有关地球的宇宙环境的安保，以及我们的过去几乎所有一切都具有如此重要的意义，因此，追问它的可靠性也是合情合理的。自 2007 年它被首次提出以来，它是怎样面对科学的审查的呢？有什么样的新证据来支撑它呢？

答案是，它经得起时间的考验和同行们严格的评审，同时新的证据正以适当方式在科学文献里稳步积累。在这里既没有空间也没有必要深入探索这些文献，只是给出一个概貌。我将列出几篇比较重要的论文的标题、发表日期和结论小结，并在脚注中提供全面的参考文献：

2008 年：在加利福尼亚州北部海峡群岛的阿勒罗德—新仙女木边界的森林大火以及意外的生态系统破坏。13000 至 12900 年前这些沿海岛屿的生态系统受到破坏的证据，与新仙女木边界的宇宙撞击假说是一致的。[24]

2009 年：在新仙女木边界沉积物里的震击合成的六角形钻石。在 YDB 沉积物里与烟尘和其他森林大火指标相关的震击合成的六角形和其他纳米级钻石，与 12900 年前的一次宇宙撞击相符，并且与一个假说相符，该假说认为，地球与一群彗星或碳质球粒陨石的路径发生交叉，产生的空中爆炸或地面撞击促成了北美生态系统的突然破坏和巨型动物的灭绝。[25]

2010 年：在格陵兰冰原纳米金刚石富集层里的发现。存在于格陵兰岛冰层里的圆形纳米金刚石和六方碳表明了一次宇宙大撞击曾经发生过……这一地层的存在……表现出与一次重大撞击事件发生的一致性，该撞击事件与北美 12900 年前的 YDB 纳米金刚石富集层相对应。[26]

2010 年：旧石器时代的灭亡和金牛座流星雨。地球与旧石器时代晚期的短期大型（50–100 千米）彗星的残骸的交集，为天体起源的灾难假说提供了满意的解释。那场灾难被假定发生在 12900 年前左右，并预示着地球再次重返持续时间约为 1300 年的冰河时代状况。金牛座流星雨似乎是这颗昔日彗星的残骸，它包括大约 19 个最亮的近地物体[27]。（注意：这是天文学家比尔·纳皮尔为英国威尔士加的夫大学的天体生物学中心所撰写的一篇重要论文的内涵，我们将在第十九章对此进行更详细的考量。)

2010年：安第斯山脉西北部被烧灼过的冰川水河床的宇宙起源证据——《与加热实验的石英和长石的相互关系》。位于委内瑞拉西北部的安第斯山脉被烧灼过的沉积岩层，经过分析，被认为与12900年前的“黑垫”撞击相符。“黑垫”指的可能是来自恩克彗星空中爆炸的放射性尘埃。该爆炸被推定为曾发生在劳伦太德冰盖，冲击造成的喷出物覆盖到北美和欧洲的大部分地区，使其成为具有相当规模的全球性事件……碳质外层中存在的独居石被认为是射入地层的喷出物的一部分，因为在当地岩性中，它不是一种常见的指示矿物……含碳“黑垫”物质与热分裂的石英和长石的共生，以及一层100–400纳米厚的像是“焊接”而成的铜绿，只能在高于900摄氏度的温度下生成，该事件被解释为具有宇宙起源性质。[28]

2011年：球丛状氧化铁——来自亚利桑那州默里·斯普林斯黑垫的球粒状陨石物质。在更新世末期，一个新仙女木“黑垫”沉积在北美许多地方的更新世沉积物顶部。对亚利桑那州黑垫的基底剖面中的磁性成分的研究，揭示了在光亮透明的铁—二氧化硅基质中存在非晶形氧化铁微球粒。(我们的)数据表明，所观察到的纹理……归因于……一次撞击事件，它使这些颗粒物产生分裂与非晶形化……因此，我们认为，这些颗粒是一次超高速撞击事件的产物。[29]

2012年：来自墨西哥中部的证据支持新仙女木外星撞击的假说。我们报道了在墨西哥中部奎采奥湖的富含碳质的黑色湖成地层里的发现。该地层中含有纳米金刚石、微球粒以及其他不寻常的物质，经测定它们归属于新仙女木事件早期……我们……发现这些证据都不能由任何已知的陆地机制予以解释。但是，它与新仙女木边界撞击假说一致，该假说假设在12900年前发生了一次重大外星撞击并涉及多次空中爆炸或地面撞击。[30]

2012年：超高温撞击熔化物作为12900年前太空爆炸和撞击的证据。我们研究了来自三大洲的18个新仙女木边界（YDB）地点的沉积物序列……所有地点都显示在YDB富含微球粒，而在YDB上方和下方却没有或很少。此外，其中有三个地点……显示出多孔的高温硅质矿渣状物体，在地球化学上与球粒相匹配……我们的观察表明，YDB物体类似于核爆炸、撞击坑羽流和宇宙空间爆炸所产生的物质，并强有力地支持12900年前的多次宇宙空间爆炸或撞击的假说。这里提交的数据，要求来自空气冲击的热辐射要足以使温度达到或超过石英的沸点（2200℃）而导致沉积物熔化。[31]

2013年：格陵兰冰芯的大量铂异常表明在新仙女木事件刚开始时的一场灾难。对被称为新仙女木（YD）的意外降温事件的一种解释是，在YD边界发生的宇宙撞击或空中爆炸触发了降温并导致了其他灾害。为验证YD撞击假说，我们分析了格陵兰冰盖项目2（GISP2）的跨越博林—阿勒罗德/YD边界冰芯的冰样，寻找主要和微量元素。我们在YDB发现了大量铂（PT）异常……间接证据暗示了一个地球外的来源……（也许）一个含有不寻常成分的金属撞击物。[32]

2013年：来自北部安第斯山脉黑垫遗址的新证据支持12800年前的宇宙撞击。来自委内瑞拉的小球体在形态和组成上等同于其他地方有文献记录的YDB小球……在北美、欧洲和亚洲三块大陆上，证实了先前的研究人员对YDB磁性小球的研究结果。它们的微结构纹理表明它们由熔化和快速淬火而成……因此，球粒最可能的来源似乎是12800年前影响全球的宇宙撞击或空中爆炸。委内瑞拉的这个地点以及秘鲁的一个地点，是目前已知的显示YDB撞击事件证据的两个最南端的地点，这些地点代表着第一证据：该撞击事件的影响延伸到了南美洲甚至南半球。[33]

2014年：三大洲的纳米金刚石富集层与12800年前的宇宙大撞击一致。一次宇宙大撞击事件已经被提出来，它发生在距今12800年（前后150年）前的新仙女木降温事件之初，在四大洲的多达五千万平方千米的土地上形成了分散式的新仙女木边界（YDB）地层。在北半球的10个国家的24个年代已定的地层剖面中，YDB层含有明确的纳米金刚石（NDs）的丰度峰值，这是一个重大宇宙撞击的代理……已获的关于YDB NDs的证据体与大约12800年前的宇宙撞击源具有强烈的一致性，并且与由陆地的自然变化而形成的YDB ND地层不一致，这些自然变化包括森林大火、人类起源和宇宙尘埃的涌入。[34]（注意：该论文及其重要的意义将在本章后面进行更详细的讨论。）

与教条主义均变论者较量

人们会想，有这些如此令人记忆深刻的证据积累，新仙女木撞击的理论应该已被完全接受，并且研究人员的工作也已经转移到更加广泛的思考上去，思考这场最近发生的迄今已不受怀疑的全球性大灾难对于我们对地球历史的理解以及人类自身物种的意义。但是，从J·哈林·毕捷的例子中我们已经看到，那些执着于均变论和渐进论的科学家们给予灾异理论的极度强烈的否定。

毕捷并不是一个例外。首先提出大陆漂移概念的阿尔弗雷德·魏格纳——板块构造论——也同样被戴上枷锁，随后是路易斯和沃尔特·阿尔瓦雷斯（希克苏鲁伯，“K-T”撞击）、史蒂芬·J·古尔德

（点断平衡说）、维克多·克鲁伯和比尔·纳皮尔（相干灾变论），以及詹姆斯·拉夫洛克、舍伍德·罗兰、马里奥·莫利纳和琳·马古利斯（他们对地球生物学的贡献和他们的盖亚理论）。那么，理查德·费尔斯通、艾伦·维斯特、詹姆斯·肯尼特等人跟随证据的指引，坚定不移地提出彗星撞击引发了新仙女木事件，并因此受到了持续而激烈的攻击，这一点也不奇怪。

事实上，批判者们显然认为他们已经一劳永逸地打败了费尔斯通、维斯特与肯尼特这些灾变论异端，他们胜利的嚣叫声在过去几年里曾多次响彻学术的天空。每一次，你几乎可以听到他们如释重负的集体长叹，好像在说“感谢上帝，我们终于收拾了那些混蛋”。但几个月后，具有毁灭性和彻底说服力的反驳又来了，迫使批判家们又另起炉灶。这就是为什么持续八年的攻击都只是用来证明——一次又一次地——新仙女木彗星理论背后的科学是个好东西。

回顾文献可以看出，很显然，学者们形成了帮派。在“反 YD- 彗星”阵营，在批判文章的顶部频频出现的领头人的名字包括：桑迪亚国家实验室的物理学家马克·博斯罗夫，南伊利诺伊州大学技术人员地质学教授尼古拉斯·品特。2012 年，他们与其他十几位科学家联手发表了题为“反对新仙女木撞击事件的论点和证据的文章”[35]。而就在上年同期，品特和一些参与过 2012 年论文攻击的作者曾联手写过一篇论文，傲慢自大地将其题名为“新仙女木撞击假说：一支安魂曲”[36]。

用马克·吐温的话来说，这篇彗星理论的死亡报告太言过其实了。

例如，在他们 2012 年的文章中，博斯罗夫等人的关键批判点之一是：

由撞击论支持者发表的丰富的磁性微球粒含量结果没有再次重现

在其他考古人员面前。由苏罗维尔等人（2009）对相同的YD地点的地层的分析结果，与费尔斯等人（2007）所发表的对两个撞击标志物的观察结果并不相同。苏罗维尔等人（2009）的研究没有发现在YD时间段内特有的丰度峰值。[37]

但后来撞击论支持者可以证明，博斯罗夫和他的合著者“忽略了引用在两大洲上开展的单独针对小球体的九次研究，这些研究报道发现了特别丰富的YDB（新仙女木边界）小球体含量”[38]。然而，令批评者们更加头疼的是，当其他科学家重复苏罗维尔等人的分析时，他们的调查结果却是支持一次撞击的假说。科学家们得出的结论是：

苏罗维尔等人未能找到YDB小球体峰值，是由于不遵守考古发掘规则。例如，苏罗维尔等人并没有使用扫描电子显微镜扫描检查法进行任何分析，而这是费尔斯通等人特别说明过的一个必要的步骤。[39]

由马尔科姆·A·勒孔特等人所做的一个单独的独立研究指出，苏罗维尔等人“从七个YDB地点收集并分析样品，据称使用了与费尔斯通相同的规则，在两个之前报道过的地点的YDB沉积物里并没有发现一颗小球体”[40]。勒孔特等人着手研究这种差异。之后他们对所有证据进行了彻底调查，其结果给苏罗维尔等人的工作蒙上了一层更深的阴影：

我们在三个地点展开了一次独立的盲查，其中两个地点是双方共同的，第三个地点只有苏罗维尔一方调查过。我们在全部三个相互远离的地点发现了丰富的YDB微球粒，与费尔斯通等人的结果一致。我们得出结论，苏罗维尔等人采用的分析规则，严重偏离费尔斯通等人的规则。对YDB球粒的形态和地球化学分析表明它们……由地面物质的速熔与淬火形成……与先前提出的12900年前的宇宙撞击一致……[41]

不出所料，在所有这一切过后，品特为新仙女木事件撞击假说谱写的“安魂曲”变得为时过早：

品特等人声称，作为三项研究的一部分，曾在一个与肯尼特等人报道的位置“相同或几乎相同”的地点取出YDB地层样品，但三项研究都报告没有发现YDB球粒或纳米金刚石。然而，根据已发行的通用墨卡托坐标显示，他们声称的连续序列实际上存在四个不连续的部分。这些地点在距离肯尼特等人的调查地点7000米、1600米、165米以及30米范围内，这清楚地表明，他们并没有在肯尼特等人的YDB地点取样。此外，本次取样策略引起了人们对品特等人是否对YDB进行取样产生怀疑，同时也许可以解释为什么他们无法找到YDB磁性小球体、碳球粒或纳米金刚石含量峰值。[42]

在2012至2013年度，为尽量使人们减少引用不良的或具误导性的科学知识，仿佛那是在玷污他们的工作——事实上，没有那回事——詹姆斯·肯尼特、理查德·费尔斯通、艾伦·维斯特以及一个强大的前撞击论科学家团队推出了“一次前所未有的最全面的小球体调查”[43]。该调查集中在18个地点，横跨北美、欧洲和中东（后者以叙利亚的阿布·胡雷拉为代表），他们针对小球体做了700多项分析，使用能量色散X射线光谱仪对小球体进行化学分析，并用扫描电子显微镜对其表面显微结构进行特征描述。

发表在2013年6月4日的美国国家科学院院刊上的研究结果，利用放射性碳的最新技术完善了在12900到12800年前[44]之间的[45]新仙女木撞击的日期，并为绘制出一张更详细的YDB地域地图提供了帮助。YDB地域在北美洲、中美洲和南美洲占地近五千万平方千米，在大西洋占有很大一部分，还有欧洲大部地区，北非以及中东地区。计算表明，这次撞击在广阔的散布区沉积了约一千万吨小球体。问题的核心就是一次撞击，这一点在研究者心目中真的没有任何疑问：

> 该论文展示的对771个YDB样品的分析，强有力地支持12800年前的一次重大宇宙撞击……小球体……（1）广泛分布于四大洲18个地点；（2）仅在12800年前的YD开始时显示较大的丰度峰值；（3）在YDB上部或下部发现很少，表明这是一次罕见事件；（4）在约五千万平方千米的几大洲上，储存量估计为一千万吨，从而排除了一次小型的地方性事件的可能。[46]

尽管新仙女木彗星在不厌其烦地证明它自己，而且不厌其烦地使它的支持者持续抵抗所有的攻击，尼古拉斯·品特，2011年的“安魂曲”论文的第一作者，在2013年9月再次接受美国全国广播公司采访时，仍然试图把这一假说打入科学冷宫。“我唯一的评论是——”他说，“从这一点来说，赞成撞击的文献是某个杂志促销的边缘科学。”[47]

许多立场不坚定的观察者被这番话搞糊涂了。首先，《国家地理》的通讯记者罗伯特·库齐格指出，从品特一方来说，这个耳光扇得有点痴心妄想，甚至有点不顾一切。“某些假说的反对者——”库齐格写道，“太希望它走远点，以至曾企图宣布它死亡。”[48]其次，品特所指控的促销边缘科学的杂志，不是别的，正是受人尊敬的、完全主流的、受到广大同行评审过的国家科学院院刊（PNAS）[49]。第三，虽然肯尼特、维斯特、费尔斯通和他们的团队所写的一些文章的确已经出现在 PNAS，但据此就得出 PNAS 在促销他们的事业，这纯属胡说八道。与此相反，在品特将他的断言向 NBC 直接脱口而出时，YD 彗星假说的批判者们已经在 PNAS 发表了十次论文，而假说的支持者只发表了八次。同样，品特声称彗星假说只被刊登在单一的期刊上，更是错上加错。到 2013 年 9 月，除了 PNAS 上的八篇论文之外，撞击论支持者在其他 13 份杂志上发表了不下 15 篇论文[50]。

有关新仙女木事件撞击假说的学术斗争还远远没有结束。在写这篇文章的时候，假说的批判者们最近一次齐射出的“子弹”题名为“来自在叙利亚北部更新世和全新世考古遗址的硅质熔析渣液滴的人类活动起源”。它由 P·提、G·威尔科克斯、G·H·巴尔弗得和 D·Q·富勒撰写，于 2014 年 12 月 16 日在网上发布，并于 2015 年 1 月发表在《考古学科学》杂志[51]。这篇论文争论的实质是来自叙利亚的阿布·胡赖拉硅质矿渣液滴（主要是由玻璃基体、气泡与部分熔化的矿物组成）——由赞成撞击的科学家在他们的案例中作为证据引用——与彗星毫无关系，而是古建筑群由房屋火灾烧毁的产物：

因此，我们的结论是，当火灾达到适当的温度时，古代定居点的建筑泥土可能发生熔化。没有证据表明硅质熔析渣液滴产生于极高温度条件下的土壤熔化或者某次宇宙事件。[52]

“对于叙利亚遗址来说，撞击理论已经出局。”主要作者P·提在题为“课题研究给杀死猛犸的宇宙撞击投下疑问”的新闻专访中吹嘘[53]。但再一次，这种咆哮似乎尚不成熟。艾伦·维斯特被列为撞击论研究团队发表的大部分学术性论文的通讯作者，所以2015年3月18日，我给他发了封电子邮件，询问他和他的同事们对来自提等人的批判是否有任何回应，维斯特答复如下：

我们同意提等人的营房火灾可能产生玻璃，但不能由此推断（正如他们得出的结论），所有的玻璃都来自营房火灾。我们已经分析了该课题的作者之一提供的天然玻璃，以及来自叙利亚的有12800年历史的玻璃，两者只是表面类似。相反，它与已知的宇宙撞击玻璃相匹配，同时与高温原子弹玻璃相匹配。

最重要的是，这些作者并没有讨论或寻找在我们以前的论文里出现过的丰富的高温矿物的证据，这些矿物存在于两大洲三个地点（宾夕法尼亚州、南卡罗来纳州和叙利亚），我们发现了熔点约为2300摄氏度的硅三铁矿以及熔点约为1800摄氏度的金刚砂。现在，我们已经有来自叙利亚遗址的更强有力的证据，并且正在筹备一篇新的论文，将在今年出版。有12800年历史的叙利亚玻璃中含有一系列在极度高温下熔化的矿物质。请看下表，出自我们的新论文：

熔化的矿物质	分子式	估计熔化温度（℃）
铬铁矿	（Fe）Cr2O4	≈ 2265
石英	SiO2	≈ 1720
燧石	不纯 SiO2	≈ 1720
磁铁矿	Fe3O4	≈ 1550
本地铁	Fe	≈ 1530
氯磷灰石磷灰石	Ca5（PO4）3Cl	≈ 1530

上述温度足以熔化钢铁。此外，在叙利亚遗址的同一玻璃富集层里含有纳米金刚石、镍和铂的大峰值。没有任何建筑火灾可以复制出那种范围内的证据——那种火灾不可能产生纳米金刚石或铂富集。所有这些证据驳斥了提等人所提出的这种玻璃是在低温的建筑火灾中产生的假说。[54]

维斯特及其同事的新论文随后将在 2015 年出版（在此书出版之后），我毫不怀疑，这将有效地反驳提等人的论点——正如以前所有的攻击已被成功驳回。但我也毫不怀疑，其他人，不论出于什么原因，将会从哲学上反对一次 12800 年前的灾难这一观念，并在不久的将来将为新仙女木撞击发表更多所谓的“安魂曲”，即使新证据的不断发现意味着它正在继续蓬勃发展和壮大。正如我们在整本书里所看到的，灾异思想，无论是多么彻底的记录，无论是多么坚定的主张与呈现，都会例行并定期地被均变论机构从地毯下取出来刷上几遍。所以，虽然并不缺乏坚定性，或者史实的完整性，J·哈林·毕捷在面对了多年的沮丧和气馁之后，他的想法才受到主流科学界的欢迎。

当詹姆斯·肯尼特、理查德·费尔斯通、艾伦和他们的同事带着同样令人称道的坚持和对史实的充分掌握来为新仙女木彗星撞击进行灾异情况辩论时，他们也面临着同样的排斥和敌意。但这两件事的情况有所不同。首先，这是二十一世纪，我们有互联网，人们可以非常迅速地进行思想交流与扩散。而毕捷在开始他的孤独奋斗时情况却不是这样。其次，比起毕捷来讲，肯尼特、费尔斯通和维斯特对科学的政治性似乎有更好的理解，他们动员了许多同事来支持他们的工作，这极大地增强了他们自己手中的筹码。对着像毕捷这样一匹孤独的狼大喊大叫并让他安静下来，这是一回事，而对着由来自多个学科和多所大学高资质的科学家组成的大型团队大喊大叫并想让他们安静下来，这又是另一回事。

而且队伍正在不断壮大。当我在2015年3月完成这一章的时候，我面前的办公桌上放着由费尔斯通、肯尼特和维斯特发表的最新论文。这篇论文题名为“与12800年前的宇宙的重大撞击相符的跨越三大洲的纳米金刚石富集层”，出现在2014年9月发行的《地质学》杂志上。其主要作者是芝加哥德保罗大学化学系的查尔斯·R·坎齐，合著者包括费尔斯通、肯尼特、维斯特以及其他二十二位来自世界各地的名牌大学和研究机构的顶尖科学家[55]。这篇论文及其作者以及发表杂志的分量，连同它所包含的先前批判者的更详细的反驳[56]，使得尼古拉斯·品特认为新仙女木彗星假说是“边缘科学”的说法成为笑柄。

事实上，真实情况正好相反——正在清楚地发生的是，一个非凡的假设已经一次又一次地满足了原本用于支持它的非凡证据的需求，并已开始强制通过主流科学家的设防坚固的大门。这不会是一场轻而易举的斗争，永远也不会是。在前进的路上，我们会遭遇挫折。但是，2013 年的一份关于小球体和 2014 年的一份关于纳米金刚石的论文包含了大量的证据，即使是最坚定的渐进主义者也必定会发现很难把它们彻底打发走。正如华莱士·布勒克，哥伦比亚大学的拉蒙特-多尔蒂地球观测站的地球化学和气候科学家，近日勉强承认："大多数人都试图反驳这一点。现在，他们将不得不意识到它有某些道理。"[57]

但是，不可能只是"某些"道理吧。新仙女木彗星假说要么正确要么错误。在对论文仔细研究七年多，以及自 2007 年假说首次曝光以来对每一次攻击和驳斥的仔细阅读之后，我自己的评估是，撞击假说是一个非常强大的东西，而且每一天都在变得更加强大和更有说服力。我可以给出例子来做进一步说明，多年来假说的支持者为捍卫他们的想法所付出的最终成功的努力，但与其这么做，我还不如给有兴趣的读者指出脚注的出处[58]。

2014 年 9 月的论文总结了提出的证据，并得出结论：

新仙女木降温插曲初发期的宇宙撞击事件，是唯一能够解释含有丰度峰值的多种物质跨越四大洲（接近五千万平方千米）同时沉积的假说，这些物质包括：纳米金刚石，磁性和玻璃状球粒，熔融玻璃，铂和/或其他代理。这些证据强烈支持 12800 年前的宇宙撞击[59]。

詹姆斯·肯尼特补充说，特别值得注意的是，YDB 层的玻璃态和金属物质只可能形成于 2200 摄氏度以上，因此不可能由任何替代方案造成，而只能是大规模彗星撞击[60]。

这种撞击的具体规模有待进一步研究解决。在此之前，肯尼特说："对于目前已经覆盖了地球 10% 以上的 YDB 散布区来说，还没有任何已知的地域限制，表明 YDB 事件是一次宇宙大撞击……"在这项研究中公认的纳米金刚石数据，为科学家提供了一个所谓的等时线时刻的快照[61]。

科学家们知道，在迄今为止的世界范围内，只有两个沉积地层“广泛分布在几大洲，并展示出全面的宇宙撞击标记物在同一时代的丰度峰值，这些标志物包括纳米金刚石、高温淬火小球体、高温熔融玻璃、碳小球、铱和多小核碳”[62]。这些地层被发现在12800年以前的新仙女木边界地层，以及6500万年前的白垩纪－第三纪边界地层。对6500万年前的那个时代，人们早已公认，在墨西哥湾曾有一次巨大的宇宙撞击（在那次事件中，该撞击物被认定为一颗直径约为十千米的小行星）导致恐龙的大灭绝[63]。

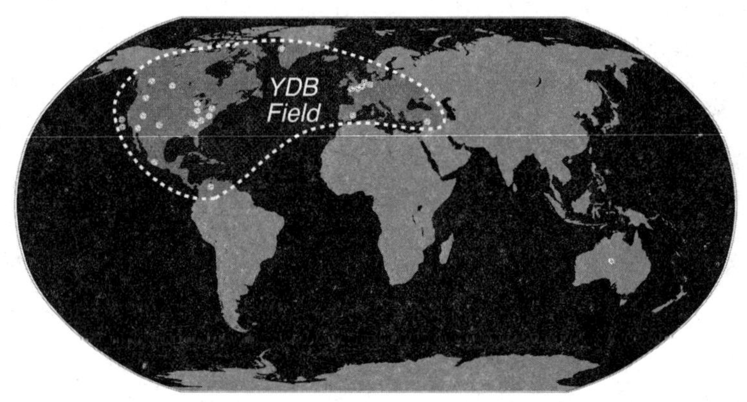

图20　新仙女木边界散布区（在2013年维特克等人和2014年坎齐、肯尼特等人的论文发表之后）。由虚线包围的区域界定了目前已知的跨越五千万平方千米的宇宙撞击代理的YDB地域范围

“我们提供的证据解决了有关丰富的YDB纳米金刚石的存在的争论。”肯尼特说，“我们的假设挑战了几个学科中的一些现有的范例，包括冲击动力学、考古学、古生物学和古海洋学/古气候学，它们都受到这种相对较新的宇宙撞击的影响。”[64]

肯尼特的观点对于研究和认识我们的过去具有重要意义。考古学家有注重宇宙撞击的习惯，但一般只相信发生在数百万年时间段内的撞击，大多数人不会关心晚期智人的距今200000年的古老故事。当我们已经相信最后一次重大的撞击是6500万年前杀死恐龙的小行星的时候，显然没有什么道理试图把这样一个无法想象的大规模的宇宙事故与“历史”的更短的期间时限联系起来。但肯尼特的研究有可能确认的非常真实的事件是，一次巨大的、惊天动地的、灭绝级的事件刚刚发生在12800年前，就在我们历史的后院，它改变了一切。

第六章 彗星的指纹

来自新仙女木边界地层的纳米金刚石、微球粒、高温熔融玻璃以及其他“ET- 撞击代理”的沉积物的证据，强烈指向发生在大约12800年前的地球与一颗大彗星之间的灾难性偶遇。其切入点可能是在加拿大的某个地方，那时的彗星可能已在穿越太空的旅程中分解成多个碎片（这种情况跟苏梅克 - 列维 9 号彗星相似，其“货运列车”般的大型碎片在1994年击中木星，产生了惊人的后果）。但情况也可能是，新仙女木彗星在进入地球大气层之后才发生解体。无论是哪种方式，其中一些碎片很快在空中发生爆炸，另一些直径达两千米的碎片，砸在了北美冰盖的不同地点，还有一些向东南方向飞越大西洋，随后进一步撞击欧洲冰帽，另外还有一些留在高空并飞到中东的土耳其、黎巴嫩和叙利亚附近，在那里落下了撞击后的最后一场碎片雨。

由于彗星的证据实在是太新了，而且人们对撞击假说仍然存有争议，人们几乎尚未考虑多次大撞击的直接影响。无论如何，冰层本身在12800年前仍然有超过两千米厚，应该已经吸收了撞击所带来的大部分冲击，在地面上留下了极少的持久踪迹。即使是这样，研究人员已经开始对一些可能的火山口进行导向目标追踪。

一个候选目标是安大略湖里的所谓“慈善浅滩”。它由凸起边缘围绕而成，中间是一个直径约 1 千米、深度约 19 米的小型圆形盆地。一个由特洛伊·贺尔康带队的科学家小组对其进行了研究，得出的结论是，这很可能是外星撞击原点，可能在晚更新世新仙女木初发期前后被创建起来[1]。

同样，伊恩·斯普纳、乔治·史蒂文斯以及其他人在 2009 年发表于《陨石与行星科学》杂志的论文中认为，新斯科舍省西南部的直径半千米、深度 10 米的血溪构造，是可能的撞击坑。对于它的年龄，他们没有信心，但他们指出："在大约 12000 年前的威斯康辛冰期的减弱阶段，对冰川的撞击有可能会使冲击能量在冰层里消散，并产生当前形态学上的血溪构造。"[2]

第三个候选目标是加拿大圣劳伦斯海湾的番荔枝状陨石坑，是加拿大水文处在绘制水下地图时发现的。它直径为 4 千米，这意味着撞击物的直径达半千米。陨石坑现位于 40 至 185 米深的湖水里，原先一直被认为是非常古老的，可以追溯到约 4.7 亿年前中奥陶世后的某个年代[3]。但最近的研究使人们对这个年代产生怀疑。例如，来自魁北克

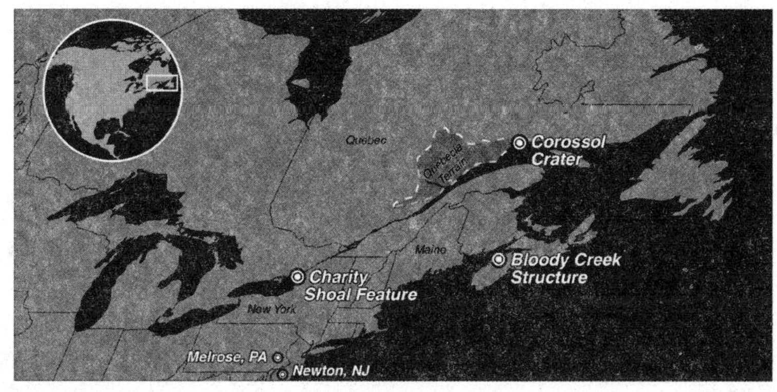

图 21

大学和加拿大地质调查局的 M·D·希金斯和他的同事们，在 2011 年 3 月第 42 届月球与行星科学大会上提交的论文中辩称：

陨石坑里的少量沉积物表明它也许是年轻的。最小年龄数据是采用中部槽的 7 米岩芯的数据所建立的。从沉积物里的贝壳的已校准的碳 14 年代可以推算到，沉积序列的基本年代区间为 12900 年前左右……这被视为是该撞击的最小可能年龄。[4]

12900 年前这一“最小可能”年龄，是在目前已被接受的新仙女木边界地层的 12800 年的前后 150 年的正常的误差范围内[5]。换句话说，如果希金斯和他的团队的研究结果属实，这个番荔枝状陨石坑很可能是迄今“失踪”的新仙女木彗星留下的陨石坑之一。这个陨石坑的确认本应成为撞击论科学家们的蛋糕上的甜蜜果酱，但他们已多次明确表示，他们并不需要陨石坑来证明他们的假说，因为无论是空中爆炸或者冰盖的撞击都并不期望出现显著的陨石坑。

尽管如此，慈善浅滩、血溪构造和番荔枝状陨石坑都不是孤立存在的。第四个可能的撞击地点已被确定在番荔枝状陨石坑以西的被地质学家称为“魁北克地形”的区域。吴英哲、夏尔马、勒孔特、德米特罗夫和兰迪斯在 2013 年 9 月发表于《美国国家科学院院刊》的一篇论文中，对在宾夕法尼亚州的梅尔罗斯小镇和新泽西州的牛顿维尔附近发现高浓度的 YDB 微球粒进行了分析。他们的结论是，在劳伦太德冰盖上的撞击穿透了魁北克地形的基石并将其喷发物高高地抛入大气层。这些喷出物包括 2 至 5 毫米直径范围内的球粒，它们被风吹散开来并像雨点般落到数百英里以外的梅尔罗斯 - 牛顿维尔地区。值得注意的是，球粒的分析结果证明，它含有诸如硅三铁矿之类的矿物质，其形成温度都在2000摄氏度以上。其总体结构、矿物学和球粒的年代似乎与所在地层的年代一致……稀土元素模式和球粒内的锶和钕同位素指示其来源于魁北克地带[6]。

“我们已经为冰原之上的撞击提供了证据。”研究的合著者穆库尔·夏尔马总结说，“我们第一次缩小了确实发生过新仙女木撞击的区域，尽管我们还没有找到它的陨石坑。”[7]

从新仙女木彗星西北到东南的明显轨迹[8]，安大略湖的慈善浅滩特征，来自魁北克地带的喷发物，圣劳伦斯湾的番荔枝形陨石坑，以及新斯科舍省的血溪构造等情况来判断，它们可能标志着最后一轮击中北美的大型碎片撞击。但是，更大的碎片——费尔斯通、肯尼特和维斯特设想的直径两千米范围的——将不可避免地更早击中冰帽，因而是在更靠近西北部的某个地点。我们应该从发生在劳伦太德冰盖西部边缘以及科迪勒拉冰盖的这些假设的撞击中，去寻找毕捷洪水可能的融水来源。

激进的思想

尽管洪水暴发来自米苏拉冰川湖这个观念，早已被主流科学家作为毕捷的洪水的灾害源所接受，但要引起重视的是，一些资深的、具有高资质的科学家对这个观点持续提出异议。在众多异议者中，最突出的是加拿大阿尔伯塔大学地球科学教授约翰·肖。肖认为，米苏拉湖的水量，在其高峰期估计有2000立方千米左右，不足以解释现场的证据。他本人的理论是：大量的融水——大约 10 万立方千米——被封闭在北美冰盖深处的冰下水库里，他提出，洪水灾害源于这个水库的某一次单独的大规模释放[9]。

日本研究人员五郎小松、宫本英秋、伊藤正和博之远坂都对灾难性洪水流经整个疤地的过程进行了大量的电脑模拟，他们同意肖所提出的，单凭米苏拉冰湖本身，根本没有足够理由可以解释洪水灾害：

> 即使米苏拉湖的整个排水量亦无法解释通道疤地的高水位标记这一现场证据……肖提出的来自北部的冰下洪水可能为该证据所需的更大的水量提供解释。[10]

同样，亚利桑那大学的水文与水资源教授维克托·贝克，以及美国地质调查局水科学中心的吉姆·奥康纳，也表示了对“米苏拉冰川湖定期的突发性洪水情况”的关注：

> 在我们看来，现场证据的某些方面与已倡导的概念性模式之间依然存在着反常现象。“洪水刻痕的假说完成了毕捷富有想象力的理论”（威特，1985 年，第 1286 页）这一立场，可能过早地把人们的注意力从某些有关通道疤地的惊人的侵蚀特征的问题上转移开来。[11]

1977 年，地质学家 C·沃伦·亨特开始着手对毕捷的洪水进行详细的调查。他这样做是因为，像上面提到的学者一样，毕捷的理论没能使他信服——该理论已经假定了在 20 世纪 70 年代中期以前不容置疑的事实状况——疤地上所有可见到的水渍都是由米苏拉湖突发洪水造成的。亨特的怀疑源于他本人对大坝以及如何因地制宜地设计大坝的渊博的知识。根据他的计算，这一理论的底线是被认为支撑着米苏拉湖的所谓的克拉克·福克冰坝，但毫不夸张地说，它应该是不可能的。

我们首先考虑统计信息。据美国地质调查局的数据，米苏拉冰川湖的最高水位——被推定为，在克拉克·福克冰坝被冲破前它所达到的最高水位——覆盖面积约 3000 平方英里，蓄水量估计为 500 立方英里（约 2084 立方千米）。其湖面海拔应为 4150 英尺，但湖底海拔随地形变化各不相同，因此，美国地质调查局推算出：在今天的米苏拉湖位置，当时的湖水约有 950 英尺深；在达比，湖水约有 260 英尺深；在波尔森附近，湖水约有 1100 英尺深。但是在冰坝本身所在的地方，下伏地形的坡度意味着当时冰湖有 2000 多英尺深（它的最深点——是现在的苏必利尔湖深度的两倍以上）[12]。

虽然大致赞同美国地质调查局的数据，C·沃伦·亨特断然拒绝“克拉克·福克湖被冰坝所截流以至蓄水至 2100 英尺（约 640 米）深的提法”。他写道：

为确保 500 英尺（150 米）高的堤坝的地基，现代工程需要采用基岩灌浆。随机堆砌的冰块能在缺乏中间邻接件的情况下形成 7 英里（约 11 千米）跨度的克拉克·福克冰坝，然后还能在现代设计混凝土堤坝所能承受的压力的四倍之下关住湖水，事实上，这种打动读者的提法是相当草率的！[13]

亨特对冰坝有 2000 英尺高、7 英里长这一见解的质疑，基于一些研究成果，“在湖深约200米左右（约656英尺）时，作用在冰坝上的静水压力足以在冰坝上打开一个洞。这个洞一旦形成，将通过摩擦融化加宽加大，导致冰堰塞湖的水泄流。”[14]

因此，在超过200米三倍的高度，假设的克拉克·福克冰坝，确实看上去“不可能”。

然而，亨特接受了美国地质调查局的统计数据。米苏拉湖的湖面在某一点的海拔肯定是4150英尺，因此米苏拉湖在齿苋山脉和内阁山脉之间的克拉克·福克山谷中，应当达到大约2100英尺深。这种情况的确认基于一条位于该高海拔的古海滨线以及数条已发现的位于较低海拔的海滨线，这些较低的海滨线清楚地显示出高水位之后的众多低水位[15]。然而，由于亨特继续把克拉克·福克冰坝视为一种地质上的不可能，他的解决方案是，有一场数千英尺深的特大洪水在冰河时代末期冲过了整个区域，在此过程中填充了米苏拉冰湖的各个流域，湖面最高达到4150英尺，产生了最高海滨线，当洪水退却时，留下数条低海滨线[16]。

作为他所说的地区性大洪水的来源，亨特提出：

> 某个天体源在某种地球引力下所引发的潮汐泛滥，其性质已经超出了笔者的能力，导致了……潮汐……上升到当前海平面以上5000英尺（约1600米）……海域维持了几个星期……在此期间，海浪在不停地翻滚，冰川发生局部浮动，米苏拉湖的最高海滩逐步生成。随着后续的低海滩的生成，退却的潮汐和洪水清扫着峡谷，冲走了以前的冰川沉积、漂砾扇和乱石岗，反复洗刷着疤地，带来了冰筏，打磨着岩石，夹击着山谷和旁边小峡谷，并将大卵石排放到水下三角洲。最

后，在潮流之后留下了一层淤泥，特别是在较平静的死河口水域。[17]

换句话说，亨特已经完全回到了“毕捷”的思路中去，他把单次特大洪水作为哥伦比亚高原的灾害源。他在 1977 年的观念是，那是淹没河口的一次海潮泛滥（由某种假设的天体引力所导致的）[18]。然而，这是站不住脚的。多年以后，当他在 1990 年的著作《暴力的环境》中重新审视这个问题时，亨特本人也认识到这一点。他承认，“由于潮水距离太远，并且缺乏其可能行经的路线上的证据线索，潮水解决方案受到削弱”[19]，他想找出洪水的其他可能的来源，其水量要足够庞大，足以造成他在现场所观察到的对景观的巨大破坏。在这个过程中，他简要地考虑了约翰·肖的理论，10 万立方千米的冰下融水水库，但是，他问了一些很中肯的问题：

如果没有可以引发冰川湖突发性洪水的诸如火山的地热之类的热源，这样的融化怎么会发生？什么样的气候体制会产生这样的融化？为什么大量的融水没有抬升冰盖边缘，并且在融化产生后不久还没有蓄积就立刻出现？什么样的抑制机制能成功地蓄积起一个巨大的冰下湖……在 3000 米厚的冰层下面？而且，最厚冰层下面的水怎么会没有顺势流到周边的围压较小的较薄冰盖之下？是否存在任何可能的方式可以促使这样一个巨大的冰下腔体的水蓄积起来？[20]

长话短说，亨特的推理结果是，不存在！在他看来，肖的理论中提供的 10 万立方千米的水量也是不够的。几乎需要 10 倍的水才能解释所有的现场证据。随着潮汐源、米苏拉冰湖和肖的冰下水库被全部驳回，亨特发现只剩下一种可能——惊人的灾变论这一解决方案。北美冰盖上必定发生过一次不知何故的、非常迅速的灾难性融化。在做过必要的计算之后，亨特的结论是，840000 立方千米的冰，即大约整个冰川面积的 10%，“将不得不融化”[21]。

读者会记得，毕捷原先也曾设想过类似的东西，但无论是激进的全球变暖还是冰下火山活动（很简单，也没有发生过）都被证明无法解释他所需要的大量的融水。最后，正如我们所看到的，他满足于把米苏拉冰湖决堤的洪水作为答案。1990 年，亨特面临着同样的困境——所不同的是，他已经排除了米苏拉湖——此外，他还表明了他本人是一个非常有能力和有先见之明的创新者，因为在没有任何序言的情况下，他写下：

地球热量不能融化陆上冰雪以产生所需水量……某种彗星热源可以解决这个问题。[22]（强调）

亨特计算出，要融化北美冰盖的 10%，一颗半千米直径的彗星的动能就足够了：

1908 年在通古斯遗址上空爆炸的那种彗星可以提供这种热量。在冰层中间生成的大湖将很快在剩下的冰川之下挖出隧道，成为流向四面八方的灾难性洪水。由彗星导致的冰层融化似乎可以在这么短的时间内得到这么多的水。[23]（强调）

预见到有人会反对说没有找到火山口，亨特指出，通古斯大爆炸——一次空中爆炸——也没有留下陨石坑或喷发物覆盖层。此外，在这个假想的北美冰盖一次彗星撞击的事件中：

> 所有的碎渣和彗星物质都可能被随后的洪水一扫而空，被运送到远离其来源的地方，广泛分布在漂移的覆盖层中。它们就这样被稀释并与其他碎片混合在一起，因此无论是爆炸抛射物或是地面喷发物的直接证据都会很难辨认。[24]

最后但并非最不重要的——他再一次做出了一个几乎怪异的预见！亨特指出，“如果在冰川沉积物里发现玻璃小球体，它可以支持这个理论”[25]。

这句话写于二十五年前，那时他不可能知道，从 2007 年起，一支顶尖的科学家团队将会引领北美冰冠上彗星撞击论的潮流，他们将在没有明显的陨石坑证据的情况下，从微球粒、熔融玻璃和纳米金刚石中得到他们的大部分证据。

如何瞬间改变全球气候？

亨特的建议是，一颗较小的半千米直径的物体载满了足够的动能，致使约十分之一的北美冰盖产生融化，从而产生灾难性的洪水。正如我们所看到的，二十五年以来，新仙女木彗星假说的支持者一直坚持“多个两千米大小的”物体曾撞击到冰冠[26]。如果他们是正确的，那么随之而来的洪灾的规模一定大得难以想象。洪灾并不仅仅可以从哥伦比亚高原的通道疤地得到证实。彗星假说设想了撞击产生的流星雨穿越了从太平洋到北美大西洋沿岸的冰层，所以我们到处都会找到洪水泛滥的证据。

我们真的找到了。哥伦比亚高原展示了被洪灾破坏过的疤地，而在东部更远的新泽西州也是如此。哥伦比亚高原以其散落着大量的冰筏漂砾的荒野和山坡而著称，而纽约州何尝不是如此？事实上，有很多壮观的漂砾巨石栖息在曼哈顿中央公园的裸露的岩石表面上，包括哈得逊河沿岸的始于帕利塞德·西尔的辉绿岩以及从更远的地方开始的片岩。有趣的是，正如哥伦比亚高原有它的深谷一样，纽约州有它的五指湖。长期以来，五指湖被认为曾由冰川刻造而成，但它的地貌非常类似于哥伦比亚高原的深谷。现在一些研究人员相信，它们是由冰川融水在极端的压力下切削而成的——通过沉积物证据，这一过程与“大陆冰盖的崩溃”联系在一起[27]。

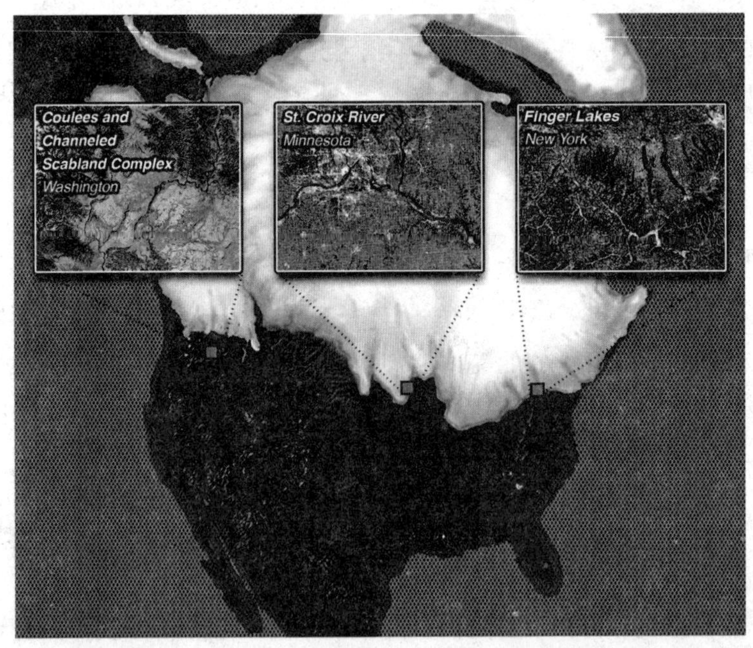

图 22

同样，在明尼苏达州的圣克罗伊河，也就是兰德尔·卡尔森和我穿越北美的公路旅行的终点，排列着八十多个壮观的巨型冰川坑。其中一个宽 10 英尺、深 60 英尺，是世界上已探寻过的最深的坑洞。其他尚未发掘的坑洞甚至更宽，表明它们可能会更深。而所有这些，都无一例外地在冰河时代结束时被汹涌的洪水雕刻而成——兰德尔认为，洪水是从劳伦太德冰盖的上半叶发出的。

“你可以花一辈子在这片土地上旅行。”他告诉我，“但你仍然看不到它的全部。百万吨级洪水流量的影响，已被广泛地记录在加拿大和美国境内的落基山脉东部山麓，以及辽阔的草原之州，五大湖区附近，宾夕法尼亚州和纽约州西部和新英格兰。加拿大各省保留着庞大水流的大规模证据。受到最后一次大冰川作用的区域以内或邻近的全部地区均表现出受到过强烈的、规模庞大的洪水的影响。”

但是，这些洪水的来源仍然是个问题。

渐进主义者被连踢带踹地尖叫着承认洪水确实发生过。正如我们所看到的，随后他们便与米苏拉冰湖结缘，抬高它与灾难性洪水的地位，并把它当作哥伦比亚高原通道疤地的所有惊人的洪积特征的唯一解释。因此，这并不奇怪，其他的冰河时代的洪水，无论他们承认其发生在哪里，也归因于冰川湖的灾害性洪水。

更重要的是，正是这些来自冰川湖的洪水——而不是任何像某颗彗星那样庸俗不堪的灾变论的东西——目前正被主流科学视为新仙女木降温事件的最可能的原因。巨大的阿加西冰川湖受到特别关注，它覆盖了曼尼托巴省大部，安大略省西北部，明尼苏达州北部，北达科他州和萨斯喀彻温省东部。大约 13000 年前——也就是新仙女木初发前，阿加西湖被认为已覆盖了 440000 平方千米（约 170000 平方英里）的面积，当冰坝坍塌时，相当大的一部分湖水，也许高达9500立方千米，喷溅出来，洪水流经加拿大北极地区的沿海平原上的马更些河系统，并从那里进入北极海洋[28]。在那里，被称为波弗特涡流的反气旋洋流驱使它逐渐继续移动，进入近极地北大西洋的北极贯穿流：

穿过弗拉姆海峡的融水的缓慢释放提供了一个抵达北极的独特机制，它能够把一个持续时间短、高量级的融水转变成一个持续时间很长的更缓和的融水，再排放到北大西洋。[29]

但是，让事情变得更糟的是，在同一时间内来自其他冰川湖的数量巨大的冰川融水也直接离开劳伦太德冰盖，被倾倒进北大西洋[30]。因此从理论上说，这一综合效应极大地扰乱了海洋环流，并从根本上影响了全球气候。

从融化的劳伦太德冰盖上迸发出来的冰冷的淡水横扫北大西洋洋面。它阻止了来自南大洋的流淌在海洋深处的温暖的咸水上升到洋面（墨西哥湾流）。海水的正常翻转停止了。其结果是，通常已经回暖的海洋上空的大气持续寒冷，这使得欧洲和北美上空的空气也一样保持寒冷状况。[31]

这些都是技术性很强的问题，我们不必在这里长篇大论地讲述。简单地说，大西洋的南欧翻转环流，也被称为温盐环流，是重大的海洋传送带[32]，它不仅把来自赤道的温暖的咸水带到海洋表面，从那里向北流动，最终在格陵兰和挪威海岸冷却并下沉，而且还把所得的北大西洋冰冷的深水向南带走，并缓慢地返回赤道，在那里与温暖的海水混合，并再次上升到海洋表面，然后继续循环：

> 它向全球传输着大量的水、热、盐、碳和营养物质，并将海洋表面、大气与深海的巨型水库连接起来。因此，它对于全球气候系统具有极其重要的意义。[33]

科学家们一致同意，正是这个微妙平衡的、错综复杂的关键洋流的停止，导致了新仙女木事件中全球戏剧性的降温。他们也同意，那种停止是来自冰川湖以及直接离开劳伦太德冰盖的巨大的冰川融水洪水的结果。然而，正如S·J·费伊得尔在《国际第四纪》杂志上发表的主题论文中所指出的，一个主要的难题是，为什么这会发生在12800年前，而不是在比其早800或1000年的最温暖的时期——被称为博林－阿勒罗德间冰期——在新仙女木事件之前[34]。从直观上讲，融水洪水应该发生在升温阶段的鼎盛时期。但实际上，正是在博林－阿勒罗德/新仙女木边界地层发生了融水的释放。

对于理查德·费尔斯通、维斯特和詹姆斯·肯尼特以及其他新仙女木撞击的支持者来说，这个谜团的答案似乎是显而易见的。答案很简单，没有什么谜团！按照他们的设想，从根本上影响全球气候的特大的冰川融水洪水，是由炸穿地球大气层并砸到冰盖上的多个大型彗星碎片造成的——不只是C·沃伦·亨特所设想的一个半千米左右的碎片，而是多达八个碎片，还有可能更多，包括某些可能不低于两千米直径的碎片[35]。

这类撞击产生的巨大热量，伴随着估计达千万兆吨的爆炸威力，提供了掀起辽阔的北美冰盖的一场真正的灾难性融化所需的全部能量。融水引发的特大洪水，在所到之处大肆冲刷，然后，作为“一股巨大的淡水”汇入了汪洋大海，并为大西洋经向翻转环流带来冲击，从而使全球气候在接下来的1200年保持极端寒冷。雪上加霜的是，灰尘和大量的烟雾被注入大气层上部，“在一段持续的时期内阻挡着阳光”，这自然产生了进一步的降温效果。此外：

> 撞击事件，以及随之而来的大面积火灾和突发性气候变化，也许促成了巨型动物和许多其他动物的迅速灭绝。[36]

读者会记得，不下35属的北美哺乳动物在新仙女木期间灭绝[37]。因此，我们当然要寻找能够在地质意义上的一瞬间里消灭横跨大陆的多达35属生物的灭绝机制[38]。我们必须考虑到的不仅仅是北美——在南美，大多数曾在新仙女木之前兴盛一时的巨型动物，在12000年前，即新仙女木结束之前，也遭受了灭顶之灾[39]。

难道是被人类猎人“过度猎杀”？这个疑问触及了一个有争议的问题——人类是从哪里、在什么时候第一次到达美洲？无论答案如何，似乎令人难以置信的是，一帮游牧狩猎采集者既有足够的动机，也有足够的效率，能在这么短的时间内，跨越两大洲，迅速消灭包括像哥伦比亚猛犸象之类的诸多动物。此外有很多迹象表明，在新仙女木时期的美洲，人类自身也进入了水深火热之中，这种状况应该进一步降低了他们的积极性和效率。来自南美的考古证据是有限的，但是在北美，这个时候正是具有成熟的石器工艺的克洛维斯文化突然消失的时期。事实上，所有可用的指标都指向“人类人口在新仙女木事件早期的一次显著下降和/或重组[40]。

因此，这再一次说明，使得所有证据完全合乎情理的唯一解释就是费尔斯通、肯尼特、维斯特及其许多同事与合作者所提出的彗星撞击假说。

根据他们的调查结果，我们已在前面的章节中进行过全面的审查，我提出以下建议：

1. 在北美冰河时代结束时确实有灾难性的洪水。

2. 它并非主要由冰川湖泊所导致，而是由迅速的、几乎是瞬间的、大面积的冰盖融化引发的洪水暴发所造成的。

3. 导致冰盖融化所需的热源，来自于多块彗星碎片的一系列撞击所产生的动能，该巨型彗星于12800年前在北美上空进入地球大气层并轰炸了北美冰盖。

4. 作为灾难中心的北美绝不是唯一受到撞击的地区。崩解的彗星的其他一些碎片，包括一些特别大的物体，似乎已经砸进了欧洲冰盖。在这一点上可能相关的是，近期高分辨率声呐扫描显示，在冰河时代曾位于今天的水面之上的英吉利海峡的海底，躺着400千米长的、被凿刻成岩床的、部分填充的水下峡谷网，这些峡谷网揭示了灾难性洪水的证据。“把这些数据显示出的地貌汇集在一起，表明了一场特大洪水的起源”，一位作者在英国《自然》杂志上的一项研究报告中声明。该研究报告特地把这些水下地貌比喻成“美国华盛顿沟槽疤地的切尼-帕卢斯地形”。作者指出，他们“无法解决洪水事件的绝对时间”。然而，他们的结论认为他们的研究，“首次提供了直接的证据，表明百万吨级的洪水事件要为凿刻出的英吉利海峡峡谷网承担责任。我们的观察结果与由高量级水流所产生的侵蚀一致，跟通道疤地里的情形相同”[41]。

5. 共有5000多万平方千米的地球表面受到新仙女木彗星碎片的撞击和空中爆炸的影响。碎片有的大，有的小，但其影响都是毁灭性的，从北美延伸，越过大西洋和整个欧洲，最后在遥远的中东落下了阵阵碎片雨。

6. 多重撞击的综合效应，尤其是随后流入北冰洋和大西洋的巨大的淡水洪水，掀起了新仙女木降温事件。新仙女木撞击本身就是一场全球性灾难，导致大量动物物种的灭绝，并使人类陷入艰难的生活之中。

7. 灾难给人类带来的损失可能并不仅限于对狩猎－采集文化的彻底摧毁，如北美的“克洛维斯”人。还应当考虑到某种可能性，一个已经消失于历史的先进文明也可能被灾难所抹杀。

春天来了

特别引人注目的是，在新仙女木初发和结束时的剧烈气候变化是全球性的，并且在人类的一代时期内完成[42]。彗星撞击假说是这一切的最好解释。在12800年前，预估达千万吨级的撞击的综合爆炸力，把足够多的喷发物抛入大气，导致地球陷入了一个长期而持续的黄昏，类似于一个核冬天——这么多古代神话中提到的“黑暗时代”——能够减少太阳辐射超过1000年。喷发物云层的最终消散，加上曾困扰着北大西洋温盐环流的全系统惯性的结束，可以解释始于11600年前的戏剧性升温[43]。

另一种与上述任何机制都不相矛盾的可能性是，11600年前地球再次与造成12800年前新仙女木事件的破碎彗星的碎片流相遇。但分析表明，第二次相遇的主要撞击不是在陆地上，也不是在冰上，而是撞进了海洋世界，导致大面积的蒸汽羽流喷向天空，引发了“温室效应”从而引起全球气候变暖而不是全球降温[44]。

根据英国著名天文学家弗雷德·霍伊尔爵士所说：

一个温暖的海洋和冰冷的海洋之间的阳光供应相差达10年之久。因此，由强大的水蒸气温室效应所产生的温暖环境必须要维持至少10年，才能使海洋发生冷暖转换，而这个也正是被突然注入平流层的水预计持续存在的时间。水的需要量是如此巨大，多达上亿万吨，似乎只有一种事件才可能引发，那就是，某种彗星大小的物体坠入某个汪洋大海。[45]

为了在所有纷繁复杂的过程中，找到导致新仙女木事件突然结束的确切机制，还有更多的研究工作需要去做。但新仙女木事件对于全球气候的影响已经很好理解。格陵兰冰芯，那个能够帮助我们看到过去的宝贵的窗口，告诉我们：

在不到10年里，气温持续上升，使气候发生了根本转变。这一气候变换标志着新仙女木寒冷期的结束和11600年前温暖的全新世的开始[46]。在不到20年里，北大西洋地区开始转入较少暴风雪的温和气候体制，这是海冰覆盖层迅速消退的结果。在约50年里，完成了7℃的升温[47]。

完全在同一时期，在西欧的亚高山带，从来没有存在过的树种，包括陆唯轩、瑞士石松和桦木，突然间开始激增[48]。

截至11200年前，在美国蒙大拿州西北部，蒙大拿山隘冰川已经从峡谷口退去，太阳河冰川也已经完全消失[49]。

还可以列举出其他一千个例子，但从中得到的信息都是一样的——从塔斯马尼亚到安第斯山脉，从土耳其到日本，从北美到澳洲，从秘鲁到埃及，冬季已经结束，一个伟大的全球性的春天已经开始。正如《赫尔墨斯主义神秘书》的宣告，“这就是宇宙的重生”，“这是美好万物的再造与令人惊叹的神圣大自然的复原……”。[50]

重生？

再造？

复原？

但是，是什么的重生？重生之前什么消失了？究竟是什么将要重生？

我们会在后面的章节里考虑这些问题。

第 三 部

先 贤

Part Ⅲ

Sages

第七章
下一次将是烈火

三个奇点发生在末次冰期即将结束的时候，与突然发作且同样突然终止的被称为“新仙女木事件”这一神秘时期相关联。

●大概在12800年前，经过两千多年不间断的全球变暖（正负误差在150年内，这是最接近的数据解析，以使我们获得实际的时刻），大量的冰雪融水如此突然地如洪水般涌入北大西洋，打乱了海洋环流。洪水的来源就是北美的冰盖。由于之前两千年海平面连续上升，这意味着没办法知道到底有多少沿海土地因这个奇异事件而被吞噬。然而，这么多之前被冰封的新水突然激增，我们可以推测，海平面戏剧性的猝然上升的确发生过。[1]

●在冰雪融水产生的洪水被释放的同一地质瞬间，全球气温骤降，全球气候经历了一次逆转，从为期两千年之久、大约始于15000年前的温和宜人的“夏季”（13000年前，人们认为气候条件已经改善到比今天还要温暖湿润的程度）转变到严酷冰冷的寒冬。我们无法确切地弄清究竟在融水洪水暴发多久之后开始进入深度冷冻期，但正如我们在前面的章节中所知，有许多迹象表明温度的这种激进的逆转是在一代人的跨度内实现的。在这同一时期，原本已经到处在融化和消退的冰盖开始无情地重新推进，海平面的上升也已停止。

- 大约 16000 年前，正负误差同样在 150 年内，也是在一代人的跨度内，冰冻突然结束，全球气温飙升，残余的冰盖坍塌，残留的融水掉进世界上的海洋里，当时海洋的海平面已经大幅上升至接近目前的水平。

我们的祖先经过了这些动荡的变化，倘若他们不去谈论这些变化或对彼此讲述自己的经历，那是不可思议的。反之，他们的故事和目击者的描述会变成受人尊敬的口头传统的一部分，并且会代代相传，直到随着岁月的流逝变成古老的传说。读者会记得在第三章中谈到某些美洲原住民的“神话”，似乎讲到了冰河时代末期的事件。可怕的洪水冲刷和破坏陆地被详细地描述。但更引人入胜的是“拖着一条又长又宽的尾巴的星星在几千年前曾来过这里，它焚烧了一切，使世界发生了天翻地覆的变化，天气比以前更冷”。

这些传说似乎是在铭记彗星撞击造成的破坏性影响，我们现在可以确凿地将彗星撞击发生的日期追溯到大约 12800 年前。我们已经看到，科学家理查德·费尔斯通、艾伦·维斯特、詹姆斯·肯尼特等人认为彗星破裂成多个碎片，可能是 8 个——有些碎片的直径接近 2 千米——击中北美冰盖，产生大量的热量，瞬间将巨大的冰块转化成融水洪水，扰乱了海洋环流，并对新仙女木事件的深度冻结起到了关键作用。读者还应该记得，巨大彗星的其他碎片被认为是击中了北欧冰盖，并且如雨点般落在了甚至更遥远的中东地区。因此，尽管震中在北美，但不足为奇的是，新仙女木是一个全球性事件，它对世界各地的人民和文化都构成了影响。

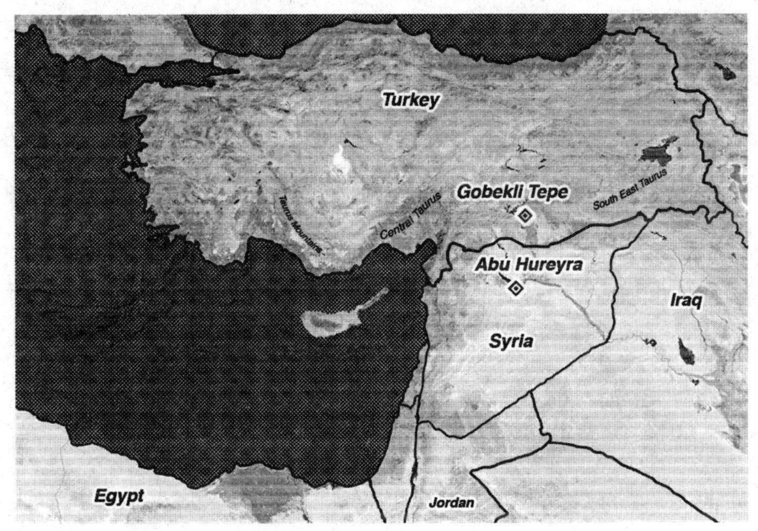

图 23

令人惊讶的是，来自世界各地显著的一致性。各地的传说不仅讲到灾难性事件，而且提到在灾难到来之前，某些被选中的“智者”或“好人”得到了非常具体的警告。我们在第三章中美洲原住民的传说中看到过几个这样的警告例子，但如果我们来到远离震中的海洋和陆地，会发现远至中东也有类似的传说，并有彗星的记录。请注意，这并不意味着彗星碎片的“散布区”仅限于目前公认的 5000 万平方千米。它只意味着其他地区的沉积物样本迄今尚未测定纳米金刚石、磁性球粒和玻璃球粒、熔融玻璃以及其他构成影响的物质。

然而，迄今为止的研究表明，距离北美最远、为新仙女木事件的存在和影响力提供确凿证据的考古土堆，或被称为“阿布胡赖拉”遗址，在叙利亚于 1974 年出土。这个时间正好在幼发拉底河上的塔克巴大坝竣工之前，导致该遗址永远地消失在阿萨德湖奔涌不息的流水下方。阿布胡赖拉考古壕沟里的沉积物样本在该遗址被淹没之前就已被移除和保存下来，它是新仙女木边界层的其中一个样本（取自壕沟E，可追溯到12800年前）。费尔斯通、维斯特、肯尼特以及他们的团队曾在2012年检测过。正如我们在第五章所见，他们发现了纳米钻石，大量的宇宙撞击颗粒和只能在温度超过2200摄氏度才能形成的熔融玻璃，这表明该遗址“接近高能空爆/冲击的中心”[2]。

由于阿布胡赖拉现在位于阿萨德湖下面，所以无法对其进行进一步考古调查。但费尔斯通、肯尼特和维斯特认为彗星对“这片遗址及其居民所造成的后果是严峻的”[3]。值得注意的是，该遗址既靠近土耳其东南部哥贝克力石阵坐落的地方，又靠近现在的伊朗——以前的波斯——在这里，拜火教的经文将非常古老的传统保存下来。拜火教是古代波斯的国教。

“致命的寒冬即将来临……”

至于拜火教的历史到底有多么悠久，学者们至今尚未得出一个令人满意的答案，因为甚至连拜火教的创始人查拉图斯特拉（更通常被称为琐罗亚斯德）的寿命也是不确定的。事实上，正如哥伦比亚大学权威的百科全书《伊朗篇》所坦言：“关于查拉图斯特拉的出生日期的争议，一直是拜火教研究长期存在的尴尬”[4]。

希腊历史学家是最早投身于解决这个问题的人群之一。例如，普鲁塔克告诉我们，琐罗亚斯德“在特洛伊战争爆发之前活了5000年”[5]（特洛伊战争本身是一段不确定的历史，但据估计是发生在公元前1300前，因此5000加上1300等于公元前6300年）。第欧根尼·拉尔修给出了一张类似的年表，他认为琐罗亚斯德“在薛西斯发动的希腊战役之前活了6000年”[6]（即公元前6480年左右）。最近，许多学者提出早在公元前1750年以及“亚历山大大帝统治之前的258年”[7]（即公元前588年左右）这样的日期。无论事情的真相是什么，人们一致认为琐罗亚斯德自己借鉴了许多更早的传统。因此，像许多其他宗教一样，拜火教的根源可以追溯到很早的史前时代。

在琐罗亚斯德的圣书《阿维斯陀》中，某些经文被认为是借鉴了非常古老的口述传统[8]。经文中讲到一个被称为伊摩的原始父亲形象，他是第一个男人，第一个国王，是文明的创始人，出现在《阿维斯陀》的开篇部分，被称为“文提丹”。在圣书中，我们读到善界的最高神阿胡拉·马兹达是如何创建第一片土地，名为“亚利安纳乐土”的人间福地[9]，以及“大牧人伊摩如何成为阿胡拉·马兹达挑选的第一个与之对话的凡人，并指导他成为一名传教士”[10]。伊摩对此表示拒绝，于是阿胡拉·马兹达派给他一个不同的任务：

既然你不想成为传教士去宣扬我的法统，那么就让我的世界变得繁荣兴旺。我请你滋养、统治和监管我的世界。[11]

伊摩同意了这一请求，于是阿胡拉·马兹达送给他一个金戒指和一把匕首——一把长长的、镶嵌着金子的锥形刺刀。更重要的是，我们将在第十七章看到远在南美的安第斯山脉的传说与这个故事有密切的相似之处。然后，伊摩——

把金戒指按在地面，用匕首对大地进行开凿。[12]

我们了解到，他是“通过此举使土地比以前大三分之一”，并且他在几千年的过程中又重复了两次这一壮举——在这个过程中，土地面积最终增加了一倍，能够容纳“人们和成群的牛羊、狗和鸟”。所有的生物都会按照他的意愿聚集到他的面前[13]。

迄今为止，据我们所知，像我们这样的晚期智人已经存在了将近20万年（最早的晚期智人骨骼被科学公认是来自埃塞俄比亚，可追溯至196000年前）[14]。在这个时间跨度内，只有一个时期对人类有益的那部分地球的面积大幅增加，即在100000至11600年前的末次冰期期间。事实上，此前共计2700万平方千米被淹没的陆地——相当于欧洲和中国的面积之和——在21000年前末次盛冰期海平面降低的时候浮出水面。陆地非常真实有用地增加——其中很大一部分在12800年前的新仙女木时期仍然挺出水面——在伊摩的故事里被提及，或许它与黄金时代有关，因为正是在黄金时代，伊摩的良性统治在亚利安纳乐土得以实现[15]。这些有可能是牵强的假设，有趣的是接下来发生的事情。

我们读到，经过另一个巨大的时间跨度，伊摩被达伊提耶召唤到一个相约之地。阿胡拉·马兹达出现在他面前，带给他一个不祥的警告，即会发生突然的灾难性气候变化：

伊摩，尘世将会面临无数个致命的寒冬，随之而来的是猛烈而污秽的霜冻。致命的寒冬导致暴雪成灾，甚至在最高的山顶也有厚厚的积雪……

因此，我在广场的每一侧为你准备了瓦拉（地窖或地下围护结构），你把牛、羊、人、狗、鸟和红色的烈焰带到那里……在那里，你要带去地球上最伟大、最好、最优秀的人种；带去地球上最优良的每一种牛的品种；带去地球上最大、最优、最好的每一种树木的种子；带去最具充分的养料和味道最香甜的每一种水果的种子。所有这些种子，你必须每一种带两个，只要那些人留在瓦拉，就要保持种子用之不竭。那里应无驼背者或大腹便便者；没有阳痿者，没有精神病患者……没有麻风病患者。[16]

所以……你明白了吗？这个地下隐匿处是作为抵御即将席卷亚利安纳乐土严冬的避难所。在冬季一开始的时候，正如拜火教的另一部经文《班达希经》告诉我们的：

邪恶的精灵……像蛇一样从天空蹿到大地……他在中午冲了下来，当时天空支离破碎，就像被狼吓坏的羊。他来到水边，当时的水被安排在陆地的下面，将陆地的中心刺穿，跳了下去……他扑向宇宙万物，在中午将整个世界变得一片漆黑。[17]

在研究这些描述的过程中，我不禁想起在12800年前新仙女木事件突然发生之前是为期2000年温暖晴朗的好天气，那时的确像是一个黄金时代。拜火教的经文里描述称“那是致命的严冬”，“伴有猛烈而污秽的霜冻”。安格拉·曼纽，造成这种痛苦的始作俑者，是代表黑暗的恶神，原始破坏之神，他坚持对抗并试图破坏阿胡拉·马兹达做的所有善行——因为拜火教是一种深刻的二元论宗教，在拜火教中，人类以及人类所做的善或恶的选择，被视为光明与黑暗这两种相互对立的力量之间永恒的竞争或较量。

在较量中，黑暗的力量有时获胜。因此，拜火教的《辟邪经》提醒我们，尽管亚利安纳乐土是阿胡拉·马兹达创建的“第一片福地”，但它还是无法抗拒恶魔：

> 于是，安格拉·曼纽来了。他是拜火教中的邪神，他用巫术创造河蛇和冬季……现在，一年有十个月的冬季，两个月的夏季，这对于水、大地和树木来说都是寒冷的。冬季伴随着最糟糕的天灾降临在这里。[18]

在其他的译作中，“河蛇和冬季”被译为“巨蛇和冬季”或“大蛇和雪”[19]。

相信你已经明白了。这里反复提到的隐喻是巨蛇，这只巨蛇从天空冲向地面，穿透大地，给世界带来冗长而致命的冬季，导致中午的天色也是“黑暗的”（有些译作称其为“浑浊的，黯淡的”[20]），甚至连短暂的夏季对人类生活而言也太过寒冷。新仙女木彗星带来的破坏痕迹绵延至少5000万平方千米之后，似乎可以很精确地描述糟糕的情形，它带来了“猛烈的破坏性霜冻”，导致如此大量的灰尘投入大气层上部，空中爆炸和过热喷出物引发了遍及大陆范围的森林火灾。浑浊的、晦涩的黑暗弥漫了天空，反射出太阳的光芒，使几个世纪以来都保持一种很像核冬季（指核武器爆炸引起的全球性气温下降）的气候条件。

拜火教的经文让我们毫不怀疑这些气候条件对未来文明的生存构成了致命的威胁。正是出于这个原因，阿胡拉·马兹达召唤伊摩并给他警示，告诉他建造地下避难所，让残余的人类可以投靠，保全所有动物和植物的种子，直到可怕的冬天过去，春天重返这个世界。此外，这些描述几乎没有透露出“神话”意味或是衍生自宗教的想象力。更确切地说，整件事情充满了头脑冷静的实际计划，这更增加了令人不寒而栗的真实感。

例如，将残疾、阳痿、患有精神病或麻风病的人们留在瓦拉外面这一告诫听起来很像优生，这肯定是一个令人讨厌的政策，但如果人类的生存受到威胁，避难所的空间有限，这个政策势必被执行。出于同样的原因，只有“最大、最好和最优的”树木和蔬菜，那些“最具充分的养料和味道最香甜的”水果才能被带到瓦拉。为什么除了最好的，不为其他任何事物浪费空间？

此外，虽然可以肯定的是，一些精心挑选的人们被允许来到瓦拉有可能是作为避难所的照看者和管理者，并且被用于未来繁衍后代，但重点始终是种子——以人类为例，是指男性的精子和女性的卵子。所以，当我们读到瓦拉是分三层建在地下的建筑，每一层比上面的一层较小，每一层都有自己纵横交错的“街道”系统时，我们可以合理地怀疑某些存储系统——比如安排在纵横交错的过道里的货架行列——可能真的不是此处的含义：

> 你要在瓦拉面积最大的那一层修建九条街，中间一层六条街，最小那一层三条街。在最大那一层的街道，你要带去一千个男人和女人；中间那一层的街道，带去六百人；最小那一层的街道，带去三百人。[21]

如果说我们认为这里是种子库的规格，是一种天马行空的想象，那么我们该如何评估瓦拉的其他“技术”方面？例如，它的照明系统？伊摩为这个地方做了一扇门，并用阿胡拉·马兹达给他的金戒指将其密封起来。伊摩还制作了“一扇向内自动发光的窗户”[22]。当伊摩要求说明这种“自动发光的窗户”的性质何在，阿胡拉·马兹达含蓄地告诉他“有自存的灯和经创造的灯”。前者就是星星、月亮和太阳，但在漫长的冬季里，从瓦拉的范围内看不到它们，后者是“人造光”，它可以“从下面发光”[23]。

伊摩奉命完成了对瓦拉的建造。此后，瓦拉“内部有自己的照明系统”[24]。然后——

他让河水在一英里长的河床上流淌；他把鸟安置在四季常青的岸边，那里有取之不尽的食物。他建造住所，其中包括一所带阳台、庭院和画廊的房子……[25]

这提醒我们想到，根据神谕——

他带来了人类的种子……带来了每一种树和水果的种子……将所有的种子每一种带两个，只要那些人们留在瓦拉，就要保持种子用之不竭……[26]

最后，我们了解到：

每四十年，每一对夫妻孕育两个孩子，一个男孩和一个女孩。每一种家畜也是如此。那些在瓦拉生活的人们过着极乐的生活。[27]

有趣的是，译者通过对各种古学评论中的一处脚注的翻译，解释称瓦拉的人类居民“在那里生活了150年，有些人说他们永远不会死”[28]。此外，特别有趣的是，瓦拉每对夫妇的后代不是通过性的结合而来，而是通过“沉积在瓦拉中的种子长大成人”[29]。

与伊摩相关的其他神秘的遗失的物件包括一个神奇的杯子，透过这个杯子，他能够看到世界上正在发生的一切；还包括一个镶有宝石、能够飞行的玻璃宝座（有时也被描述为“玻璃战车”）[30]。

洪水和雨

除了气候在一夜之间逆转到冰河时代最冷的峰值这一灾难，我们还知道，由于一大部分北美冰盖融化并掉入全球的海洋，新仙女木事件涉及广泛的全球洪涝。因此，值得注意的是，拜火教的经文不仅说到全球性的冬季伴有“猛烈的，具破坏性的霜冻”，还提及伴有强降水的洪灾，它这样写道：

> 每一滴雨变得如碗口一般大，积水大约有一个人的高度，淹没整个地球。[31]

在世界的另一端，非常接近北美灾难震中的地方，有一本危地马拉的奎室玛雅人保留下来的圣书，名叫《波波尔·乌》。该圣书以诺曼人征服英国前的消息来源为根据，讲到洪水和与之相随的“许多冰雹，黑色的雨水和雾气，以及难以形容的寒冷”[32]。作为拜火教经文的一个显著的回声，本书称“这是一个世界各地都阴沉昏暗的时期……太阳和月亮的脸都被遮蔽起来”[33]。其他玛雅消息证实，这些奇怪而可怕的现象被“古时候的人类所经历，大地变暗……有时阳光依然明媚和清晰，但到了中午天色就变暗……”[34]，“直到洪水暴发的二十六年后，才重见阳光”[35]。

回到中东，著名的故事——希伯来族长诺亚和帮他度过洪灾的巨大方舟——引起了人们的关注。很明显，伊摩和瓦拉的故事与诺亚和方舟的故事有许多相似之处。毕竟，瓦拉是度过可怕且充满毁灭性的冬季的一种手段。冬季通过使全球陷入冰天雪地来摧毁一切活物。同样，诺亚方舟是使人们在可怕和充满毁灭性的洪水中求生的一种手段。洪水通过淹没一切毁灭一切生物。在这两种情况下，拜火教的神灵阿胡拉·马兹达与希伯来传统中的上帝耶和华都向一个善良高尚的人预先发出警告，为即将到来的灾难做好准备。在每一种情况下，其实质是保护种子或所有生命的繁衍：

凡有血肉的活物，每样两个，一公一母，你要带进方舟，在那里保全生命。

飞鸟各从其类，牲畜各从其类，地上的昆虫各从其类。每样两个，你都要带它们去方舟保全生命。[36]

值得一提却容易漏掉的一个信息是，与伊摩的瓦拉一样，诺亚方舟有“窗口”，它由“门”来关闭，分三层：

你要给方舟做一个窗口；在方舟的上方做一个大约一肘长的窗口；在方舟的某一侧设置一扇门；将方舟分上中下三层。[37]

最后但并非最不重要的一点是，诺亚方舟也有遗失的照明技术，这与瓦拉中提到的“人造灯光”类似。在《犹太人传说》一书中，路易·金斯堡出色和全面地将古老的故事和传统与希伯来圣经联系在一起。我们读到，“在洪水暴发的年头，无论是白天还是黑夜，方舟都在黑暗中行进”：

任何时候，都不见太阳和月亮洒下任何光辉……[38]

然而，就像瓦拉里那扇“自动发光的窗户”：

方舟被一颗珍贵的宝石所照亮，这颗宝石在晚上发出的光芒比白天更亮，以此让诺亚方舟里面的人们区别白天和黑夜。[39]

地下城

众所周知，据说诺亚方舟是在古亚美尼亚具象征性的中心地带——亚拉拉特山——结束旅程的，但由于二十世纪早期爆发的战争，它现在位于土耳其境内。土耳其与伊朗——古波斯——接壤，伊摩的瓦拉的故事正是从伊朗流传下来的。

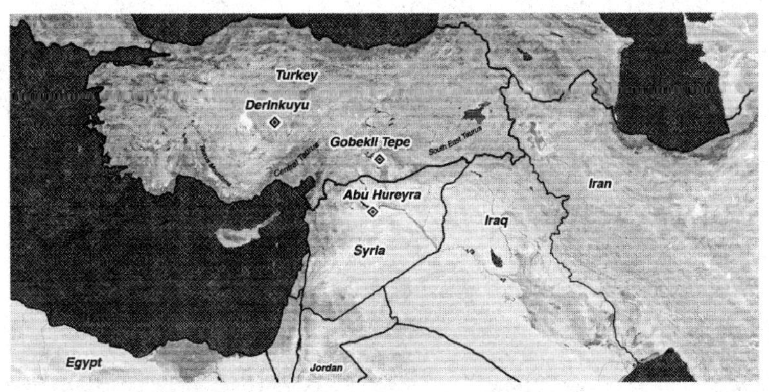

图 24

而有趣的是，土耳其的卡帕多西亚地区拥有很多古老的、从坚硬的岩石中开凿出来的地下建筑，它们通常像瓦拉一样是层层堆叠的多层建筑。这些地下“城”包括怪诞而壮观的德林库尤遗址，我在2013年访问过该遗址。在一个与德林库尤遗址同名的小镇的地下，有一个八层的建筑向公众开放，虽然其更深的层级在地下处于关闭状态，但令人惊讶的是，长达好几千米的地下隧道连接到依马克勒的另一个类似的地下建筑。

进入德林库尤遗址，就像穿越某种无形的屏障，进入到一个意想不到的阴曹地府。前一分钟我还站在灿烂的阳光下，后一分钟当我钻进阴凉、潮湿、光线昏暗的隧道和走廊（这里没有自动发光的窗户，只有低瓦数的电灯），我觉得自己被运送到宇宙诞生之初由神秘矮人所开拓的境地。在有些地方，隧道又低又窄，人必须弯腰排成纵队在墙壁间行走，墙壁被古老的烟雾熏黑，到处长着绿霉。每隔一段空间，就会跌入一个深凹处，穿过一个形如磨盘、直径5至6英尺（约1.5至1.8米）、重量接近50吨的笨重的巨石门。这样的设计显然是为了阻止访问。楼梯和陡斜面一级一级地向下延伸，尽管所有的层级都互连，滚动的石门可用于在需要时彼此隔离。

我注意到一个明显的通风井系统，它一直连接到地下最深层的建筑——这样设计是为了使新鲜空气能够流通到地下80米（约260英尺）甚至更深的地方。在有些地方，我沿着走的通道会拐进一个交叉点，在这个点上，隧道向好几个方向分支，更多的台阶通向更底层的建筑。通道的一侧或另一侧，有时是通过墙上切割的洞来访问，有时是通过全尺寸的门来实现这一目的。在低矮的洞穴里，即使几个人围坐在一起，也会感到空间局促。但有时这些门会通向内室和通道的互连网络，有时它们是打开的，让你突然置身于一个高大的殿堂和宽敞的房间，头上是由原生岩石凿成的整体柱支撑的筒形穹顶。

总之，这整个地方是一个规模巨大、复杂又诡异的迷宫——假如它被建成在地上，其建筑复杂性一定是令人印象深刻的，但是当人们想到所有这些工作需要在火山岩上开采、凿、锤、切割和刨削时，绝对会感到叹为观止。后来，经过对一个方案进行研究之后，我意识到这片从横截面看像一个巨大的兔窝式居民区，占地面积超过 4 平方千米[40]的广袤的地下建筑位于那个名叫德林库尤的现代城镇的地下，街道的下面是街道，房间的下面是房间，它是存在于未知的古代、用途不明的一处秘密的地下城。但可以肯定的是，它是巨大的创造力、决心和技艺的产物。

德林库尤遗址只是两百个这样的地下建筑当中的一个，其中每一处建筑都包含至少两层（大约四十处建筑中包含三层或更多），这在土耳其的开塞利和内夫谢希尔之间的区域已经得到确定[41]。此外，新的发现正在不断被获取。1963 年，当施工人员装修家里的地窖时，成功打通了下面一个古老的通道，发现了德林库尤遗址。而最近，在 2014 年，当工人们准备在距离德林库尤北部一个小时车程的内夫谢希尔建造一个新的住房项目，偶然发现了另一个未知的地下建筑。考古学家被召唤过来，结果很快发现这是一个迄今所知最大的地下建筑。正如内夫谢希尔市长哈桑·昂维尔所说的那样，与这一新发现的遗址相比，德林库尤和卡伊马克利不过是“厨房”而已。“这并不是一个已知的地下城。”土耳其住房发展署的负责人穆罕默德·额尔古纳·图兰补充道，“目前正在讨论这条七千米长的隧道。当然，我们一发现这个遗址，便立刻停止对该地区进行建设的计划。”[42]

一些评论家立即推测这一新发现的遗址可能有“5000年的历史”[43]，但此推测毫无根据。所有我们可以肯定的是，关于土耳其的地下城，最早的现存的历史记载可在希腊历史学家色诺芬写于公元前四世纪的《远征记》[44]中发现——因此，那些地下城比这一新发现的年代更古老。

但问题是，到底有多古老?

读者会记得，在第一章中讲过没有客观的方法来追溯完全由岩石打造的建筑。因此，考古学家们寻找的是可以进行碳年代测定的有机物质。但是，若要这些有机物质有用，必须从遗址上从未被移动的巨石下面挖掘它们，或通过两个石块节理上的原始灰泥来勘测，这样就可以对与出土日期相关的一些结构元素做合理的扣除。

这就是哥贝克力石阵的建设者掩埋巨石围合这一神秘的决定对考古学如此有帮助的原因。一旦巨石处于被掩埋状态，其有机物质就可以用作推断遗址年代的有价值的参考依据。相比之下，许多其他的遗址也存在这种可能性，即后来的有机物质的侵入会导致推测出一个错误的、年轻的出土年代。在有些遗址中，以土耳其的地下城作为典型例子，根本没有可靠的年代可被追溯。这是因为，这些遗址被不同的人多次使用和再使用过，并且事实上曾被改为他用，其有机物质被引入到每一个场合，因此，根本不可能得出关于它们的原始建构年代的任何推论。

考古学家的普遍看法是，地下建筑最初是由当时生活在卡帕多西亚的一支印欧民族——弗里吉亚人——在公元前第七或第八世纪开发的。他们认为，弗里吉亚人通过扩大和深化存在于火山岩的天然洞穴和隧道来开始这一项目，利用这些开创的空间进行存储或作为躲避攻击者的避难所。

到了古罗马时代，弗里吉亚人早已不复存在，该地区的居民是讲希腊语的基督徒，这些基督徒进一步发展和扩大了地下洞室，将一些房间用作教堂，并以希腊文题字，有些题字一直到今天还留存着。在拜占庭时代，从公元八世纪至公元十二世纪，东罗马帝国陷入与新近伊斯兰化的阿拉伯人的战争，地下城再次变成避难所——它们在公元十四世纪蒙古入侵期间继续发挥这一功能。再以后，希腊基督徒用这些地下城作为逃避土耳其穆斯林统治者迫害的避难所，这种做法一直延续到二十世纪，当1923年希腊和土耳其之间停战并达成“人口交换”这一协议之后[45]，这些地下建筑最终废弃不用了。

有了这样一段曲折的历史，很容易看出为什么不能用客观的考古技术来追溯地下城的年代。此外，投入巨大的努力开挖岩石以及先进的通风系统，说明长期动机远远不止作为躲避攻击者的避难所这一需要。出于这种考虑，我们可以这样设想：在许多后来的文明群落当中，弗里吉亚人——考古学家没有充分的理由证明他们是地下城的第一个缔造者——只是其中一个利用地下城的文明群落。极有可能是这种情况，如果是这样的话，那么这些非凡的地下建筑可追溯到弗里吉亚人出现很久以前也是可能的，甚至早在大约12800年前新仙女木期出现“致命的寒冬”的那个时候。

当然，没有确凿的证据来证明这一点。不过，土耳其历史学家和考古学家奥马尔·德米尔，《卡帕多西亚：历史的摇篮》的作者，所持的观点是德林库尤遗址其实可以追溯到旧石器时代[46]。他的观点部分基于已经存在于弗里吉亚时期的概念[47]，部分基于建筑物较高的层级与较低的层级之间的风格差异[48]，并在一定程度上基于这一事实，即在较高的层级，用于切割岩石所做的标记已经完全消失，而在较低的层级仍然可见：

> 需要经过很长一段时间，那些凿刻的痕迹才会消失。这意味着建造最初的层级和最后的层级之间有相当大的一段时间差。[49]

德米尔还表示，用以建造地下城的那些数量巨大的岩石——如今在附近无处可寻——被倒入当地的溪流，然后被流水冲走[50]。其中一条溪流名叫索格纳栗，位于距离德林库尤遗址26千米（约16英里）之处，在那里发现了手斧、岩石碎片和其他旧石器时代的人工制品[51]。

这些证据最多也就是有些提示作用。我不想把我的生活或声誉的赌注下在它们身上！不过，了解到德林库尤和其他大约在12800年前新仙女木事件发生时，在旧石器时代晚期建造的地下城，带来的最大的价值是让我们不再去寻找与所付出的巨大努力相称的建造动机。伊摩的故事，已经非常明确地告诉我们这个动机是什么。简单说来，地下城是瓦拉，在地下深处建造避难所，是为躲避新仙女木事件带来的恐怖后果。这些后果不仅限于"猛烈的破坏性霜冻"，而且正如我们从附近的阿布胡赖拉遗址的沉积物样本中发现的宇宙撞击球粒和熔融玻璃那样，还包括天空出现撞击这种可怕的威胁。

像蛇一样横空出世

几乎可以肯定的是，假如正如费尔斯通、肯尼特、维斯特所认为的那样，我们的地球确实在12800年前与一个巨大的彗星相撞，那么这种撞击不会仅限于落下一些大块碎片。彗星的碎屑流会保持在环地球轨道上，并很可能导致几十年，甚至几百年以后的撞击——其强度与第一次撞击并非同样的规模，但仍然能够导致灾难性的毁灭，因为这条强大的“蛇”萦绕在天空，会带来足够的恐惧和沮丧，由此证明建造地下避难所是正确的。

事实上，正如我们将看到，如今的地球可能仍然会遇到巨大的新仙女木彗星的碎屑流。那些比煤还黑的大块致命的物体无法使用望远镜来观察，可能今天仍然在碎屑流中运行。这提醒我想到第三章里奥吉布瓦人的预言：

> 当有一天，这颗拖着又长又宽的尾巴的星星再次降低，它将毁灭世界。这颗彗星被称为“长尾登天星”。

新仙女木彗星即将回来？难道用其碎片撞击地球，造成12800年前新仙女木期那些毁灭性的冬季还不足以发泄它所有的愤怒和施展所有的破坏性力量？

奇怪的是，古代伊朗的传统也有一个预言说伊摩将会返回，而且会再次行走在人间：

> 当预示着末日的迹象出现，最糟糕的一种情况是，世界上出现比以往更寒冷的冬季，到那时，将会下长达三年之久的雨雪和冰雹。[52]

更多彗星碎片炽热地坠落，将会带来这样的冬季，就像发生在12800年前的情形。之所以当时会发生这样的情形，在一定程度上是因为空中爆炸带来碎片和烟雾，加之陆地的冲击力造成过热的喷出物使天空变暗。这些都是严重的问题，我们将在第十九章探讨它们。但首先，我们必须思考一下诺亚的故事（与之对应的是伊摩的故事）。我们被告知，洪水迫使诺亚来到亚拉拉特山，这个地方距离哥贝克力石阵只有短短数天的步行路程。诺亚的故事还包含一个预言，在圣经新约之彼得后书 3: 3-7 中有所阐述：

当时的世界被大水淹没和摧毁。但现在的天地，还是凭着那命运存留，直到不敬虔之人受审判遭沉沦的日子，用火焚烧。

正如一首老歌这样唱道：

上帝用彩虹与诺亚立约：不再用洪水毁灭世界，下一次将是烈火。

第八章
大洪水以前的人和事

《圣经》故事中的大洪水对人们来说实在是太熟悉，因此在这里不需要大量重复。基本要素可以概括如下：

● 为了惩罚人类的邪恶，上帝促使爆发了一次毁灭生命的全球性大洪水。[1]

● 一个名叫诺亚的人被上帝选中，并被警示随之而来的灾难和建造一艘逃生船（即诺亚方舟）。[2]

● 方舟上保留了所有生命形式的种子或繁殖配对，特别强调的是人类的生命（诺亚和他的妻子，以及他们的儿子和儿媳们）和动物的生命（正如我们在上一章所见，“将飞禽、牛以及每一种在地上蠕动的生命都带上两只，让它们都活着”）。[3]

● 方舟安然度过洪水，直到洪水消退。[4]

● 方舟在“亚拉拉特山”停止前进。[5]

● 直到“地上的水都干了”，上帝指示诺亚携家人离开方舟，“带走你带上方舟的每一种生物——鸟类、动物，以及所有在地上蠕动的生物——这样它们就可以在地球上繁衍生息，数量增多。”[6]

● 诺亚搭建了一个祭坛，在祭坛上燔烧了一些他从洪水中挽救的动物和鸟类。燔祭的香味令上帝感到喜悦。[7]

● 幸存的人类和动物开始生生不息地繁衍后代，如他们被吩咐的那样“遍布地球”。[8]

亚拉拉特山上升到 5137 米（约 16853 英尺），地质学家向我们保证，以卓越的科学为基础，自从 1600 万年以前在中新世早期即将结束之际，也就是亚拉拉特山开始形成之时，它的任何部分未曾被海洋洪水覆盖过。正如我们在上一章所见，世界上晚期智人的存在不能被追溯到 20 万年以前，甚至连人类与黑猩猩共同的祖先——一种从任何意义上来讲离“人类”都很远的生物——也仅仅追溯到 600 万年前。因此，按时间顺序排列，一艘载着人类的船被冲上了亚拉拉特山这一概念是讲不通的。

然而，耐人寻味的是，《圣经·旧约全书》中的大洪水的故事对“亚拉拉特山”（事实上，此“山”确实有双峰）做了具体和蓄意的提及。在圣经时代，亚拉拉特山被理解为“亚拉拉特王国”的一部分[9]，

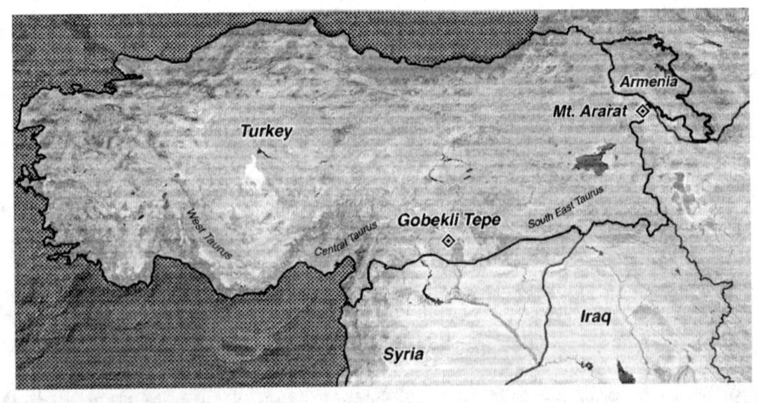

图 25

是乌拉尔图历史悠久的土地，被亚述王撒缦以色在公元前二世纪征服[10]。由于该地区的考古学发展有限，历史学家承认“乌拉尔图的来历依然不明确”[11]，但该地区最早的已知的定居点和农业的起源可一直追溯到“大约公元前 10000 至前 9000 前”[12]——换言之，就是哥贝克力石阵存在的那个时期。

此外，这整个区域，包括亚拉拉特山和哥贝克力石阵，形成了历史上著名的亚美尼亚的腹地和亚拉拉特圣经王国的嫡系后裔，这里的居民认为他们自己是“亚拉拉特的子民”[13]。摩西·霍仁纳齐在公元五世纪写的一本关于亚美尼亚人具有影响力的历史的书，将这个国家的建成归因于哈伊克族长，据说哈伊克是诺亚本人的玄孙，因此他与方舟上的洪水幸存者有亲密的血缘关系[14]。事实上，正是因为哈伊克，甚至在二十一世纪，亚美尼亚人仍然称自己是哈伊（Hai），称他们的土地为哈伊阿斯坦（Haiastan）[15]。他们认为这么多的土地，再次包括亚拉拉特山和哥贝克力石阵，继 1915-1923 年的亚美尼亚种族大屠杀之后属于土耳其共和国拥有，这简直是历史的悲剧。在亚美尼亚种族大屠杀期间，超过 100 万亚美尼亚人被土耳其军队杀害[16]。

民族主义情绪在分散世界各地的亚美尼亚侨民社区和亚美尼亚残余的微小领土上依然高涨。这种心理上的紧张状态牵扯到哥贝克力石阵。令许多亚美尼亚人感到愤怒的是，土耳其声称这一独特的重要遗址是土耳其的遗产，仿佛该遗址与古代亚美尼亚的联系根本不存在。用几分钟在互联网上输入“Portasar（以前亚美尼亚人为哥贝克力石阵取的名字）”进行搜索，将会证实这一点。我在这里举一个简单的例子，优酷上有一个名为“土耳其将亚美尼亚的博塔斯塔（Portasar）呈现为自己的哥贝克力石阵”的视频[17]。许多观众在评论栏中发表了相当典型的言论，我们读到：

我是这样看待博塔斯塔（哥贝克力石阵）的。修建该遗址的人故意掩埋一个神圣的殿堂。他们这样做，是预期到未来许多年之后该遗址将被发现。他们相信轮回。这些修建博塔斯塔（哥贝克力石阵）的人是亚美尼亚人。他们的精神已经传承到今天的亚美尼亚人身上。当你在传承家族里的某样东西时，你一定想要确保它只传到你的家庭成员而不是其他任何人手中。按照自然规律，博塔斯塔（哥贝克力石阵）将回归亚美尼亚所有……[18]

同样，尽管亚拉拉特山现在完全在土耳其境内，但此山仍然是亚美尼亚民族主义的有力象征。亚拉拉特山的风景，包括洪水消退和山顶的诺亚方舟，都在亚美尼亚共和国国徽上占主导地位。而亚拉拉特山本身——这么近，又那么远——赫然耸立在亚美尼亚首都埃里温，令人难以忘怀且永远提醒人们：

过去永远不会死去。它甚至根本还没有过去。[19]

因此，有许多方法使诺亚方舟的故事，以及世界在经历了全球性大灾难之后脱胎换骨的故事成为哥贝克力石阵所在地区仍然鲜活的力量。哥贝克力石阵位于托罗斯山脉，这一神秘圣所是一处公元前 9600 年由巨大的石头围成的圆圈。公元前 9600 年标志着新仙女木期冗长而“致命的冬天”确切结束的日期。正如我在该遗址采访克劳斯·施密特（见第一章）时，他煞有介事地问道：

在公元前9600年，当全世界的气候突然好转起来，自然界有发生爆炸的可能性，那么哥贝克力石阵碰巧始建于这个重要阶段的可能性有多大？

关于这一时期，还有一些别的补充。正如公元前10800年新仙女木事件初期伴随着巨大的全球性洪水和海平面一度迅速上升，北美冰盖的冰雪融水突然流入大西洋[20]，公元前9600年左右爆发了第二次全球性洪水，当时，全球变暖使北美和北欧剩余的冰盖同时坍塌。已故的塞萨尔·埃米利亚尼，迈阿密大学地质科学系教授，对深海沉积物[21]开展了同位素分析，结果得出惊人的证据，证明“在12000至11000年前”的确爆发过全球性灾洪[22]。

因此，尽管冰河时代末期的洪水也许永远不可能将诺亚和他的方舟冲上比目前的海平面高数千英尺的亚拉拉特山上，但这些洪水的确在规模上遍及全球，并且对当时的人类生活造成了灾难性的后果。像亚拉拉特山这样的山区本就是天然的避难所——“将所有生命的种子”带来并重新开始繁衍生息的天然之地。因此，虽然诺亚的故事不可能每一个细节都是真实的，但我们必须考虑的可能性是：其本质是真实的，即它的确记录了“方舟”的建造；在方舟里，各种有用植物的种子和动物的育种被已经了解农业的人们保存了下来，这些人拥有农业技术，在洪水中幸存下来，迁徙到亚拉拉特山和哥贝克力石阵之间的陆地上。后来，他们向该地区以狩猎采集为生的原住民传播农业和建筑知识。

哥贝克力石阵的那些实际上完全前所未有、由巨石围成的圆圈一定是由具有丰富的巨石建筑经验的人们来设想和完成的。在我看来，在完全相同的地区同时发明了“农业”，高度暗示了这种可能性。然后，还会有一种强烈的感受是：哥贝克力石阵本身就是一种用石头来纪念的“方舟”，因为石头上的图像不仅有所有的动物，还包括大量耐人寻味的浮雕，显示女性暴露的生殖器[23]和男性勃起的阴茎[24]——这些都象征着人的生育能力。卡尔·吕克特，密苏里州立大学的宗教史学教授，将其中一幅图像解释为经典的“地球母亲”[25]，使人想起上帝命令摩西和他的家人去“繁衍生息，遍布地球”[26]。

此外，除了诺亚方舟，我们在哪里还能找到一个像哥贝克力石阵的巨石上刻画的动物园？——正如我们在第一章所见，这些动物包括蜘蛛、蝎子和蛇（“地球上的昆虫各从其类”）、鸟类和牛（“飞鸟各从其类，牲畜各从其类”）、狐狸、猫、山羊、绵羊、羚羊、野猪、熊等（简而言之，正如《创世记》6:20 所述，“每一种动物和每一种生物各从其类”）。

最后，诺亚将从洪水中拯救的一些动物和鸟类作为祭品献给上帝。在哥贝克力石阵，考古学家发现了许多动物物种被屠杀之后留下的骨头，而石阵的巨石柱上就刻画着这些动物物种[27]。

洪水之前的城市

长期以来，学者们一直认为圣经的洪水故事并不是源于《旧约》，事实上可以追溯到被考古学迄今承认是真正最古老的文明——美索不达米亚的古代苏美尔地区，该地区出现在公元前五世纪，在公元前四世纪和三世纪得到蓬勃发展，并一直延续到公元前二世纪[28]。关于全球性的洪水“神话”有两个最早的幸存下来的书写版本，如今可以在宾夕法尼亚大学考古学与人类学博物馆[29]和挪威的斯柯延私人搜集品中见到[30]。两个版本都是用苏美尔语的楔形文字写的，都是以片段而不是完整的文本流传下来。

关于洪水故事的这两个最早的幸存下来的书写版本，宾夕法尼亚大学里的石板是在挖掘苏美尔地区的城市尼普尔[31]（位于现代城市巴格达以南200千米的幼发拉底河）的过程中发现的，其文字信息最完整，包含曾经是黏土制成的六列石碑的下1/3段[32]，可追溯至公元前十七世纪[33]。斯柯延的石板虽然残留不多，但年代更久远一些（可追溯至公元前十九至前十八世纪[34]），重复了宾夕法尼亚大学那块石板上的些许信息，并增加了一些在其他地方没有发现的新细节[35]。

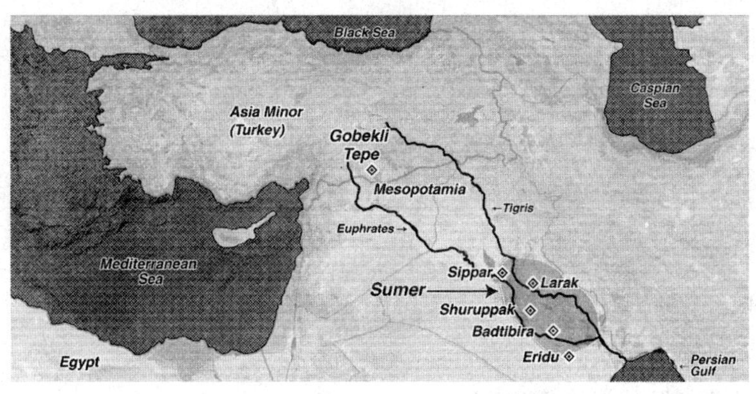

图26 一张古代苏美尔示意图，标明了大洪水暴发之前的城市

这些破碎的小石板是多么稀有和珍贵！它们必然有故事可讲。当我第一次读到这个故事，便立即被吸引了，因为它明确提到大洪水暴发之前有五个城市存在。我们被告知，这些城市被大洪水所吞噬。

宾夕法尼亚大学石板上的头三十七行是缺失的，因此我们无从知道故事是如何开始的，但我们从接下来的字里行间得到的信息是：大洪水暴发仍需相当的时日[36]，以及关于人类、动物和植物的创造[37]。然后又出现了三十七行，我们发现已经进入到一个高度文明的时代，并且了解到在这个时代，也就是大洪水暴发之前，人们遵从的是“王权天降”[38]。

接下来提到的是，大洪水之前，苏美尔的几个上古城市由一位未提及姓名的统治者或神灵建成：

上帝赐予他皇冠和王权的宝座之后，
他完善了仪式和崇高神圣的法律……
建立了五个城市……在这片纯净之地，
并为城市取名，将其作为祭仪中心。
第一个城市叫艾利度……
第二个城市叫巴地比拉……
第三个城市叫拉勒克……
第四个城市叫西柏尔……
第五个城市叫苏鲁巴克……[39]

“人类命脉的保护者……”

接着又出现了三十七行的空白，此时情况已经发生令人眼花缭乱的改变。虽然大洪水仍然远在未来，五个上古城市的建立却在很久远的过去。根据上下文，很明显的是在这期间，这些城市的居民的行为惹怒了诸神，于是神祇们要求用一场毁灭地球的大洪水作为惩罚人类的工具。但也有神祇反对这一决定，并表现出不满[40]。

接下来的叙述开门见山地介绍了一位名叫齐苏德拉的人——苏美

尔古国诺亚式的人物。石板上的文字将他描述为“一个虔诚且敬畏上帝的人”[41]，这使我们明白，反对用大洪水惩罚人类的神祇一定非常同情他。宾夕法尼亚大学的石板上没有出现这位神祇的名字，但斯柯延私人搜集的石板上的只言片语为我们提供了一个线索，它透露出齐苏德拉不仅是一位国王，还是恩基（水神和智慧神）的祭司[42]。我们稍后会多次听到恩基的名字，他告诉齐苏德拉：

记住我的话，听我的指示：
洪水将席卷祭仪中心，
毁灭人类的命脉。
这是诸神的决定。[43]

接下来的四十行行文遵循同一个神话的许多后来的校订，“一定是指示齐苏德拉建造一艘巨大的船，由此将自己从灾难中拯救出来”[44]。

故事接下来讲到大灾难已然开始：

所有的暴风雨化成一股巨大的力量强势来袭，
与此同时，洪水席卷祭仪中心。
七天又七夜，洪水漫过陆地，
巨船在洪水中风雨飘摇，上下翻滚。[45]

在整个大灾变期间，天空一直是黑暗的。然后，在第八天，太阳冲破云层，狂风暴雨戛然而止。齐苏德拉打开他的救生船的“窗户”，俯瞰窗外已然改变的世界，然后将一头牛和一只羊作为祭品献给诸神[46]。

接下来缺失的三十九行令人搓火，大概是告诉我们齐苏德拉登陆的地方以及他接下来采取的行动。当我们再次重拾这个故事，已经接近文字的最后部分，我们发现齐苏德拉出现在苏美尔的万神殿。安努和恩利尔（美索不达米亚宗教所崇奉的神祇）已经后悔自己先前欲将人类从地球上毁灭的决定，现在他们非常感谢齐苏德拉建立了方舟，并从洪水中幸存下来。他们决定让齐苏德拉永生不死：

他们赐予他神祇的生命；
赐予他神祇才有的永恒的呼吸，
……齐苏德拉国王，
植物的名称和人类命脉的保护者。[47]

最后的三十九行也是缺失的[48]。

七贤哲

已故教授塞缪尔·诺亚·克莱默，研究古代苏美尔的重要权威人士之一，称关于全球性的大洪水，现存最古老的书面版本仍存在“令人干着急的隐晦和不确定之处”[49]。然而毫无疑问的是，木板上提到在全球性的大洪水暴发之前就存在城市文明，并为我们提供了这些神圣城市的名字：艾利度、巴地比拉、拉勒克、西柏尔，苏鲁巴克。我们被详细地告知，这些城市被洪水吞噬。此外，在苏美尔不复存在很久以后，关于这五个城市、大洪水之前的上古时期以及大洪水的丰富传统在美索不达米亚留存了下来，并在后来凸显出来的阿卡德、亚述和巴比伦文化中得到复述[50]。事实上，公平地说，正如古代传说所言，这个地区的传统历史被很明显地划分为两个不同的阶段——大洪水之前和大洪水之后——该地区的人们认为这两个时期都是绝对真实的。

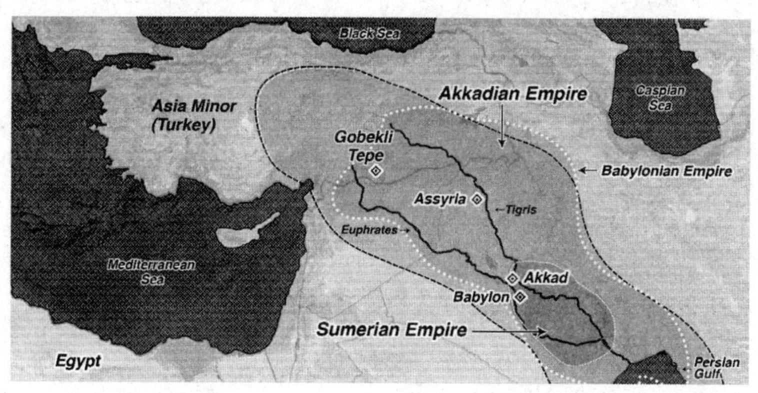

图 27 美索不达米亚的古代帝国在不同的历史时期声名鹊起，但无论在哪个历史时期，都保留远古时代那一次几乎毁灭全人类的全球性洪水的传说

我们在第一章看到，美索不达米亚传统不仅保存了大洪水之前的城市的回忆，还保存了一个名叫俄安内的远古时代文明英雄以及古希腊七贤的记忆。据说这七位贤哲一直在支持俄安内肩负的文明使命。读者会记得，这些贤哲在该地区幸存的艺术品中常常被描绘为持有一个奇特的袋子或桶的大胡子男人，有时也被描绘为半兽之人，以半鸟半人的形式体现。随着我更加深入地了解，仔细阅读在写《上帝的指纹》时第一次接触的巴比伦祭司贝乐索斯的描述，我想起了俄安内和七贤哲有时也被描绘为半人半兽的形象，只不过是半人半鱼的形象。七位贤哲都是某一位远古国王的“顾问”，凭借他们对国家事务的智慧见解以及作为建筑师、建造者和工程师的技能而闻名于世[51]。

贝乐索斯根据巴比伦神庙的档案（据说含有已保存了 150000 年

的“公共记录”[52]）编写了一本书，名叫《历史》。他把俄安内描述为一个“怪物”或“生物”。然而，贝乐索斯更多地暗示了一个人穿着某种装扮成鱼的行头——简而言之，是某种伪装。关于这个怪物，贝乐索斯告诉我们：

> 他的整个身体呈鱼的形状，但是在鱼头的下面还有另一个头——人头——与鱼尾相连，看上去很像一个人，并且有人类的声音……在一天结束的时候，怪物俄安内会回到海里度过夜晚。他是两栖动物，既能生活在陆地，又能生活在海洋……后来，类似俄安内的其他怪物出现了。[53]

请记住，哥贝克力石阵的某根巨石柱上也描绘着俄安内和阿卡德先贤所携带的奇怪的容器（正如我们在第一章中所见，远至古墨西哥也有类似的图像），我们该对这一切做何解读？

当我们进一步探索美索不达米亚的传统，这个谜题也随之变得更为神秘。总之，数千年来，俄安内和阿卡德先贤们一直被描绘为人类的导师。在这段漫长的时间长河中，出现了五个上古城市，即当时伟大文明的中心，以及“王权天降”的思想。在俄安内第一次出现之前，贝乐索斯说，美索不达米亚的人们“像田野中的走兽那样无法无天地生活着”[54]。

贝乐索斯是在公元前290年至公元前278年之间撰写的《历史》，但只有一些片段被其他作家以引言和摘要的形式记录下来并流传到我们手上。然而，学者们认识到，以这种方式传输给我们的信息的确能够反映刻在楔形文字碑片上、可追溯到最远古时代的非常古老的美索不达米

图 28 俄安内和阿卡德先贤们

亚传统[55]。举例来说，俄安内（Oannes）这个名字可能一直被将其传达给我们的作家们所篡改，它其实是源于楔形文字“Uannadapa”，通常被简单地缩写为“亚达帕（Adapa）”或“U- 安娜（U-Anna）”——亚达帕原本有“智者”的含义（它是恰如其分地形容圣人的词汇）[56]。据古代美索不达米亚铭文记载，U- 安娜“完成了创造天地的计划”[57]。其他的上古先贤包括“被赋予全面的理解力的 U- 安妮 - 杜甘”和被描述为“埃利都的魔术师的安 - 恩利尔达”[58]。

最后一点，即七位上古先贤是“魔术师”“巫师”“术士”——用楔形文字讲得很透彻[59]。但与此同时，他们神奇的能力与他们拥有显然实用、含有技术含量甚至堪称与科学相关的技能有关[60]。因此，他们是“化学配方”的大师[61]，他们是医生[62]，他们是木匠、石匠、金属工匠和金匠[63]，他们为城市奠定了基础[64]。事实上，在以后的时代里，用于皇家建筑和改造项目的所有技能都归功于这些上古圣贤所传授的知识[65]。正如爱沙尼亚塔尔图大学的阿马尔·安努斯在经过详细的研究之后做出的总结：

> 大洪水前的这段时期是美索不达米亚神话带来的启示之一，这些启示为随后所有的知识奠定了基础。七位上古先贤是文化英雄，是他们带来了文明的艺术。在接下来的时间里，没有出现任何新的发明，只是传播和展开最初的启示。俄安内和其他先贤向上古人类传授了一切文明的基础。[66]

古代美索不达米亚的楔形文字片还对阿普卡尔先哲手中持有的容器有所阐述。这些容器被称为圆桶（banduddu）[67]，被认为盛放着“圣水”[68]。此时读者会想起第一章里的内容讲到，很多时候先哲的另一只手会持一只圆锥状物体，它们被称为“松果”，含义是“清洁物”[69]。在相同的场景下，先哲们会经常与一颗程式化的树同时出现，有时与国王的身影一同出现，有时与这两者一起出现。关于这棵树，没有具体的文字留存下来，但据学者们普遍推测，这棵树一定是一颗“圣树”，许多人认为它代表“生命之树”[70]，象征着“世界的神圣秩序，而国王的职责是尘世的管理者”[71]。由此得出的结论是，我们所看到的是“一种神奇的保护仪式，一种祝福，一种恩泽”[72]：

> 先哲通过将圣水喷洒在圣树上，对其赋予自己的神圣，维护宇宙的和谐，并由此确保创造天地之计划的正确运行。[73]

图 29 恩基，苏美尔人的智慧和魔法之神，其特殊责任是掌管被称为阿勃祖的地下淡水海洋。由于与阿勃祖的这层关联，恩基经常被描绘成肩膀上有流淌的水流的形象。阿卡德人称他为埃阿（古代亚述王国、巴比伦王国宗教所崇拜的智慧之神和水神）

七位贤哲被认为是由恩基（恩基是苏美尔名字，阿卡德人称他埃阿）所创造，他们在斯柯延的石板上被显示为齐苏德拉的守护神。地下淡水海洋的伟大神祇被称为阿勃祖[74]。除了与水相关，恩基的特性是智慧、魔法、文明的工艺和技能[75]，因此说这些先哲是他的作品之一，并且他们经常以鱼的形式出现是合乎情理的。正如一位学者所讲，鱼的形象——

与深藏的秘密相联系，它那永不闭合，永远保持警惕的眼睛使其具有无所不知的智慧。[76]

我们从楔形文字中得知，多亏智慧之神恩基创造的这些非凡的先哲们所提供的建议和教诲，人类的文明才能在技术和科学方面取得飞速的进步，然后进入“大洪水之前格外辉煌和富饶的黄金时代”[77]。在一个理想的世界中，所存在的一切似乎都是尽善尽美的。但随着几千年过去了，人类与宇宙及众神不再能够维持和谐——一个名叫恩利尔的神祇尤其如此，此神祇被描述为“国王，至尊主，父亲，造物主”，以及“肆虐的风暴”[78]。虽然天空之神安努在苏美尔的众神中排名第一，但他通常是一个相当遥远而无力的形象。恩利尔位居第二，但实际上对大多数“行政决定”进行决策。在一些文本中提到，恩基是恩利尔最年轻的弟弟，排名第三[79]。

正如我们所见，苏美尔人的洪水故事有许多空白之处，但其他碑文，比如那些包含《吉尔伽美什史诗》的碑文，可以说是最有名的所幸流传下来的美索不达米亚文本，它们非常详细地填补了这些空白，并让我们对恩利尔所起到的作用毋庸置疑：

> 在那些日子里，人类繁衍生息，人口变得多了起来。世界如公牛般发出咆哮，大神被这样的喧嚣所唤醒。恩利尔听到了叫嚣，在议会上对众神说道：“人类的喧嚣难以容忍，因为嘈杂声让人无法成眠。”于是，众神同意灭绝人类。[80]

我们知道接下来发生的事情。恩基（除了斯柯延的石板上所铭刻的，其他后来的文字也证实了是他）介入并警告齐苏德拉即将发生一场摧毁生命的大洪水[81]。贝乐索斯给我们讲述了故事的下一个章节，他把齐苏德拉称为“西索思罗斯”：

图30 强大的苏美尔神祇恩利尔（右边坐下的那位），他常常被形容为“肆虐的风暴”，是他下令用洪水来灭绝人类

恩基出现在西索思罗斯的梦里，向他透露……人类将被一场巨大的洪水毁灭。然后，恩基命令西索思罗斯将所有的石板一起埋葬在太阳之城——西柏尔。接下来建造一艘船，以容纳西索思罗斯的家人和最好的朋友。船上需要备有食品和饮料，还要将野生动物、鸟类及所有的四足动物带上船。当一切都准备好之后，就准备起航……直到大船建造好，西索思罗斯才停止工作。船身长 5 斯塔德（古希腊长度单位，约 3000 英尺或 914 米），宽 2 斯塔德（约 1200 英尺或 366 米）。西索思罗斯按照指示装备好一切，与他的妻子、孩子及最亲密的朋友登上了大船……[82]

贝乐索斯写的那些幸存下来的片段并没有告诉我们有大洪水的这段历史，但《吉尔伽美什史诗》的确以齐苏德拉 / 西索思罗斯自述的

形式对其进行讲述[83]：

风刮了六天六夜，激流、暴雨和洪水淹没了整个世界。暴雨和洪水像宿敌般激烈交战。当第七天破晓的时候，南部的暴风雨平息了下来，大海变得平静，洪水退却。我看着周遭的世界，只剩下沉默。海面像屋顶那般平坦绵延。所有的人们此时才感到灵魂回到自己的体内……我打开舱门，阳光照在我的脸上。我深深地鞠了一躬，然后坐下来泣不成声，眼泪从我的脸上滚落下来，因为四周皆是水……14 里格（长度单位，1 里格约等于 3 英里）之外似乎有一座山，那里是大船的搁浅之地……[84]

图 31　苏美尔洪水的幸存者及方舟："海面像屋顶那般平坦绵延。所有的人此时才感到灵魂回到自己的体内……14 里格（长度单位，1 里格约等于 3 英里）之外似乎有一座山，那里是大船的搁浅之地。"

贝乐索斯接着写道：

此时，西索思罗斯意识到陆地再次出现了……他和妻子、女儿及舵手一起下了船，然后跪在地上向大地膜拜，并搭了一个祭坛用来祭神。在此之后，他和那些与他一同下船的人们一起消失了。那些仍然待在船上，并未与西索思罗斯一起走出去的人们四处寻找他，并大声喊叫他的名字。但西索思罗斯从此再也没有出现过，然后空中传来一个声音告诉他尊重诸神是他们的责任，由于西索思罗斯对诸神表现出崇高的敬意，因此他可以享受去神祇居所的待遇，他的妻子、女儿和舵手也都可以享受同样的待遇。这个神秘的声音接着指示他们重返西柏尔，去挖掘埋藏在那里的石板，并把它们移交给人类。他们最终停下来安顿的地方是在亚美尼亚的土地上。[85]

所以，综上所述，无论是《圣经》还是美索不达米亚的神话故事，都赞同亚美尼亚是大洪水幸存者的避难之地这个说法。但贝乐索斯增加了《旧约全书》中缺失的一些重要细节。首先，他提到了西柏尔，正如我们所了解，西柏尔是苏美尔口口相传的五大上古城市之一；第二，上古时代的著作或档案在大洪水来袭之前被埋藏在西柏尔；第三，当洪水退去，从洪水中幸存的人们返回西柏尔，挖开埋藏的石板，并“把它们移交给人类”。

因此，这里所设想的无外乎是一场全球性大灾难之后的文明的延续——上古时代的文明被恢复并重新普及开来。但是，就传播这些知识而言，七位先哲不再发挥任何作用。楔形文字告诉我们，他们在大洪水发生的时候已经被送回阿勃祖深处[86]。其他具有“人类血统”的圣贤——有时被描述为“三分之二阿普卡尔”[87]——承担各自的使命，使文明得以维持，从而再度崛起。在适当的时候，以后的国王会提到他们与上古世界的联系。在公元前一世纪，巴比伦的尼布甲尼撒一世国王称自己是“大洪水之前保存下来的一颗种子”[88]，而在公元前七世纪统治美索不达米亚中部的亚述帝国的亚述巴尼拔国王则放言：“我了解圣人亚达帕的技能，那都是些神秘的知识……我非常喜欢看大洪水前刻在石头上的文字。”[89]

我们将在下一章看到，完全相同的概念——七位先哲是远古时代带来文明的使者，是他们保存并重新普及了“大洪水前刻在石头上的文字所传播的知识”——出现在完全不同和不相关的古埃及文化中。这是一个奇怪的奥秘。

第 四 部

复 苏

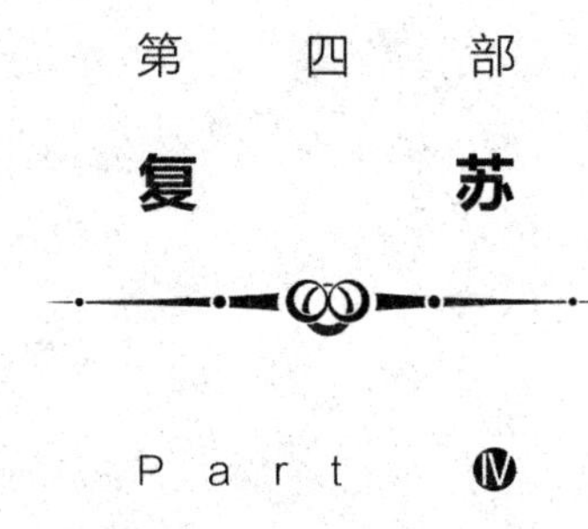

P a r t Ⅳ

Resurrection

第九章
灵魂之岛

尼罗河的两岸郁郁葱葱，生机盎然，排列着棕榈树和绿色的田野。河岸并不开阔，被沙漠所包围，它是永恒的河流赐予沙漠的生生不息的礼物。纳赛尔湖，这个世界上最大的人造水体之一，从开罗一直延伸到阿斯旺，并向南越过苏丹边境，它的高坝已经永久地破坏了法老的神圣景观。在20世纪60年代，由于湖水上涨，许多古埃及遗址，诸如布亨堡垒，都被湖水淹没。而另外一些遗址，如世界著名的阿布辛贝和菲莱的无比美丽的伊希斯小神庙，由于被逐块搬迁并重新建立在地势较高的地方而幸免于难。

其他一些遗址仍然被拆除并运往海外——例如丹峰神庙，现在在纽约的大都会艺术博物馆；德波神庙，如今在马德里的巴赫克德尔伊斯特；还有塔菲寺，现在在荷兰莱顿的国立古物博物馆。通过这样的方式，在埃及数十年的亘古岁月里不断地被重造和再现的诸神的神圣王国，可以说即使在今天，依然在遥远的土地上经历着复活和重生。

根据它自身的铭文，埃德夫的荷露斯神庙的命运也是如此。埃德夫在古代被称为本狄特（因此它的保护神，猎鹰之神荷露斯，通常被称为荷露斯本狄提特），矗立在尼罗河西岸，阿斯旺北部110千米（约68英里），由此逃脱了纳赛尔湖的洪水。这座神庙，正如我们今天所看到的，它是一个金色的砂岩石块发光物体，在埃及的炎炎烈日之下散发着优雅的魅力。它是比较年轻的，整个复杂的建造过程完成于公元前 237 至前 57 年之间的托勒密时期的一系列阶段[1]。然而，从真正意义上讲，我们在这里所看到的仅仅是更为古老的神庙的最新化身，而那些古老的神庙至少在古王国时期（公元前 2575 年至前 2134 年）就已经出现在这里[2]——或许是在更加遥远的年代。

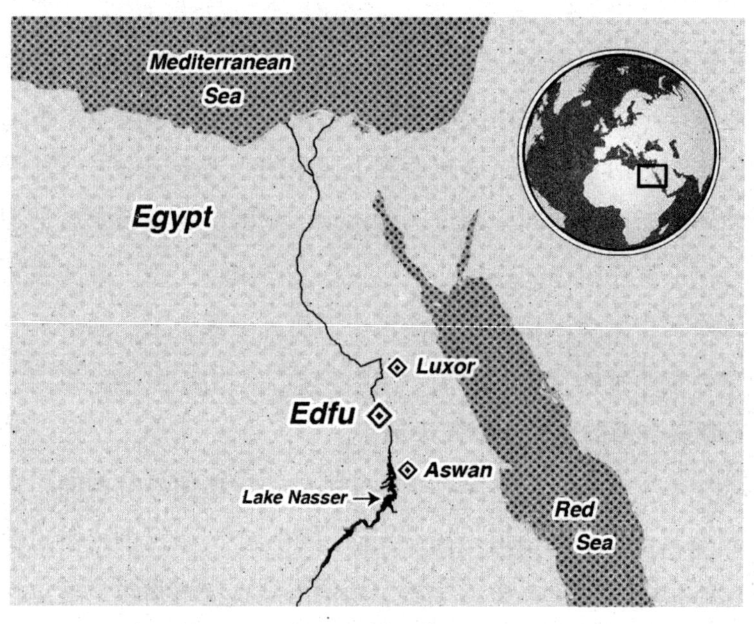

图 32

我们最大的兴趣是覆盖在墙上的那一小块神秘铭文所表达的神庙自身的说法。这块铭文，即所谓的埃德夫神庙建筑文本，带我们回到一个叫作“神的上古时代”[3]的非常遥远的时期——铭文透露出，这些神并不是原始埃及人[4]，他们曾居住在大海中间的一座神圣的海岛上，那里是“原始人的故乡”[5]。然后，在过去某个不确定的时刻，一场可怕的灾难——正如我们将看到，堪称真正意义上的洪灾和火灾——淹没了这座海岛，已经建成的“神的最早的大厦”被彻底摧毁[6]，洪水淹没了所有的圣所，并淹死了岛上的大部分圣民[7]。但铭文里说，有一些人幸存下来，他们扬帆起航（由于铭文让我们毫不怀疑，这些上古时代的神都是航海家[8]）去“漫游”世界[9]。

这样做的目的，无外乎是要去重建和复活他们失去的家园的真髓[10]，简单地说，就是去实现：

神的前世界的复活……[11]。再造一个已被毁灭的世界[12]。

正如埃及古物学者 E·A·伊丽莎白·雷蒙德在对埃德夫神庙建筑文本的出色研究中所坚持的，文本的总基调传达出的观点是：“一个已经建立的上古世界被摧毁了。这个死亡世界成为创建新世界的基础，而这种新世界的创建是对曾经存在过的东西的再造与复活。”[13]

对铭文的评价中重要的一点是，我们意识到它们并不是这座历史悠久的神庙的原始档案。相反，雷蒙德告诉我们，埃德夫的祭司和文士只是从他们所掌握的大量古代文献中提取出了他们认为较为重要的东西[14]。到公元五世纪，人们对罗马和基督教的狂热带来了古埃及文明的最后崩溃[15]。之后（从前的伊斯兰仇恨很快使情况变得越发糟糕）神庙不再得到人们的爱护，而被当地人用作储藏室、马厩和住房，人们不再崇拜古代众神。1837 年，英国探险家霍华德·维斯在参观了埃德夫之后，描述了那里的一片狼藉：

它原本是一座雄伟的建筑，但令人大跌眼镜的是，神庙里盖满了破败的小屋，神庙四周是巨大的垃圾堆，上面也盖上了一些小破屋。而布满了彩绘的象形文字的神庙内庭，竟然被土墙分隔成玉米仓库，仓库底下是庞大的地下建筑，我得从某个阿拉伯人的房子里钻进一个洞才进得去。这些地下建筑满是污垢和形形色色的污秽，却已经采用最牢固的方式修建起来。[16]

幸运的是，当埃德夫依然繁荣之时，那些能够在神庙的藏书室里看到神秘文本的祭司和文士对文本内容进行了选择和提取，并把它们深深地刻进“雄伟”而“坚固”的神庙墙体里。这样一来，不管是巧合还是精心设计，他们确保至少有这些碎片能够存活到今天，而原始的源文件——在遭受忽视和虐待的几个世纪里，要么被洗劫一空，要么被用作引燃物，要么被扔进了尼罗河——早就已经不复存在。

但由于缺乏原始情境，这些铭文片段常常令人捉摸不透。即便如此，它让我们能够一窥过去世界的奥妙和秘密，而那些源文件——如果我们有的话——也许会给我们透露更加全面的信息。

埃及的亚特兰蒂斯

著名的希腊哲学家柏拉图，把一个毁于一场可怕水灾和火灾的亚特兰蒂斯的离奇故事传给了我们。这个故事发生在梭伦时代之前 9000 年，即公元前 9600 年——考古学家普遍认为它是一个被完整地编造出来的冰河时代的失落文明的传说。有些人勉强愿意承认《蒂迈欧篇和克里底亚斯篇》所传达的信息具有某种真实性，他们的让步立场是，柏拉图的离奇故事也许是基于一次在时间上近得多的以地中海为中心的大灾难——比如在公元前两千年中期的锡拉岛（圣托里尼岛）

火山爆发。11000多年前的全球性灾难的观念，特别是认为它也许抹去了当时某个高度文明的异端想法，正受到考古学机构的极力抵制与嘲笑，当然是因为考古学家们声称他们“知道”，那个时候没有，从来就没有某个高度文明。

他们“知道”这个，并不是因为他们有任何确凿证据可以排除在上旧石器时代有类似于亚特兰蒂斯的文明的存在，而是基于一般原则，也就是根据不到两百年的“科学”考古学的结果所推算出的公认的人类文明的年代表。那个年代表眼睁睁地见证人们把我们的祖先顺利地移出旧石器时代，放进公元前9600左右的新石器时代（两者，顾名思义，石器时代文化），并从那时起，在随后的几千年里经历了农业的发展和完善——这一过程也见证了一些非常大型的永久性定居点，如公元前7500左右的土耳其的恰塔霍裕克。

直到约公元前4000年，日益成熟的经济和社会结构以及不断提高的组织能力，使人们创建了最早的巨石遗址（如戈佐的马耳他岛的吉干提加），而第一个城市国家出现在大约公元前3500年的美索不达米亚和印度河流域，之后很快出现在埃及以及世界另一边的秘鲁[17]。吉萨金字塔是巨石纪念碑，狮身人面像也是。在英伦三岛，外赫布里底群岛的卡兰尼什和英格兰西南部的埃夫伯里，都可以追溯到公元前3000年左右，并且都是真正的巨石遗址的最早例子。史前巨大石柱群的巨石阶段被认为开始于公元前2400年，并持续到公元前1800年左右。

在这个精心制定的历史悠久的年代表里，根本就容不得任何史前文明，如亚特兰蒂斯，因此，主流者们希望通过任何一切可能的手段来驳回柏拉图的“离奇”故事。这些方式包括嘲笑为这个故事设想出的“埃及”依据——特别是在《蒂迈欧篇和克里底亚斯篇》里，德尔塔的塞易斯祭司所声称的，亚特兰蒂斯及其残酷的命运在他们神庙的“神圣记录”里被描述过[18]，这些神庙可以追溯到公元前4000年末期的埃及文明开始建立之前的几千年[19]。塞易斯祭司也许给梭伦为这种“不可能”的记录提供了真凭实据，并且在时间上与柏拉图的故事不谋而合，然而，对那些拘泥于正统年代表的人来说，这种想法似乎非常荒谬——很显然，那是一个只应被忽略的史学矛盾。此外，他们还频频发出声明，在尚存的古埃及纸莎草纸和铭文里并没有发现任何有关亚特兰蒂斯的参考文献。

只有一个埃及古物学者，斯旺西的威尔士大学的已故教授约翰·格温·格里菲思（于2004年去世）有挑战共识的勇气。然而他所提出的挑战跟亚特兰蒂斯是否存在以及是否在公元前10000年被摧毁这一根本点毫无关系，而是与一个次要的观点有关，即柏拉图是否确实在他的祖先梭伦的指引下受到了真正的古埃及传统的影响[20]。奇怪的是，格里菲思这么博学的人，似乎对埃德夫文本里引人入胜的记录一无所知，它记录了一个被原始时代的水灾和火灾所摧毁的“众神”聚居的神圣岛屿——正如我们即将看到的，那是一个明摆着的亚特兰蒂斯的原型。相反，教授的关注点是在一张目前保存在莫斯科的编号为P·列宁格勒1115号的纸莎草纸上，其中包含一个有趣的散文故事，名为《遭遇海难的水手的传说》。在这个可追溯到公元前2000年与前1700年间的埃及中央王国时代的“童话”故事里，格里菲思——我认为，非常正确地——确实找到了令人信服的与柏拉图的亚特兰蒂斯相似的东西。

纸莎草纸上名为“遭遇海难的水手的传说”讲到，有一次，当他乘坐一艘大型远洋船舶航行的时候，被一个巨大的浪潮所震撼：

然后，船翻了，没有一个人留下来。我被冲到一座海岛上，独自一人待了三天……我躺在树丛的阴影里……后来我伸了伸双腿，想找点能吃的。我找到了无花果和葡萄，还有各种很好的蔬菜、西克莫无花果……还有黄瓜，像是有人照看的。鱼和家禽一应俱全。我全身都塞满了食物，不得不扔掉一些，因为抱得太多了。[21]

这个遭遇海难的水手点上火，燔祭神灵：

然后，我听到了雷鸣般的声音……树木在裂开，大地在颤抖。我把脸露出来，发现有条蛇正朝我爬过来。他有30寸（约15米或50英尺）长……他全身包金，眉毛像真正的青金石……然后，他把我含在嘴里，并把我带到他住的地方，把我放下来，没有伤害我……[22]

这条大蛇问他是如何来到岛上的，听完他的回答之后，告诉他不要害怕：

是神灵让你活下来并把你带到灵魂之岛。岛上无所不有，它充满了美好的事物……

这个传说的翻译者米里亚姆·李奇秦姆觉得“灵魂之岛”这个名字有点“奇怪”。她补充说，著名埃及古物学家艾伦·加德纳爵士把它“描述”成“幽灵岛”[23]。对灵魂的概念做出详细的论述超出了本书的范围——这种“双重性”，一个人或事物的天界或精神实质。在他或她的凡人生活中，灵魂与人类同时存在，但它是“远离坟墓的天国里的超凡力量”。事实上，在古埃及语中“死亡”这一词汇的意思是“到某人的灵魂那里去”，或是“到天国的某人的灵魂那里去”[24]。众神也被认为拥有自己的灵魂，因此，它们也都是埃及的伟大历史遗迹。这里特别相关的是，来世杜亚特之王，高大的奥西里斯神，总是被人们认为是吉萨“金字塔的灵魂”[25]：

灵魂在它的人类宿主前面进入来生，它漫步在人们身边履行它的职责，力劝人们要善良、沉着，充满荣誉感与同情心。在人类的整个人生中，灵魂是良心、守护者和向导。而死后，灵魂变得至高无上……[26]

考虑到这些，加德纳提出，“幽灵岛”与《遭遇海难的水手的传说》相关是有道理的。这名水手从古埃及中央王国的现实疆域中乘船出航，但他被抛在了“灵魂之岛”的岸边，一个鬼魂的王国——一个在真实世界里并不存在的地方，它只能以其精神实质的形式而存在。

统治着海岛的巨蛇向水手讲述着他的悲伤故事，延续着同样的主题：

我和我的兄弟们在这里，他们携儿带女。我们总共有75条蛇，都是兄弟们和孩子们，不包括通过祷告得到的一个小女儿。然后一颗星星坠落下来，他们全都葬身火海。碰巧的是，我没有和他们一起。当我发现他们变成一堆尸骨的时候，我真想为他们去死。[27]

刚好有一艘船经过，水手得救了。岛上的蛇王赠给他丰厚的礼物送他走——没药（一种药材）、油、鸦片酊、香料，“香水、眼霜，长颈鹿的尾巴、大块的香、大象的象牙、灰狗、猴、狒狒和各种珍贵的东西”[28]。水手充满了感激之情，希望带着礼物从埃及返回，但就在他上船之前，大蛇把他拉到一边，告诉他：

如果你离开了这个地方，你将不会再看到这个海岛，它将会变成水。[29]

与柏拉图的亚特兰蒂斯故事相比较，约翰·格温·格里菲思认为两者的主要联系是品种繁多的植物和动物，包括据说在这两个岛屿上都被发现过的大象。这里是柏拉图的亚特兰蒂斯：

岛上有成群结队的大象，因为这里为所有其他种类的动物，包括生活在湖泊、沼泽和河流中的，还有那些生活在山区和平原上的，以及那些最大最贪吃的动物，都提供了生存必需品，无论是现存于地球上的任何芬芳的东西，无论是根，或草，或树林，或是从水果和花朵里提炼出的香精，全都在岛上生长与繁荣；也有适合种植的水果，包括给予我们营养的干果类，以及任何其他我们当作食品的东西——我们统称它们为“脉搏”——而且，从具有坚硬外壳的水果中可以得到饮料、肉类和药膏……那时，这座神圣岛屿还沐浴着温暖的阳光。所有这一切，为这座岛屿带来了一个公平的、无限丰富的奇妙世界。大地就这样随心所欲地给它们带来福祉。[30]

此外，还有一个事实是，亚特兰蒂斯是一座圣岛，所以，它也应当是灵魂之岛，也就是海难水手被某位神灵带去的地方。但最为相似的是两者的命运，亚特兰蒂斯“被海水吞噬而消失”[31]，正如“灵魂之岛”将永远不会再为世人所见，因为它已经“变成水”。

把这些因素考虑进去，格里菲思的结论是，虽然柏拉图的故事也许“不完全出自于埃及”，但它肯定“在概念上欠了埃及一个债”[32]。这一结论相当好，但如果他已经熟悉了埃德夫建筑文本，我想他可能会更加强有力地陈述他的例证。

把一些线索放在一起

我们不再有办法去获得那些曾经保存在德尔塔的塞易斯神庙的宗教记录（柏拉图所说的包含在亚特兰蒂斯故事里的）。梭伦在大约公元前 600 年拜访过的塞易斯神庙，是献给女神奈特的。它极其古老，至少可以追溯到大约公元前 3200 年的第一王朝[33]，不幸的是，到公元 1400 年，它已经被彻底摧毁，只留下一堆垃圾和一些散落的石块，如今的遗址已经成为萨·埃尔·夏甲村的所在地[34]。而另一方面，在埃德夫，虽然原始的宗教记录也已经消失了，但是在建筑文本里保存下来的摘要似乎要告诉我们一个故事，这个故事与梭伦听说过并传给柏拉图的故事以及格里菲思的故事在本质上是相同的，尽管《遭遇海难的水手的传说》是以文学形式较为零散地表现出来的。

我们已经看到，在埃德夫文本里，原始人的故乡被描述为汪洋大海中的一座神圣岛屿，与《遭遇海难的水手的传说》里的灵魂之岛相比较，在地理环境上显然是基本相同的。更为相似的是，在建筑文本里有许多段落明确表示，统治原始人故乡的第一位原始神灵是“死亡之神，灵魂”[35]。事实上，我们读到，这个岛也被称为“灵魂的家园”[36]，而且“灵魂统治着那里”[37]——“这个居住在岛上芦苇荡里的灵魂”[38]。换句话说，埃德夫文本里的原始人的故乡正好就是灵魂之岛。如果说，格里菲思在灵魂之岛上看到了一个柏拉图的亚特兰蒂斯的原型是成立的，那么，原始人的故乡也就是一个原型。

某些并没有出现在《遭遇海难的水手的传说》里的建筑文本的细节，更加坚定了我们的比较。特别有趣的是，我们在埃德夫文本里读到了一个圆形的、被水充满的“通道”，围绕着位于原始人岛屿中心的原始神圣领域——水环的目的是要巩固和保护这片神圣领域[39]。而亚特兰蒂斯里有着同样的东西，矗立着“波塞冬”（希腊神话中的海神）神庙与宫殿的神圣领域，同样也是被水环所包围，同样也是位于一圈圈的陆地同心环的中间，同样是用于巩固和保护的目的[40]。

在三个故事里还发现了其他相似的细节。例如，柏拉图讲述的亚特兰蒂斯岛的洪水泛滥，与《遭遇海难的水手的传说》里的灵魂之岛被水淹没惊人地相似，同时也怪异地复制了埃德夫文本里的原始人家园的洪水泛滥，在文本里我们读到了一次剧变：

> 它是如此狂暴，摧毁了神圣的土地……[41]远古之水……淹没了岛屿……这座岛屿变成了一座原始圣徒们的坟墓……[42]故乡被吞没在远古之水的黑暗中[43]。

把它与柏拉图的“地震和狂暴的洪水”[44]所造成的结果比较一下：

> 在一个可怕的白天和黑夜……亚特兰蒂斯岛……被大海所吞噬，销声匿迹。[45]

有趣的是，柏拉图也暗示了摧毁亚特兰蒂斯的直接原因是地震和洪水。在《蒂迈欧篇和克里底亚斯篇》的记录中，作为这个失落文明及其消亡的前奏，他报道说，埃及祭司们向梭伦讲述这个故事的时候，是从天空的灾难开始的：

已经有并且将会有许多不同的灾难毁灭人类，大多数人是被火和水所毁灭，较少的人被无数其他方式所毁灭。你们自己（即希腊人）的故事里讲述到，太阳之子法厄同如何给他父亲的战车套上马具，却无法驾驭战车沿着父亲的路线前进，战车因此在地球上烧毁，而他自己则被一个霹雳劈死。这个故事实际上是真实事件的神话版本，表明在天体间的道路中偶然出现了某种异物以及随之而来的由着火物导致的地球上的大规模灾害。[46]

在《遭遇海难的水手的传说》里，我们发现天体灾难也扮演了一个角色。读者会记得，蛇王说在他的种族毁灭之时，“一颗星星坠落下来，燃起熊熊大火，他们葬身于火海之中”。在埃德夫文本里有着同样的不祥之物——一条大蛇，它剧烈的扭曲使得它不再是岛屿的悲悯的统治者，而是岛屿及其圣徒的致命的“敌人”[47]。为了把埃德夫文本放在更大的背景里去，让我们先重温一下的索罗亚斯德教传统里的“恶魔”：

像蛇一样从天空窜到大地……他在中午猛冲进来，天空像一只被狼吓坏的羔羊发出阵阵颤抖。他来到了覆盖着水的地面上，然后将这片土地从中间刺穿，钻了进去……他在他的杰作上横冲直撞，让正午的世界陷入了一片黑暗，正如漆黑的午夜。[48]

正如我在第七章里提出的论点，在我看来，我们在这里读到的是“基本事实的神话版本”——隐含的基本事实就是地球与一颗彗星之间发生的灾难性的偶遇。现在，让我们来看看埃德夫建筑文本中的相关段落提到的一条蛇，这条“大跳蛇”被描述为“神的首敌”[49]。正是它的袭击导致了原始人的故乡被大海吞噬，但首先是海岛之神——灵魂（这里被明确地描述为“地球之神”[50]）的双脚被大蛇“刺穿”，而且神的领域也被它劈开[51]。

这正如雷蒙德评论的：

这是一个清晰的灾难画面……它摧毁了神的土地，结果是圣徒们的死亡。这一解释与埃德夫第一记录的其他部分相符，该记录里提及了这个“团队”（一群圣徒）的死亡以及笼罩了整个原始岛屿的黑暗。[52]

多条线索似乎在这里汇聚到一起：在柏拉图的故事里，有导致地球上大面积破坏的天体之路上的异物；在《遭遇海难的水手的传说》里，杀气腾腾的流星，以及从空中窜出的具有索罗亚斯德教传统色彩的大蛇，穿透大地并让世界陷入黑暗；在埃德夫文本里的大跳蛇，它的攻击穿透了地球之神的双脚，导致圣徒们的死亡并使原始岛屿笼罩在黑暗之中。我还想起了在第三章里报道的奥吉布瓦“神话”，“几千年前曾经来到这里的拖着长尾巴的星星”——一颗被特别认定为彗星的“星星”[53]，造成了“地球上第一次洪水泛滥”[54]。

彗星和小行星的撞击不仅引发了洪水，也会向地壳施加巨大压力从而增加地震和火山活动。因此，柏拉图所做的一切——煞费苦心地用法厄同的“霹雳”来为故事做铺垫，因为它牵涉到导致亚特兰蒂斯灭亡的地震与洪水，并且仔细地将整个情节的时间设定在梭伦时代前9000年，即公元前9600年——怎么可能只是一个意外？我认为，一种真正的可能就是，所有这些传统故事都指向同一个可怕的史前时代。

正如我在前面的章节所提出的论点，这个时代就是新仙女木时期，灾难性地开始于12800年前并灾难性地结束于11600年前的大规模洪水——与发生在这两个时期的北美和北欧冰盖的崩溃相关联。我相信，大型的彗星碎片的多次撞击引发了新仙女木降温事件，这一研究结果是强有力的。结合神话里的证据，必须加以考虑的可能情况就是，正是地球与同一巨型彗星的轨道碎片流的进一步遭遇导致了新仙女木事件的结束。

有这么多的神话和传统留存于世界各地，我认为，一定曾有一个先进的文明消失在历史的长河中。

声眼之谜

考古学是不会错的，它告诉我们，在12800至11600年以前的时代里，世界上大多数国家都是由石器时代的狩猎采集人口构成，甚至还没有农业。但是，柏拉图让我们毫不怀疑亚特兰蒂斯是与众不同的。简而言之，那是一个伟大而神奇的帝国，它指挥着庞大的远洋船队，并将它的势力延伸到了非洲，远至埃及，并进入欧洲，远达意大利[55]，还到达了柏拉图所称的“对面的整个大陆”——许多人认为他指的是美国[56]——它“围绕着那片名副其实的海洋”[57]。亚特兰蒂斯是一个已经充分发展的城邦，从成熟与繁荣的农业经济里获取财富，并拥有先进的冶金和复杂的建筑工程作品，一切都通过无比丰富的自然资源而不断得到增强：

地球把最美好的祝福随意地馈赠给他们；与此同时，他们不停地建设着他们的寺庙、宫殿、港口和码头。他们按下面的方式安排着整个国家：首先，他们在围绕着古老都市的海域上架起大桥，修建往返皇宫的道路……代代不停地装饰着这座宫殿……直到把它建成一个令人叹为观止的奇迹。

他们从海边开挖出一条三百英尺宽、一百英尺深和五十视距尺长的运河，通过这条运河将货物运送到极远的地区。这条运河成为从海上直达这里的通道，并留下一个巨大的开口足以使最大的船舶找到入口。此外，他们在建有桥梁的地方将陆地分开，为三列桨座战船在各个地区间的通行留出余地，他们将这些通道覆盖起来，以便在下面为船舶留下一条水路，因为海岸远远高于水面。

最大的地区有三个体育场那么大，有条通道与大海相连，还有相邻的大小一样的那个地区也是。但相邻的两个地区，同一片水域上另一片陆地，有两个场馆那么大，围绕着中心岛的其中一个地区只有一个体育场的宽度。宫殿所在的岛屿有五个体育馆的直径。整个区域，包括陆地以及宽度只有体育场的六分之一的桥梁，四周全都被石墙所包围，在桥梁上搭建有塔楼和城门让海水流进来。

这些开采出来的石头来自于中心岛的地底下以及周边地区。石头有白色、黑色和红色三种颜色，他们在采挖的同时挖空了地基，形成了天然的岩石顶盖。有些建筑物颜色很单一，但有些建筑物是由五颜六色的石头堆砌在一起的，变幻的颜色令人赏心悦目。他们给最外圈的围墙涂上了一层黄铜，给第二圈围墙涂上了一层锡，而包围着城堡的第三圈围墙则闪烁着山铜的红色光芒。[58]

如今没有人确切地知道亚特兰蒂斯传说中的山铜到底是一种什么金属，因为柏拉图告诉我们，在他的时代它只是“徒有其名”地存在着[59]，但它为亚特兰蒂斯增添了一道技术掌握的光环，这道光环依然围绕着传说中的失落文明。

埃德夫文本描述的原始人的故乡，也同样具有航海导航、先进的农业和大型建筑工程作品这些显著特征。我们已经勾画出其运河的环形系统，而亚特兰蒂斯的宏伟寺庙也是如此。例如，我们读到一个小教堂，“测量大小为 90 乘以 20 腕尺”（约 45 乘以 10 米甚至 150 乘以 35 英尺）：

在它前面是一个 90 乘以 90 腕尺的大前院……然后是一个 50 乘以 30 肘的大厅……在第一个柱式大厅的前面，还有另一个 20 乘以 30 肘的大厅以及两个连续的大厅，每个大厅是 45 乘以 20 肘。[60]

据描述，有一面围墙由西向东为 300 腕尺（约 150 米或 500 英尺），从北到南为 400 肘。围墙里有一座庙宇，那是“神的大厦”，里面的至圣所从东到西为 90 肘[61]。

我们还读到了第三面同样规模宏大的围墙，大小为 400 乘以 300 腕尺。它也包含了至圣所，自西向东 90 肘，从北到南 20 肘，分为三个房间，每个房间为 30 乘以 20 肘[62]。

在埃德夫文本的一段摘要里，出现了在远古人的故乡里有高科技应用的最强有力的暗示。它描述了在一条叫作“大跳蛇”的天空之“蛇”“刺穿”了神的土地并“劈开”了神的领域之后，岛屿遭受了灾难性的灭亡。然后我们读到——最神秘之处——“声眼掉落了”[63]。

“而提到声眼……似乎有些奇怪。”雷蒙德承认。但她解释说，虽然文本在这一点上有些晦涩，它似乎是：

照亮岛屿的光的中心的名称。[64]

简单地说，我们设想了某种人工照明系统，它照亮了神的远古岛屿。除此之外：

所有这一切，看上去似乎暗示着一场造成声眼掉落的灾难，其结果是黑暗将神的领域彻底湮没。[65]

诸神航行……

灾难袭击了亚特兰蒂斯之后发生了什么？有没有幸存者？如果有，他们用自身的先进知识又做了什么？

柏拉图的《蒂迈欧篇和克里底亚斯篇》没有给这些问题提供答案，但埃德夫神庙建筑文本说得很清楚，在那场远古人的故乡的灾难中有幸存者——当神圣的岛屿被洪水淹没之时，“众神团队”已经逃到了海上。灾难过后，他们乘船回到神圣的岛屿原来所在的地方，但是：

只看见一片飘荡在水面上的芦苇。[66]

那里也有大量的泥土[67]，这个场景让人想起柏拉图对洪水过后的亚特兰蒂斯周围的描述：

由于受到水下泥浆即沉没岛屿的残骸的阻碍，那片海域无法继续通航。[68]

在原始人的故乡的故事里，似乎仍然有足够大的沉没岛屿接近于水面，以至于幸存者试图努力从海里找回一些土地——埃德夫文本里所提到的这种努力是指“创建偿还的土地”，其中“偿还的土地”这一词显然是指从海洋里收回的土地[69]。因此，我们读到了“谢布提伍背诵神圣的咒语，水逐渐从岛屿的边缘退却，而偿还的土地真正地出现在人们眼前”[70]，文本接着描述：

一个过程……一小块一小块的土地渐渐地浮现出来……[71]这些土地的创建……事实上，神圣的领域是曾经存在过但已消失的土地的复活与归还……[72]最终，更多偿还的土地显现出来，为曾经的故乡带来了新生命[73]。

然而，尽管做了很多努力，事实仍然是，灾难彻底破坏了原始的岛屿，再多的修复也不可能恢复其昔日的辉煌。幸存者唯一的解决办法就是，试图在尚未严重受灾的其他地区进行重建。一项伟大工程由此开启，它创造了我们今天的世界。埃德夫文本所说的解释了雷蒙德的观点：

众神离开了那片原始的偿还土地……[74]他们……航行到原始世界的另一边……[75]（并且）远航经过……原始时代的土地……[76]他们在某个地方安顿下来，建立了新的神的领域[77]。

总之，他们的使命是重新传播失落的文明与信仰。正如雷蒙德所说的那样，这个“原始时代的第二个纪元”见证了“幸存于历史长河中神的领域的发展”[78]。

像孩子一样重来

埃德夫文本间接提到了开启文明工程的“众神团队”的“漫游”[79]。他们的领袖是猎鹰之神何露斯（古埃及太阳神），很久以后的埃德夫的神庙就是被奉献给这位神明，如今也被奉献给智慧之神透特[80]。伴随在荷露斯和透特身边的是神灵谢布提伍和一群专门负责“创造”的神灵[81]，还有负责“实际的建设工作”的“建造者之神”[82]，以及“古希腊七贤”[83]。从我们在第三章里探讨的美索不达米亚传统里的阿普卡勒斯来看，这是件有趣的事情。涉及的似乎不仅仅是巧合。

读者会记得，阿普卡勒斯经常被描绘成杂交的动物，在外观上一半是猛禽，一半是人。同样，在埃德夫文本里七贤被描述为能够模仿“猎鹰的体形”并且“像猎鹰”的原始神[84]。

此外，正如阿普卡勒斯一样，埃德夫文本里的七贤（在别处的古埃及铭文里没有提到过）是神灵中的魔术师。他们是可以预知未来的先知[85]，他们能够——给地球物质“赋予力量”[86]——一种由“造物主来完成的创造过程”[87]，雷蒙德指出，“没有等同的东西”[88]。此外，他们被认为有能力“放大物体”，从而提供神奇的防卫力量[89]。关于这一点，雷蒙德从被她描述为“异常晦涩”的文字里找到的最有意义的东西是，防卫是由符号构成的，神奇的防卫力量的赋予是通过提供多个名字来实现的[90]。

阿普卡勒斯将他们的魔法与实用技能融会贯通——比如铺设城市和神庙的地基。同样，埃德夫文本里的七贤也有自己实用的建筑方面的能力，许多段落证明他们在建筑物的放样和构建以及地基铺设方面都有涉及[91]。此外，埃及人认为，“历史悠久的神庙的地面设计是原始时代的先贤透露给透特的”[92]。

这暗示了七贤与透特之间的特殊联系，同样，阿普卡勒斯与美索不达米亚的智慧之神恩基是有联系的。然而，在美索不达米亚铭文里，恩基明显优于七贤——事实上，他是他们的制造者。但奇怪的是，在埃德夫文本里，七贤的知识似乎被认为是优于智慧之神透特的。事实上，埃德夫的传统认为，提取文本的原始记录和档案完全是七贤口述给透特的话语，那时透特曾经委托他们写下来[93]。文本还进一步揭示，神话时代的七贤被认为是“唯一知道神庙和圣地是如何被创造出来的圣人”[94]，他们自己就是知识的创造者[95]，而且这些知识后来只能传承而不能再造。与此相同的是，在美索不达米亚的观念里，从远古的阿普卡勒斯时代以来，再没有出现任何新的发明——原始启示只是在后来的时代里被传播并展现。

因此，无需多说，在我看来，古代美索不达米亚的楔形文字铭文如此强烈地传达出了一个在全球性灾难过后旨在恢复并重新传播上古知识的规划。这一规划，恰好正是埃德夫文本里陈述的规划，它与柏拉图所述的亚特兰蒂斯文明具有离奇和惊人的相似之处。

更重要的是，埃德夫文本还邀请我们去考虑失落文明的幸存者的可能性，把他们作为“神”，但他们显然是人——尽管有神秘的“力量”——洪水过后开始“漫游”世界。曾意外地“幸免于难”的——那些“无知与蒙昧的”，柏拉图如此雄辩地在他的《蒂迈欧篇和克里底亚斯篇》里提到的——只有狩猎采集人群以及山区和沙漠的居民[96]。但这些文明人玩弄了这最后的希望，如果他们的使命获得成功，人类也许不必“像孩子一样重来，全然不管之前发生过的事情”。

美索不达米亚铭文和哥贝克力石阵的证据说明，古亚美尼亚和土耳其东部山区的土地是一片原始荒野，洪水过后这批文明人曾经路过那里。但埃德夫的证言是，他们也来到了尼罗河，它流经埃及的沙漠，静静地流淌在肥沃的山谷里。

此外，这个建筑文本说得很清楚，他们首先来到了埃及的哪个地区——不是埃德夫，我们将在下一章中看到。

第十章
七贤修道院

我们已经看到，柏拉图在《蒂迈欧篇和克里底亚斯篇》中如何谈及发生在梭伦时代之前9000年，即公元前9600年的事件（在古埃及神庙记录里描述的）。柏拉图并不只是在《蒂迈欧篇和克里底亚斯篇》里暗示了这样庞大的古代遗迹。例如，在他的《法律篇》里，他说到古埃及人：

> 如果你审视一下他们留在古迹上的艺术，你会发现，一万年前（我并不是大概地讲，我确指一万），绘画和浮雕制作跟今天相比是不相上下的。[1]

有趣的是，这位希腊哲学家特别强调，这个“一万年前”他不是大概地讲，而是确切地说。但是应该说，我们现在生活在一个更加科学的年代，受益于客观的年代测定技术，那么，我们会从那样的年代表里得到些什么呢？

柏拉图出生于公元前428年，所以他提到的“一万年”前这一时间，解释为我们日历上的公元前10400年左右，跟我在《上帝的指纹》里所提出的公元前10450年仅有一步之遥，那是古老的乍帕泰比时代——“第一时间”——古埃及人相信，那时的众神在地球上游走，尼罗河流域文明真正地开始了[2]。

我所提出的这个时间，基于《猎户座之谜》一书里的研究成果。该书是我的朋友罗伯特·包维尔在1994年对世界著名的埃及吉萨金字塔进行的天文方面的开拓性研究成果[3]。这一时间，在1996年得到了《创世记的守护者》(在美国标题为《斯芬克斯的消息》)的其中两位合著者的进一步发展。简单地说，这一时间来源于吉萨高原上主要古迹的极其精确的布局以及这些古迹与天空中某些恒星的关系。有关详情，请读者参阅《上帝的指纹》和《创世记的守护者》两本书，书中对这一问题进行了深入的探讨。问题的核心在于，天上恒星的位置并不是固定不变的，而是在一个相当长的周期里非常缓慢地发生着变

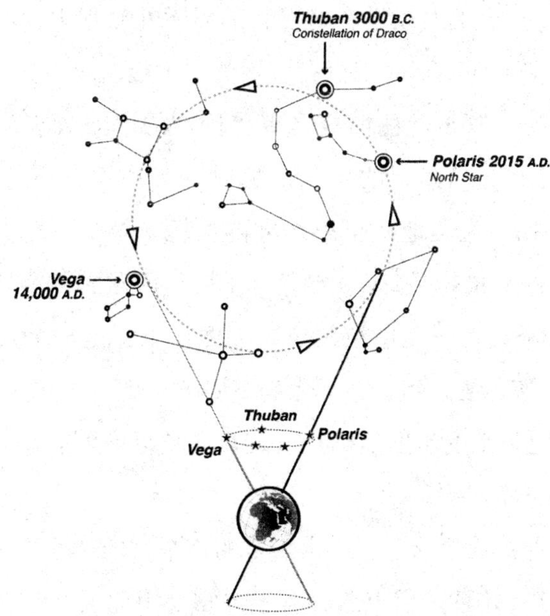

图33 岁差效应在经过相当长的一段时期之后将会改变北极星位置

化——天文学家们所说的岁差周期——25920年的一段时期里的演变。

这个周期是地球本身自转的结果，由于地球自转轴按每72年展开1度的速度缓慢地循环摆动，地球作为我们观察星星的观景平台，这些方向上的变化必然影响从地球上观看到的所有星星的位置和升起的时间。

例如我们的北极星，看上去像是周围的天空在绕着它旋转，其实是由于地球的自转轴向着它延伸，通过地理上的北极直接指向它。目前它是北极星（小熊座 σ，在小熊座的星座），但岁差效应会在一段很长的时间里缓慢改变北极星的位置。因此，公元前3000年左右，就在埃及金字塔时代开始之前，北极星还是天龙星座里的紫微右垣（天龙星座阿尔法）。在希腊的时候，它是小熊座贝它。在公元14000年，它将是织女星[5]。有的时候，在这漫长的周期性旅程中，地球的北极延伸轴会指向真空空间，那时就没有有用的“北极星”。

最富戏剧性、真正美丽而极具审美价值的岁差效应，是在三月春分日的地平线上所观察到的星空，那时白天和黑夜一样长，太阳在十二星座的衬托下完美地从正东方冉冉升起。岁差的变动速率在地球两极处是相同的，也就是每72年只有1度，因此它不容易被观察到，更不用说在一个人的一生中被测定到。但如果你是一个长期保持认真记录的人，你将会注意到，在那个特殊的日子里（标志着北半球春天的开始），黄道带上的星座的确是一直在非常缓慢地沿着地平线移动，直到最终被下一个星座取代。

从广义上讲，太阳花在黄道十二宫的每个宫的时间是2160年（72年乘以30度），并且黄道上总共有十二宫，因此天文学上的“大年”（等于25800年）——一个全岁差周期——每12×2160年展开一次，即 25920 年，到那时这个周期又回到了它的起点，新一轮“大年”重新开始。所有喜欢查看星相的人都明白，经过黄道十二宫的太阳每年大约要在每个星座分别停留一个月的时间，依次从水瓶座到双鱼座，再到白羊座、金牛座、双子座、巨蟹座，然后是狮子座等等。但是太阳在穿越“大年”的缓慢而庄严的岁差路途上却是一种逆向运动，恰好以相反的方向展开——狮子座→巨蟹座→双子座→金牛座→白羊座→双鱼座→水瓶座——每个“月”是 2160 年。

这里给出一些具体的例子，早期的基督徒把鱼作为他们的标志并不是一种偶然，而是因为从基督纪元（即公元年）的起点直到今天，太阳会在春分日停留在双鱼座。同样，那首著名的歌曲并非在误唱“我们生活在水瓶座时代的曙光里”，因为在占星学上，二十一世纪早期是站在“双鱼时代”即将结束时的无人之地上，也就是水瓶座“新时代”的门槛面前。回到双鱼座时代之前，我们来到白羊座时代（公元前 2330 年—前 170 年），那时的古埃及，公羊是占主导地位的象征性图案（例如，卢克索的卡纳克神庙里的公羊头斯芬克斯），而在那之前的金牛时代（公元前 4490—前 2330 年），阿匹斯神牛的崇拜最早始于第一王朝，或许更早。

虽然不同的占星师和天文学家可能会选择把星座边界在某个方向上移动几度（就会相差一个或两个世纪），但总体年代是很好理解的，因此上述时间已经充分接近事实。我们已经很容易做到用现代计算机程序模拟古代天空，我们就把时间再往后推，最终来到狮子座时代，那时太阳在春分时被安置在狮子座里。在占星学上，这个星座时代跨越了公元前 10970 年和公元前 8810 年之间的时期——再说一次，虽然根据星座边界的不同设置，日期可能会被推迟或提前几个世纪。但

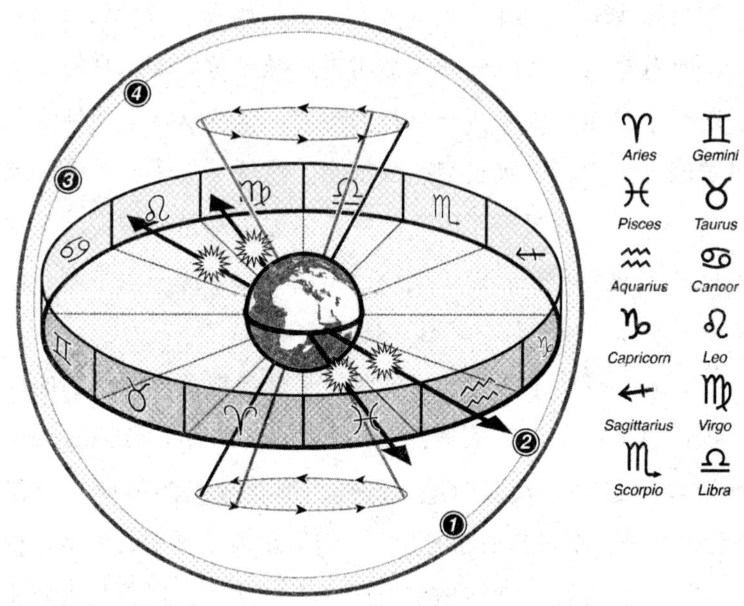

图 34　在过去 2000 多年来，春分时的太阳一直都在双鱼座（1），从而定义了占星学上的“双鱼座时代”，但由于岁差效应，它会在适当的时候转移到水瓶座（2），导致“水瓶座时代”的开始。与此同时，标志着秋分的星座将从处女座（4）转移到狮子座（3）

有一点很清楚，即使边界上有一点点变动，狮子座的年代几乎把新仙女木期（公元前 10800 年至公元前 9600 年）完全框在里面，对这一点，当我在写《上帝的指纹》一书时，我并不知情。当然，狮子座时代，正是我在此书里标明的被古埃及人称为乍帕泰比的“第一时间”最有可能的候选者。

请读者参阅我的《上帝的指纹》和《创世记的守护者》，以及我后来的书《天堂的镜子》，从中可以获得对天文事实的更详细的讨论[6]及其背后的思考。然而争论的本质是，一个古老的分布于全球的法则——“上行下效”，即刻意地在地上创造某些纪念碑去复制天上某些重要星座的分布模式。由于岁差效应，所有星星的位置都在缓慢而连续地发生改变，因此有可能对纪念碑使用了某种特定的与天体对齐的立体基阵，以推断它们所代表的时间——即天上的星星最终到达地面上的纪念碑所展示的位置的时间。

吉萨高原包含了世界上最引人注目的与天体对齐的纪念碑阵列，为清楚起见，我要强调，这些阵列跟指南针的方向一点关系都没有。指南针指示的“北”是地球的磁北，它离真正的北方可以偏离 10 度以上，并且会随着地核磁场的变化而持续飘移。真正的北方是地球的地理北极，换句话说，就是地球自转轴的中轴线，并由此衍生出真正的南方、东方和西方。

因此，值得注意的是，大斯芬克斯的目光完全对准真正的东方，而三座大金字塔则以不可思议的精确度对准真正的南方和北方——实际上，对大金字塔来讲，误差仅为一度的六十分之三。

这告诉我们，所有这些纪念碑都开始于天文学的运用，因为不可能通过任何其他方式来实现这样的精确度。换句话说，即使还没有出现其他的天文特征，但单纯从精准度来讲，我们也不得不说，曾经有天文学家在这里工作过。事实上，还有很多其他的天文特征——不仅存在于古迹本身，而且存在于古埃及的经文里，例如《金字塔文本》——对于这些东西，我希望能避免不必要的重复，所以我再次建议读者参阅我以前的书籍。

然而，这件事的核心涉及两个星座——狮子座，在公元前 10500 年的时代里，在春分时的黎明时分，从正东方升到太阳之上；还有猎户座，被古埃及人视为奥西里斯神的天体形象，他是统治着被称为杜亚特的来世王国的死者神王。正如我们在第九章看到的，奥西里斯

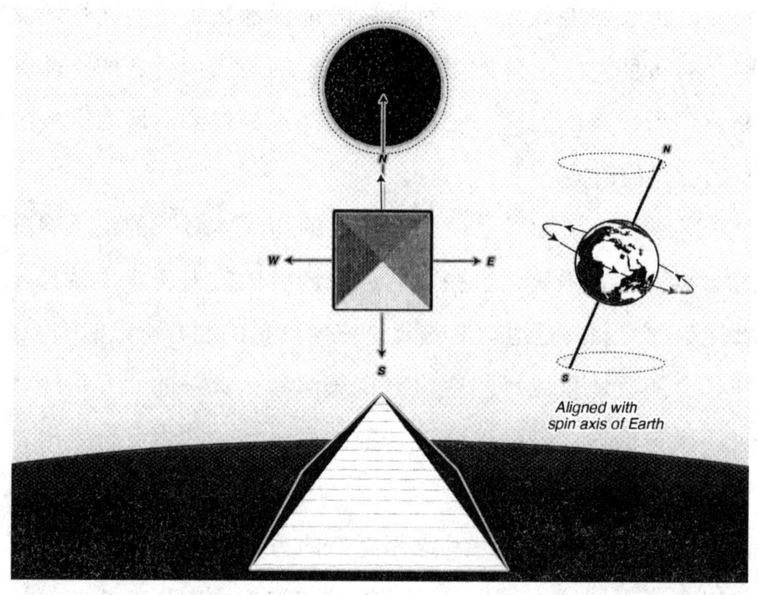

图 35　大金字塔对准的方向与真正的北方仅有一度的六十分之三的偏离

也在某种程度上被认为是灵魂——吉萨金字塔的“另一面”，或精神实质。

我不会用各种冗长的证词来烦扰读者，因为它们已经在我的前几部书里被充分地陈述、记录并附上参考文献，但是在公元前 10500 年的吉萨，发生了一种不可思议的天与地的“锁定”。在《上帝的指纹》一书里，我选取了公元前 10450 年之后五十年这一时间，但这样的小细节并不是很显眼，因为恒星的变化是如此之慢，即使是在一个单独的星座年代里，同一个通用模式可以适用好几个世纪。事实上，可以肯定地说，吉萨的天与地的锁定，在公元前 10800 年到公元前 9600 年的新仙女木事件的大部分时间里（如果不是全部时间）一直保持

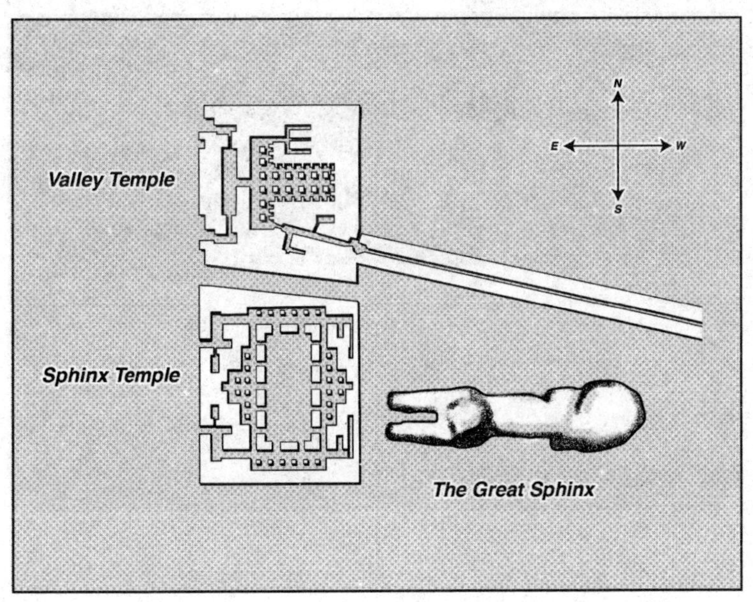

图 36　斯芬克斯的目光完全对准真正的东方

不变。

因此，“第一时间”的时代就是新仙女木时代，为便于参考，我会继续把它指定在公元前 10500 年。那是远北方地区的冷冻时期——尤其是在北美和北欧——有迹象表明，埃及的气候比今天更加舒适有益，更加湿润，而且土地更加肥沃。这并不是说，埃及完全幸免于新仙女木灾难——我们将会看到的，曾有强劲的、毁灭性的尼罗河洪水——但与世界上其他许多地方相比，它脱颖而出成了一个温馨的避风港。

回到公元前 10500 年的时代里吉萨的天与地锁定的事情上来，让我们首先考虑我们所说的大斯芬克斯，这座狮身（而且很有可能曾

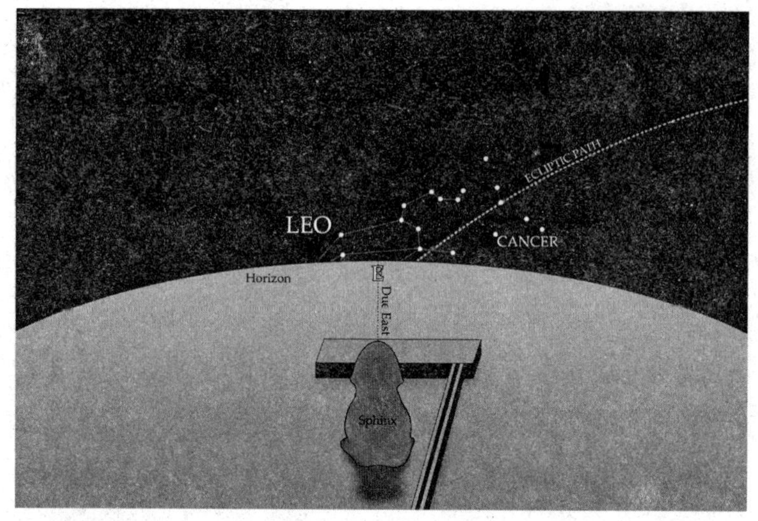

图 37　在公元前 10500 年春分的早晨，日出前大约一个小时，在曙光中看向东方，我们看到腹部位于地平线上的狮子座星座，与斯芬克斯的目光在一条直线上

经是狮头）纪念碑完美地面向正东方。在春分时，它不仅注视着初升的太阳，而且注视着容纳太阳的星座。因此，今天这座纪念碑注视着双鱼座和水瓶座之间的尖端。在卡纳克神庙的建设时期，它盯着白羊座，而在古王国时期，据说是小斯芬克斯的建造时期，它盯着金牛座，公牛的星座——显然不是天空与大地的一个完美的匹配。

事实上，在过去的 25920 年来，只有在一个时代里，斯芬克斯在春分黎明前望着自己的天体搭档——狮子座，那就是公元前 10500 年的时代。

还有更多例子。在同一时期，就在太阳平分正东方地平线之时，猎户座的三颗带星躺在正南方经线上——它们的分布模式非常精确地匹配了地面上的三座大金字塔的布局，从而使奥西里斯／猎户座的崇

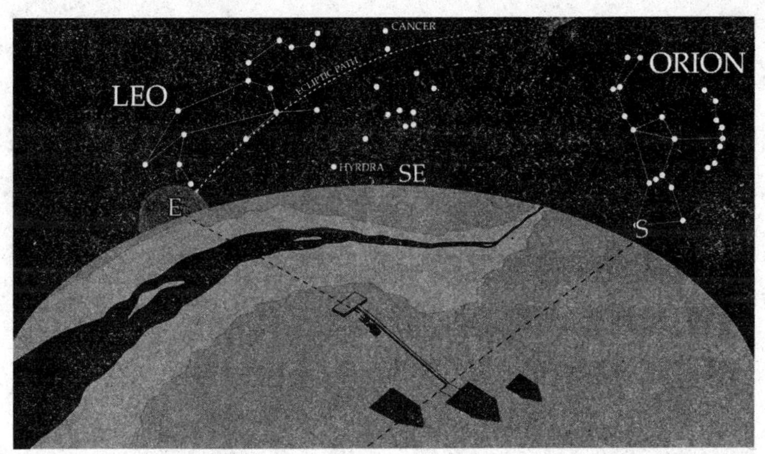

图 38 在公元前 10500 年时代的春分，就在太阳平分正东方的地平线之时，猎户座的三颗带星躺在正南方经线上——这一图案非常精确地匹配了三个大金字塔在地面上的图案

高形象成为金字塔的灵魂或“另一面”。

罗伯特·包维尔在他 1994 年出版的《猎户座之谜》中，给全球读者提出了猎户座的这一相关性，而且我在《上帝的指纹》里以及罗伯特和我共同在《创世记的守护者》里对该问题也做了进一步的阐述。在这之后，这一相关性假设遭到洛杉矶格里菲斯天文台的主流考古天文学家埃德·克虏伯的严厉批评。

克虏伯宣称，这种相关性是“位置颠倒”的，从天空视曲率来讲这个论点是一种诡辩。因为，天空视曲率意味着，猎户座腰带上的最高的三颗星星（根据猎户座相关性论点，它们匹配于最南端的三座金字塔），其实是最北端的星星。我们能够证明，如果用一种让克虏伯满意的、按照现代天文学惯例的方式来铺设金字塔，这种方式也许从技术上讲是“正确的”，那么，确实不会在天空与地面之间立刻产生出令人愉快的视觉上的相似。但如果我们采用另一种方式，绕开二十一世纪的天文惯例（北方为“上”），并简单地在地面上进行模拟——不如说作为一个艺术家或雕刻家——在公元前 10500 年的时代里，在春分时黎明的天空中会看到什么，那么，结果正如罗伯特·包维尔一直声称的，三大金字塔和猎户座腰带的三颗星星之间确实呈现出一个非常不错的匹配（更多的细节，请参见附录，猎户座相关性没有倒置）。

此外，这种匹配的显著特征是它与斯芬克斯／狮子座的锁定。应当再次强调这一点。在公元前 10500 年的时代里，在春分时黎明的日出前一小时向东看，我们看到腹部躺在地平线上的狮子座，与斯芬克斯的目光在一条直线上。这里还有一个不可错过的天空与地面的关联——在这一刻看到的狮子座的轮廓，确实酷似狮子般的斯芬克斯的轮廓。

地球自转时，星星和太阳随之升起，阳光洒满天空，在适当的时候——大约一个小时后——太阳精确地在正东方平分地平线，又正好与斯芬克斯的视线成一直线。就在这一时刻，猎户座腰带上的三颗星星跌落到正南方经线上正中的位置。这是经过现代天文软件完全确认过的，任何具备天体运动专业知识的人应当完全知道这一点，而像这样的人应该在公元前 10500 年的时代里在吉萨出现过。事实上，人们几乎可以感受到天空里有沉重的齿轮正在工作，就像一个巨大的时钟：时针是斯芬克斯与狮子座的关联，分针是金字塔与猎户座的腰带的关联，两者合力明白无误地指向公元前 10500 年的时代。我早就提出过的这一时代，即神秘的古埃及“第一时间”，但我现在明白，这一时代对于改变世界的新仙女木灾难非常重要。

用恒星来注明时间

利用天空里的恒星组合和地面上的大规模建筑物来象征性地指向重要的历史时刻，是古人普遍追求的一种实践活动，在1998年出版的我的《天堂的镜子》里对此有广泛的记录[7]。事实上，这样的天与地互相映衬的例子一旦被人们正确地理解，往往给考古调查带来新的曙光。例如，在2014年，马其顿共和国的一座古墓被古生菌声学分析认定为人造建筑。古墓的尺寸为85米乘以45米，是非常精确的南北导向。其顶部是一个巨大的土方工程，被放置在一个椭圆形沟槽里，已经被里雅斯特大学的研究人员确定为代表仙后座，因为仙后座在公元前356年7月21日黎明时出现在那里，那一天是著名的马其顿统治者亚历山大大帝的生日。研究人员得出结论：

> 仙后座，正好位于北方，并高悬在地质印痕的上空，在地球上形成了一幅完美的天空画面。[8]

这种天地相映的例子不仅局限在古代社会。较近的例子就是美国的胡佛水坝。在高耸的奉献纪念碑的底座，黑色闪长岩底座支撑着两个巨大而壮观的带翅膀的人物——他们让人想起美索不达米亚和古埃及神灵——雕塑家奥斯卡·汉森创造了一个壮观的带有内置星图的水磨石基底。美国内政部垦务局这样描述这件作品及其目的：

> 此星图为后人保存着罗斯福总统奉献胡佛水坝的日期，1935年9月30日……
>
> 在这张天体图里，太阳系的天体被放置得如此准确，以至于那些

精通天文学的人都可以计算出大约在未来14000年里的北极星的岁差。反之，如果没有其他手段可用，后人可以根据这块纪念碑来确定胡佛水坝被奉献的确切日期。[9]

汉森明确地把大坝与大金字塔相比较，把它作为“围绕着一个共同需求或理想的集体智慧的纪念碑”[10]，也把十二生肖纳入到他的设计里[11]。他说，这些元素都作为线索和指针放置在那里，由此“世世代代的有智慧的人”将能够识别“这座奉献大坝的天文时间”[12]。

胡佛水坝及其纪念性雕塑恰好完成于同一年，1935年。同样，古人也可以使用标志性建筑和天文阵列为过去的任何重要时刻做出永久性声明。建于我们这个时代的十二、十三世纪的欧洲伟大的哥特式教堂就是如此，只是它们的每一个象征性的细节以及内置于石头和彩色玻璃上的神圣的天文标识[13]，都指示了更早的时期——特别是到基督时期与旧约族长时期。

从纯天文的角度来看，关于在吉萨纪念碑上所付出的巨大努力和奋斗，我们可以说，金字塔和斯芬克斯的地面规划清楚地表明了公元前10500的时代。但是，看过我以前的书的读者都知道，这些纪念碑还包含了某些特征，如倾斜向上穿过大金字塔主体的四条狭窄的坑道，在公元前2500年的时代里（埃及古物学家认为的金字塔的建造时间）对准着几颗显著的恒星[14]。

换句话说，这两个时代都被象征性地标记下来——被公元前2500年的坑道和公元前10500的地面规划。

长盛不衰的七贤狂热信徒

我从上面推导出的假设是，吉萨是全世界几个特别的遗址之一——

哥贝克力石阵是另一个——在新仙女木事件开始时的全球性灾难中，这些遗址都是几乎被毁灭的伟大的史前文明的幸存者选择定居下来的地方，也是他们的先贤为实现“众神的前世界的复活……为重新创建已被摧毁的世界”而发起的一个长期计划……[15] 也许他们觉得自身的文明犯了一些可怕的错误，导致上天用新仙女木彗星来惩罚他们，因此，如果毫不犹豫地重塑已被破坏的世界，也许是不明智的或是对上天的不恭。而实际上，事实也许证明了他们无法做到这一点。虽然与当时世界许多地方突然陷入深冻之中相比，这里的气候条件很有吸引力，但尼罗河谷像许多其他地方一样，在新仙女木事件开始和结束时都确确实实地经历了灾难性事件。这些事件包括极端河水泛滥，即所谓的“野性尼罗河”，在公元前 10500 年的时代曾泛滥过多次，直到大约公元前 9000 年才恢复到较平静且较可预测的状况 [16]。

吉萨位于地势较高的地方，远远高于谷底，没有任何迹象表明它本身曾受到那些洪水的不断冲刷，因此，对于那些已经在埃及建立了基地并且已经着手建筑项目的工作，而且也许关注于高原本身的某些自然特征的幸存者来讲，它是一个不错的选择。在这些自然特征中，我想特别提请注意的是一座三十多英尺高的小石山——我们将看到，被埃德夫文本描述为“巨大的原始土堆”的一个完美的候选者——在很久以后将会被合并到大金字塔的主体里去。

我设想，一个坑道曾经被挖进这座小山并深入到基岩下方，以创建一个暂时定名为“地下室”的矩形空腔——今天仍然只能通过同样的 300 英尺长的坑道（现被称为“下行通道”）才能到达，该坑道以 26 度角深入地下。在我看来，这可能是在那个时候创建的几个地下腔体之一，而其他几个——要大得多——仍在等待着被人们发现。

同样，那些远道而来并参观了公元前 10500 年的时代里的原始吉萨的旅行者，应当也看见了一个山顶或石岭（技术术语，这种地貌特征就是“雅丹地貌”），它向山坡下突出，有可能被盛极一时的狂风雕刻成狮子头的形状。它面向东方俯瞰着尼罗河谷，将在适当的时候被大规模地发掘并雕琢从而形成大斯芬克斯。在公元前 10500 年的时代里，很可能已经做了一些实质性的工作，斯芬克斯的核心主体的前部至少四分之一已经从周围基石中分离开来。不过，自从我写《上帝的指纹》以来，我的看法就没有改变过，我认为这个项目的大部分工作与金字塔本身的工作一样，都是后来完成的，并最终完成于公元前 2500 年的时代。在那时，原本也许已经受到严重侵蚀的斯芬克斯的狮子头，被重新雕刻成如今看到的不成比例的小人头。我的假设是，虔诚的七贤“狂热信徒”，也许就住在像修道院的那种地方——让我们把它叫作七贤寺——参与到了两个主要阶段的工作以及两个阶段之间在吉萨展开的一切工作之中。正如我在 1995 年写到的，这一假设解决了两个时代之间的异常“失踪”的 8000 年：

> 如果假设（大金字塔的）这些对准恒星的坑道只不过是那些狂热信徒的后期工作（他们在公元前 10450 年首次展开了吉萨地面规划），那么自然，这一假设也设想，正是这些狂热信徒在失踪的 8000 年行将结束之际，点燃了突现的、“完全成形”的文化之火并实现了埃及王朝的历史文明。[17]

利用光线来测定年代

自从《上帝的指纹》出版以后，我对吉萨的奥秘反思了多年。我仍然认为，第四王朝法老的作用是，最后实现一个在公元前10500年的时代里就被首次带到埃及的古老计划。但是，吉萨高原的地下部分和斯芬克斯的最早工作，实际上可能要追溯到公元前10500年的时代。由于在纪念碑的两侧及其周围的沟槽区域显示出特别的气候模式——在波士顿大学的地质学教授罗伯特·肖赫的分析中重点强调的——第一个斯芬克斯确实看起来在冰河时代末期埃及的漫长雨季就已经存在[18]，甚至早在“野性尼罗河”时期。

我一直坚信地质学证据所说的：斯芬克斯确实以某种形式存在于公元前10500的时代。但是在公元前10500年和公元前2500年之间有一个灰色地带，这涉及高原上的巨石神庙，特别是斯芬克斯神庙（斯芬克斯本体的正前方，即东面）和紧邻斯芬克斯的东南面的河谷神庙。这两者大部分都是采用从斯芬克斯主体周围挖掘出来的石灰岩建造而成的，但很多时候，石灰石块均以花岗岩贴面。这些构造的正统考古年代（包括它们的石灰石和花岗岩成分）要追溯到古王国——尤其是第四王朝，约公元前2613年至前2494年[19]——即公元前2500年的时代。

当我在写《上帝的指纹》之时，我愿意接受它们可能要追溯到公元前10500年的时代这一可能性。我至今依然如此，但最近的证据要求进行一些审慎的思考，因为一种先进的叫作表面释光测年（测量存储在石头里的光能）的科学技术已被应用到这些神庙上。这种在物体的表面进行测定的技术，似乎相当确凿地排除了今天我们所看到的神庙是创建于公元前10500的时代的任何可能性[20]。

我说的“在物体的表面”，是因为新技术存在一定的问题，这就意味着从中得出任何结论必须经过慎重考虑。最值得注意的是，研究者自己也承认，表面释光测年依赖于被测样品自从被安置在建筑物里以后从未暴露于日光之下。如果已经被曝光，即使“只有几分钟的持续时间——例如，如果采样区域在没有顶棚遮盖的情况下进行过任何返工——那么”“潜在的光被释放……信号归零或接近零”，并因此产生一个反映最近返工时间的信号，而不是该建筑物的原始建造时间[21]。

吉萨表面光断代研究，是由核物理学家扬尼斯·利里特兹教授及其同事阿西米纳·凡法斗进行的，他们是爱琴海大学考古实验室的同事。他们在 2015 年的《文化遗产》杂志上报道了详细的研究结果[22]。由 4 号样品（河谷神庙的石灰岩）和 6 号样品（斯芬克斯神庙的花岗岩）提供的最终分析结果显示，至少其中一些取样构造确实已经被返工，其潜在的冷发光已经归零，时钟在返工时被重置。前一个样品产生了一个非常年轻的表面发光时间即公元前 1050 年（前后 540 年），而后者则产生了公元前 1190 年（前后 340 年）这一表面发光时间[23]。这些时间有效地追溯到古埃及新王国时期（第十八王朝及其后），而我们有坚实的考古和碑文证据表明，斯芬克斯神庙和河谷神庙到新王国时代已经非常古老。

既然如此，由该项研究产生的其他时间也必须谨慎对待，当然不能被视为庙宇建造之日的确凿证据——尤其是在 3 号样品（河谷神庙的花岗岩）以及 7 号和 8 号样品（都是斯芬克斯神庙的花岗岩）这样的情况下。它们产生出来的表面发光日期，分别是公元前 3060 年（前后 470 年）、公元前 2740 年（前后 640 年），以及公元前 3100 年（前后 540 年）[24]。这些时间与古王国时期大致相符——尽管有一些保留意见，我们将在后面进行探讨——但它们完全没有排除神庙的石灰岩主体砖石所显示的一个更为古老的建造时间，因为这一直是罗伯特·肖赫的论点：

> 这种花岗岩外壳是在古王国时期被添加上去的，是为了维修和恢复早期（早得多——“斯芬克斯时代”）的石灰石神庙。[25]

最后我们只留下了一个样品（5号样品），它是从斯芬克斯原石灰石芯体中提取的。它产生了2220年（前后220年）的表面发光时间[26]，但真的没有什么确凿的东西可以说或者可以从中推断出来，因为，当我让他对这些研究结果做出评论时，索奇注意到，它的位置不排除这种可能性：“在旧王国时期或许被曝过光，或者在对该构造进行翻修的过程中进行过返工。”[27]

总之，新的研究并没有提供任何确凿证据来证明考古学家所维护的观点：斯芬克斯和河谷神庙的原石灰岩巨石部分是由第四王朝哈夫拉法老所建。相反，这项研究似乎唯一可以肯定的是，这些庙宇在新王国时期进行过返工。使主流年表更加不安的是，表面释光测年增加了这种可能性：这些庙宇（除了6号样品，是在新王国时期）的花岗岩防护壳根本不是第四王朝时期添加上去的，而是在很多世纪以前——的确，是早在公元前3380年（在7号样品的测定年代范围的最末端），或者3号样品的早在公元前3530年，以及8号样品的早在公元前3640年[28]。

这就可能把一向被罗伯特·肖赫视为对斯芬克斯神庙的恢复工作（在已被大面积侵蚀的古老的巨型石灰岩块顶部，添加花岗岩贴面）推进到前王朝时期，即埃及进行大规模建设之前。不用说，如果这些寺庙都需要在前期王朝时期进行这种彻底的修复，那么它们的主体砌筑很可能的确非常古老，甚至会追溯到公元前 10500 年的时代。

在斯芬克斯神庙和河谷神庙上说了这么多，而对于俯瞰着它们的神秘的金字塔，又有些什么情况呢?

研究人员无法研究吉萨的第二座金字塔，传统上它归属于哈夫拉（像斯芬克斯及其神庙一样）。他们也没有调查归属于胡夫的大金字塔。但他们确实测试了取自最小的三座金塔的一个单独样本，它们归属于继承了哈夫拉王位的法老门卡乌拉。从金字塔的花岗岩表层石块而不是从它的主体砖石取样，当测定表面冷光时，该样品产生了另一个更加反常的时间——公元前 3450 年（前后 950 年）[29]。只有年代范围的最近端（3450 减去 950 等于公元前 2500 年）这个时间接近门卡乌拉统治时期——尽管许多权威人士认为直到公元前 2490 年这位法老才登上王位[30]，因此，即使是“他”的金字塔是在该光谱所显示的最近年代里完工，他的即位时间也在其完工之后。但更令人不安的是这个时间提出的其他可能性，即所谓的“门卡拉金字塔”的饰面石材早在公元前 3450 年可能已经到位，甚至或许还要早 950 年，即在公元前 4400 年，深入到古王国之前近两千年的前王朝时期。

为了解决这一切，更多的工作需要做。正如我已经说过，就目前而言，我仍然愿意接受依然盛行的主流观点：将金字塔的建造时间追溯到古王国时期。但是我想，在真实的时间浮出水面的过程中，我们有必要认识到，从地质学到天文学，再到表面释光测年，都有明显的迹象表明一个更加微妙的观点，即它再也不能归属于公元前 2500 年的时代，而似乎是返回超过 12000 年这一相当长一段时期内一系列发展变化的结果。正如表面发光研究的主要作者、爱琴海大学扬尼斯·利里特兹教授的结论，该古迹的某些部分似乎被重新使用过，并且——

一个合理的假设是，在第四王朝的大规模工作开始之前，一些构造在吉萨就已经存在。[31]

该遗址的归属年代问题也不是唯一公开讨论的问题。它的功能也是大家讨论的题目。埃及古物学家喜欢把金字塔定义为“坟墓且只是坟墓”，但正如利里特兹教授所指出的：

任何一个埃及金字塔都缺乏同时代的人类陪葬，同时，该遗址具有明显的天文学和几何性质，证明了它们的定位并非偶然，而是源于固有的知识和建设时期的恒星分布模式。这就意味着“金字塔作为墓葬”的理论是远远不够的，需要对金字塔和吉萨的年龄、功能及其重复利用进行更加全面的确定。[32]

“从天而降的这本书……”

我们已经看到，在埃德夫建筑文本里有许多段落告诉我们，洪水摧毁了远古时代早期的“神”的家园，那些幸存下来的圣徒们开始“漫游”世界，寻找新的建立“神”的神圣领域的合适地点。其中有一个段落指定了一个地点，它是这些幸存的“众神”在长途跋涉的旅程中在埃及找到的第一个定居点。但希腊人后来才知道，这个地点并不是位于上（南部）埃及的埃德夫，而是位于下（北部）埃及的赫拉克利奥坡里这个城市[33]，埃及人自己称之为“赫伦－内苏特”，意为“皇子之家”。考古学家不知道赫伦－内苏特是什么时候建立的，但是巴勒莫石（这样称呼是因为它现在保存在意大利巴勒莫市的考古博物馆）揭示了此事的一些情况。巴勒莫石，这块有铭刻的古老的闪长岩碎片，提供了一些信息（被埃及古物学者斥为“神话”），据说公元前3000年前约有120位前王朝的国王统治过埃及。它也提供了埃及王朝时期早期的一些细节，埃及古物学者相信这些细节是“基于历史的”。巴勒莫石上的一个条目追溯到第一王朝的第二个国王“登”的统治时期，它强有力地表明赫拉克利奥坡里/赫伦-内苏特起源于很早以前的前王朝时期[34]。

但是赫伦-内苏特仅仅是线索开始的地方，因为事实证明它与孟斐斯的宗教中心关系密切。孟斐斯原名“白城”，它在赫伦-内苏特往北约60英里（约100千米）处，而且据传说，是由第一王朝的第一位国王美尼斯所建——尽管它的起源很可能远早于此。因此，有意思的是，正如埃德夫建筑文本的翻译者伊夫·雷蒙德所认为的：

在阅读埃德夫的主要记录的时候，不可能不被仍然留存于文本里的鲜明的孟斐斯城背景和基调所吸引。[35]

她认为，埃德夫文本“保存了曾经存在于孟菲斯附近的前王朝的宗教中心的记忆”——这个中心，被“埃及人视为埃及神庙的故乡”[36]。注意，她没有说“它曾经存在于赫伦-内苏特”，甚至也不是在“孟斐斯”本地，而是在“孟斐斯附近”。总之，它的位置有点神秘，雷蒙德推测考古学尚未明确这个位置[37]。但是，无论它在哪里，都被认为是由“众神”精心挑选的地方，作为献给荷露斯神的新一代神庙的根据地——成为重建前世界的长期项目的实质上的开局[38]。雷蒙德认为，埃德夫神庙围墙内表面上的文本是她本人在寻找该神秘位置的过程中的重要线索，因为它告诉我们，荷露斯的原始圣殿是：

> 遵从先祖之命，据书中所写而建，此书从天而降，落于孟斐斯北部。[39]

为孟斐斯的古代帝王所建的一个大型墓地，被埃及古物学者称为“孟斐斯大墓地”，在第四王朝时期即公元前2613年至公元前2492年的时候，特别引人注目。根据正统的年表，那时无论是大金字塔还是大斯芬克斯都应该已经建成。代赫舒尔、萨卡拉和吉萨的金字塔群都是这个大墓地的组成部分——所以理论上它们都有可能是“前王朝宗教中心”的候选者[40]。但正如我们看到的，在吉萨，斯芬克斯是模拟公元前10500年的狮子座，三座金字塔是模拟同一个时代的猎户座的腰带，而建有四个坑道的大金字塔则锁定于公元前2500年的时代后期的特定的恒星。因此，在我看来更为明显的是，与代赫舒尔和萨卡拉相比，吉萨绝对值得被描述为“从天而降的书”——一本用巨石建筑的“笔”写在岁差的“脚本”里的书。

还有一些其他的东西。荷露斯神，原始神庙为他所建，是一个以多种不同的象征形象展现的复杂人物，尤其是以猎鹰的形象展现。事实上，一尊雄伟的猎鹰荷露斯的花岗岩雕像，至今仍站在埃德夫神庙前院。荷露斯也同样被经常描绘成一个长着猎鹰头的人——换句话说是一个经典的兽人，像美索不达米亚的先贤阿普卡尔一样。但是荷露斯还有另一个著名的化身，那就是作为一头狮子[41]。此外，这种荷露斯狮子有时被描绘成一个长着人头的兽人，在埃德夫神庙有具体的铭文，告诉我们：埃德夫的荷露斯把自己变成了一头狮子，长着人的面孔……[42]

斯芬克斯之谜

埃德夫文本把吉萨地区和神秘的“从天而降的书”链接起来，因此，不容忽视的事实是，古埃及人把荷露斯与吉萨的大斯芬克斯紧密地联系起来。在这方面，狮身的（也可能曾是狮头）斯芬克斯既被称作“Hor-em-Akhet”——“地平线上的荷露斯”，也被称作“Horakhti”，强调一个微妙的差异，意思是“地平线的荷露斯”[43]。

但是，关于斯芬克斯有一件很奇怪的事情。除了赖纳·塔德尔曼博士相信这是第四王朝法老胡夫所建，所有其他的现代埃及古物学者一致主张，斯芬克斯是由胡夫的儿子哈夫拉所建[44]。我慎重地采用“主张”这个词，因为从一开始就一定要搞清楚的是，我并不是在这里纠结一些经过实证的有关斯芬克斯的既定“事实”，而是纠结一个已被认可的埃及古物学者的猜想体系，而这一体系，由于缺乏反对意见，已逐渐开始被人们认为是被证明的事实。“在我们的学科里，旧的和看似必然的说法往往永远在一旁歇息，缺乏进一步的验证。”施塔德尔曼博士评论说[45]，他应该知道他在说什么，因为他是1989年至1998年开罗的德国考古研究所所长。

如果我们只关注有关斯芬克斯的事实，而不是埃及古物学者的意见，那么，我们发现的第一件事情就是，虽然这些纪念碑气势惊人、宏伟壮观，却没有任何相关碑文从旧王国时期幸存下来。即使是伟大的埃及古物学者塞利姆·哈桑，20世纪30年代在吉萨进行了广泛的发掘之后，也不得不承认：

> 至于斯芬克斯的确切年龄及其归属，还没有明确的事实，并且在这一点上，也没有任何一篇同时代的铭文来指引我们。[46]

同样，关于这个问题，没有任何铭文是来自第一中间期或是中王国时期，或是第二中间期。事实上，直到我们来到了新王国时期，大约公元前 1550 年，恐怕是它从吉萨高原基岩中被雕刻出来之后大约一千年，古埃及法老突然开始谈论斯芬克斯。

被塞利姆·哈桑公正地描述为“最早的靠谱的意见”，是由阿蒙霍特普二世（公元前 1427 年至前 1401 年）提供的。他修建了一座小神庙，今天仍然可以在斯芬克斯围场的北侧看到它[47]。那里有一块石灰岩石碑，这位新王国时期的法老用“Hor-em-Akhe”和“Horakhti”这两个名字来指称斯芬克斯[48]，并且也把它们直接引用到吉萨的金字塔上——这让埃及古物学者感到烦恼——他并没有将金字塔归属于他的第四王朝的前任胡夫、哈夫拉和门卡乌拉，而是将其提名为“Hor-em-akhet 的金字塔”[49]。这明确地暗示着，在阿蒙霍特普的时代——比我们现在远远接近于第四王朝——没有任何历史档案，甚至也没有任何传统，把金字塔和那三位法老链接起来，而现代埃及古物学者坚持认为这三位是金字塔的建造者。相反，正如萨利姆·哈桑解释说，“Hor-em-Akhet的金字塔”这一称号的使用意味着（因为Hor-em-Akhet是斯芬克斯的称谓之一），阿蒙霍特普认为：

> 斯芬克斯比金字塔的年纪要大。[50]

按年代顺序，下一个指称到斯芬克斯的碑文出现在著名的图特摩斯四世的“梦的石碑”上。据说，在即位之前，有一天这位未来的法老去吉萨周围打猎，斯芬克斯躺在那里无人问津，黄沙已经漫到了它的颈部。图特摩斯在这个庞大头部的阴影里睡了个午觉，此时：

当太阳升到天顶时，一个梦境抓住了他，他看见这位尊贵的神用嘴巴跟他说话，就像一个父亲跟他的儿子说话，他说："看哪，你和我！看见我和你，我的儿子图特摩斯！我是……Hor-em-Akhet……将会把我在地球上的王国给你……[51]"

但是有一个条件，斯芬克斯说："我站立于沙漠之上，黄沙已经到来……我的情况似乎不太好……你将是我的保护人……"[52]

长话短说，图特摩斯明白，如果他清理了斯芬克斯身旁的沙子并恢复其昔日的辉煌，他将成为法老。他按照神的指示去做了。当恢复工作完成时，预言成真，他获得了王位。之后，他竖立了"梦的石碑"以示纪念。

如果你今天参观那个地方，你仍然可以看到那块巨大的石碑——它有近12英尺高，超过700英尺宽——站立在斯芬克斯胸前的两个爪子之间，但从碑文前面第十三行开始，许多原始的碑文已经剥落了。然而，在19世纪30年代，人们从碑文上采下了模型——第十三行上有一些碑文仍然完好无损。在碑文里面，人们注意到了"哈夫"两个字（如今已不再出现），从这一点上，人们倾向于得出的结论是：斯芬克斯是哈夫拉的工作——正如美国的埃及古物学家詹姆斯·亨利·布雷斯特德在他的权威的石碑翻译里的评论。布雷斯特德还干巴巴地补充道，"没有人云亦云"。但他指出，其实在碑文副本和十九世纪所取得的碑文模型里，"没有一点椭圆形装饰的痕迹"（通常用于圈闭王室名称的椭圆形符号）——这有力地表明，"哈夫"这两个字根本不是指第四王朝法老哈夫拉[53]。

此外，根据塞利姆·哈桑后来补充的，即使碑文里有椭圆形符号，我们也不能随意从已经损坏的那行碑文里得出是哈夫拉修建了斯芬克斯这个结论。它最多能告诉我们，那是图特摩斯以某种方式将斯芬克斯与“哈夫拉”联系起来[54]。即使是19世纪末期开罗博物馆文物局局长加斯顿·马斯佩罗，他本人确信碑文里曾经有过椭圆形装饰，但是，他也看不出有任何理由能从这样脆弱的证据里推断出斯芬克斯是哈夫拉的作品。相反，他的首选解释是，在这部分碑文里，图特摩斯的目的是承认哈夫拉对斯芬克斯进行过一次早期翻修和清理“因此——”马斯佩罗写道，“在这里我们几乎可以肯定的是，斯芬克斯在胡夫（哈夫拉的父亲）及其前任时期已经为黄沙所掩埋。”[55]

马斯佩罗后来改变了他的看法，勉强声明斯芬克斯“可能代表哈夫拉本人”[56]，由此落入了日益高涨的20世纪埃及古物学家的共识之中。但他最初认为，纪念碑的年纪比哈夫拉老，而且在胡夫时代已经被沙土所掩埋。他的这一认识，一部分是基于包含在另一个石碑里的信息，即“库存石碑表”，在19世纪50年代由法国考古学家奥古斯特·马里埃特在吉萨发现。“库存石碑表”一度也被称为“胡夫之女的石碑”[57]，它透露出的要义是，伟大的斯芬克斯和河谷神庙，以及高原上的其他一些构造，在胡夫登上王位很久以前就已经存在[58]。

其实，表面上“揭穿”了真相并促使马斯佩罗毫不怀疑地改变主意的那些信息，其实正是一种确凿的证据，正好说明：在碑文中使用的象形文字系统与第四王朝的风格不一致，而属于更近的一段时期——萨利姆·哈桑提出的第二十六王朝[59]。随后，这个有趣的小石碑因此被视为虚构作品，很有可能是由一群希望夸大伊希斯女神（在公元前664至前525年的第二十六王朝时期流行的）的名字的祭司捏造出来的，因此，这对于我们试图确定近2000年前的第四王朝（或许在更早的时期）在吉萨发生了什么没有任何价值。

当然，那是通过“貌似埃及古物学者的人”的多棱镜来看待事物的时候对事物的认识——那种具有双重标准的特殊形式推理，仅仅被埃及古物学者所采用。根据那些貌似埃及古物学者的人的观点，如果某些证据支持已经确立的理论，那么该证据将被接受。但是，如果某些证据在暗中破坏已经确立的理论，那么该证据必须被否定。因此，那些貌似埃及古物学者的人完全是随心所欲地采用非现代的数据来支持其目前所声称的：斯芬克斯和它的巨石神庙是第四王朝的法老哈夫拉的作品（正如我们所看到的，塞利姆·哈桑承认，能让我们认识到斯芬克斯确切年龄的那个时代的碑文，我们连一个都没有）。因此，将纪念碑的年代定于第四王朝——被古物学者吹嘘为“事实”，并被媒体广为传播，大学里也是如此传授——完全依赖于它的“周边环境”（附近的金字塔和巨石寺庙），以及曾经出现在第十八王朝的“梦的石碑”上的“哈夫”两个字。

脆弱的埃及古物学考古案例

至于周边环境，即使金字塔是第四王朝的专属作品——但对此我们表示怀疑，正如我们看到的，金字塔通过表面释光测年归属于门卡乌拉王——我们仍然不能可靠地推断，斯芬克斯也是第四王朝的作品。事实上，可能的情况是，金字塔之所以被修建在那个地方，正是因为斯芬克斯已经存在并且赋予了那里古老而神圣的气息。

巨石神庙也不能真正证明有关斯芬克斯的任何事情，因为没有任何证据明确地表明其自身的建造时间是在第四王朝。最多是发现了一座哈夫拉的黑色闪长岩雕像（现在在开罗博物馆），它被倒置于河谷神庙的深坑里。但这仅仅是告诉我们，哈夫拉在某些时候需要将他的雕像放置在神庙里，因此，他在某种程度上被认同于神庙，并不代表是他修建的。

从表面上看更有说服力的是，一些埃及古物学者声称哈夫拉的名字是在河谷神庙的碑文里发现的。国家地理驻地探险家扎希·哈瓦斯博士，吉萨高原前主管和埃及文物最高委员会秘书长，在他的“守护者”的网站上，这样说到河谷神庙：

> 该建筑的铭文是在入口的门道周围，铭文列出了这位国王的名字和头衔，以及芭丝特女神（北门口）和哈索尔的名字（南门口）。[60]

维基百科，在塑造公众对吉萨的认知上很有影响力，它例行公事地把非主流的调查方式贴上“伪科学”的标签，在说到河谷神庙时，它走得比哈瓦斯更远：

> 显示着带有荷露斯名字的哈夫拉的部分残留铭文的石块已经被发现。[61]

但是经过仔细检查，结果证明是维基百科在误传消息。因为，当我把这个问题提交给伦敦大学学院的埃及考古学教授斯蒂芬·夸克时，他非常认真地进行了查看并且适时地报告了他的调查结果。带有荷露斯名字的哈夫拉的部分铭文，实际上并不是出现在河谷神庙的石块上，而是出现在吉萨的另一个完全不同的建筑的石块上[62]。

那么，哈瓦斯博士关于“这位国王的名字和头衔”的说法是怎么回事？很显然，他的原始资料来源是，在他的初版（1947 年）研究经典《埃及的金字塔》里，大英博物馆的埃及文物前看守员I·E·S·爱德华兹写下了几页有关河谷神庙的内容，与当时的埃及学行业潮流一起，他确定为哈夫拉的作品[63]。他说：

每个门道的周围，有一段象形文字的铭文，含有这位国王的名称和头衔，而在建筑物的其他任何地方都没有出现铭文或浮雕。[64]

要不是许多年以后，爱德华兹为他的书制作了最终的权威版本，这件事似乎就这样了结了。他用一些未曾出现在1947年版本里的重要信息来修订了上面的段落。我们现在读到：

在各个门道的周围，刻有一组象形文字的铭文，其中含有这位国王的名称和头衔，但只有最后几个词语“芭丝特（女神）的宠儿”和“哈索尔（神）的宠儿”被保存下来。在建筑物的其他任何地方都没有出现其他铭文。[65]

不用说，“芭丝特的宠儿”和“哈索尔的宠儿”如此孤立地出现，不能证明哈夫拉国王就是这些神祇所指的“宠儿”。他们可以适用于任何人，因此，用他们来支持河谷神庙是哈夫拉的作品这一说法是不合情理的。

另外还有什么可以支持这一说法呢？在晦涩难懂而极度昂贵的《古埃及考古学百科全书》里，有一条有关“哈夫拉金字塔复合体”的内容，是由扎希·哈瓦斯写入的，它告诉我们：

河谷神庙被指认给哈夫拉，是由于河谷神庙西端的花岗岩外壳石块上的铭文。人们在埃尔—利斯特发现了一些来自该复合体的浮雕，在那里，这些浮雕被用作阿蒙涅姆赫特一世（第十二王朝）金字塔的填充物。[66]

这简直是抓到了救命稻草！然而，由于它们是在几英里以外的埃尔－利斯特，用作后来的帝王金字塔拚修的填充材料，那么事实上，这些石块根本就没有告诉我们有关河谷神庙的任何可靠的东西。也许它们是从那里来的，但也可以说，它们完全是从别的某个地方来的。

此外，没有人声称有任何铭文被雕刻在河谷神庙的石灰岩核心体上。它们都是出现在“花岗岩外壳石块”上。而且正如我们已经看到的，河谷神庙的花岗岩外壳石块从各方面看，都像是在主体的石灰石石块被放置到位很久之后才被贴上去的——有一些可能是早在公元前3640年，其他的一些可能迟至公元前1190年。那个哈夫拉很可能是在这一漫长的时期里对河谷神庙进行了修复工作的数位法老之一，他用正式的题词和自己的一些雕像来纪念自己的善行——也许是在同一时期，他似乎也对斯芬克斯实施了一个修复项目——这并不意味着他就是斯芬克斯或是神庙最初的建造者。

那么，我们只剩下第十八王朝的“梦的石碑”上的“哈夫”那两个字，现代埃及学家（不像他们19世纪的前任一样）急切地把它认作是哈夫拉修建斯芬克斯的“证据”。不用说第十八王朝和第四王朝不属于同一个时代，甚至石碑的归属是否是第十八王朝还是个问题。例如，布雷斯特德指出，“拼写错误和不合规则”以及其他一些“可疑的特性”使得他得出结论：碑文实际上不是图特摩斯四世所做，而是一个追溯到第二十一王朝和第二十六（赛第时期）王朝之间的“后期修复”[67]。

换句话说，“梦的石碑”跟“库存石碑表”一样年轻，这是完全可能的。然而，那些“貌似埃及古物学者的人”要求，把刻于前者之上的“哈夫”这一不可靠的证据接纳为哈夫拉建造斯芬克斯的证据，而把刻于后者之上的彻底反对上述归属的一些明确的记载作为“荒诞小说”而拒之门外。

潜在的启示

下面是来自库存石碑表的部分摘录。阅读之前请注意，埃及的所有法老都被视为荷露斯神[68]的化身，因此他们的称号里通常都含有荷露斯这个名字。每个国王也有一个“荷露斯名字”，比如胡夫也叫“米萨”[69]：

图 39　库存石碑表。碑文的要旨是，大斯芬克斯和河谷神庙，以及许多在吉萨高原上的构造，在胡夫即位很久以前就已经存在。然而，这个观点受到埃及古物学者的反对

米萨，活着的荷露斯，上埃及和下埃及的国王胡夫，被赋予的生命。他在斯芬克斯的腔体侧面创建了“伊希斯的房子”（伊希斯是金字塔的女主人）。“伊希斯的房子”位于“奥西里斯的房子”（奥西里斯是罗斯陶的主）的西北部…… “Hor-em-akhet”形象计划的到来是为了修订这一形象放置的语录……他修复了所有被涂上颜料的雕像……他派人从镀金的石头上挖出了内梅斯头饰（古埃及法老所戴的条状头巾）的后部，大约有 3.7 米长。他为了看见霹雳而进行了一次长途旅行。霹雳站立在“无花果之地”里，如此命名是因为一棵巨大的无花果树，它的树枝在天公降临在“Hor-em-akhet”之地时被击中……这个被刻进石头的神的形体是坚固的，它面向东方，它将永远存在。[70]

库存石碑表的语言模糊不清，但萨利姆·哈桑的分析让它变得清晰了一点。他写道：

如果我们愿意相信它的碑文，我们应该相信胡夫曾经修复过斯芬克斯，而且显然是在它遭到一个晴天霹雳破坏之后。在这个故事里有一丝真理，事实上，斯芬克斯的内梅斯头饰的尾部确实是缺失的，而且它并不是斯芬克斯主体的一部分。由于它的形状和位置，它确实有可能被折断，但只能是在受到重物的直接打击并且打击力量极其可怕的情况下。实际上在斯芬克斯的背后还可以看到这个破损的伤疤，以及用来修复它的老砂浆的痕迹。这道伤疤约有 4 米，与石碑上的测量记录一致……因此，斯芬克斯很可能是被雷电击中，但是，没有一点证据表明这场意外发生在胡夫统治时期。[71]

然而，也没有任何证据表明斯芬克斯的这场“意外”并没有发生在胡夫统治时期。我们所拥有的是埃及古物学的偏见：这不可能发生在那个时期，因为斯芬克斯应该是哈夫拉的作品，是在胡夫死后进行的，因此——很明显——不应该存在于胡夫时代。

此外，库存石碑表所提到的“罗斯陶之主，奥西里斯的房子”，是第二个潜在的启示[72]。我们可以得到这个构造的位置，因为据碑文所示，“斯芬克斯”的腔体位于其“西北部”[73]，这就意味着，把东西倒过来看，“罗斯陶之主，奥西里斯的房子”位于斯芬克斯的东南部。符合这些坐标的唯一的构造就是河谷神庙，它确实位于斯芬克斯的东南部。因此，正如库存石碑表的证词，河谷神庙不是由哈夫拉所建造，因为它在其前任胡夫的时代就已经存在。

然后，这些才是库存石碑表被埃及古物学者作为“荒诞小说”而拒之门外的真正原因，也就是说，他们并没有把它作为一份源于一个更古老而真实的传统、采用了适用于那个年代的语言和术语并为了保存与传承的碑文。当然，这种反驳不可能是因为库存石碑表与胡夫的统治不在同一时代，或是它的第二十六王朝的“正确拼字法”——因为这些因素并不能阻止埃及古物学者接受“梦的石碑”，其中患有同样的非同一时代和“突出的拼字不合规则”的毛病。总之，不难看出，库存石碑表被拒绝和忽视，而“梦的石碑”被接受和拥抱，是因为前者吹灭了埃及历史的既定理论，而后者则可以很方便地被“纺成”以支持既定理论？

从天而降的雷电和一个古老的档案馆

且不说一个更加古老的斯芬克斯所隐含的意义，在库存石碑表里还有另外两个方面值得进一步调查。

首先，斯芬克斯曾被一个“晴天霹雳”所损坏。萨利姆·哈桑愿意承认这个说法有一定的道理，但是我们不能肯定，一个霹雳是否就意味着他所猜想的雷击。据铭文所示，这个霹雳在胡夫进行“长途旅行”时出现而且被他“看见”。这个霹雳有点问题，因为一瞬间的雷击只会留下破坏痕迹而不会留下一个物体可以被查看。而如果曾经是一块陨石，就会在撞击并损坏斯芬克斯之后留在那里，留在现场，供国王查看——它发出可怕的声音并在火焰中从天而降，在降落过程中烧毁了一棵巨大的老树，陨石也许很容易被描述为一个霹雳（事实上，在许多文化中，陨石都是被如此描述的）[74]。

同样耐人寻味的是库存石碑表的陈述，即“Hor-em-akhet 的形象计划”——即斯芬克斯的——由胡夫带到现场，大概是用于展开纪念碑维修工作的参考之用。很明显，这就意味着，曾经存在着一个与吉萨有关的古老“档案馆”，也许是某个“记录大厅”，更让人想起埃德夫神庙图书馆里那些丢失的记录以及从中提取的建筑文本。

正如我们所看到的，这些据说都是七贤所说的话，由不亚于智慧之神托特本人的神明以书面形式记下来的。雷蒙德甚至提出，有可能曾经存在一本《原始时代早期之神的圣经》，里面陈述了整个埃及的“神圣”计划[75]。她说，有迹象表明，这本书链接到第二本古籍，即《原始时代早期土堆的说明书》，人们认为它不仅包含所有的较小“土堆”以及神庙（作为被摧毁的“神”的世界的重生计划的一部分，它最终将再建于土堆之上）的记录，也包含着“大原始土堆”本身的记录[76]。

遗憾的是，除了埃德夫文本里少量的简短而诱人的说明，再没有有关这些丢失的“书籍”的任何线索。不过，正如我较早前所说的，这个“大原始土堆”极有可能就是吉萨高原上的一座石丘，据说地球的当今时代从那里开始，大金字塔将在适当时候被建立在它的周围。还有一个特别的文本，保存在埃及中王国时期的纸莎草纸上，它讲到了人们对“透特的圣所的密室”的寻找——胡夫希望“模仿”密室来建造他的神庙。

在下一章里，我们将探讨一个深藏不露的古老秘密，它就隐藏在这些奇怪的参考信息之中。

第十一章 图特之书

简要总结一下吧。

埃德夫建筑文本提到，“原始神明的家园”——一座岛屿，其位置从未被指明——它被“敌人”所摧毁，那个“敌人”被描述成一条“大蛇”，即所谓的“大跳蛇”（“the Great Leaping One”）。因这条“大蛇”的袭击而引发的洪水淹没了“众神的原始世界”，并杀死了大部分“圣民”。然而，他们中有一些人躲过了那场灾难，乘船逃离灾难现场，四处游荡。他们这样做是为了物色合适的地点来启动一个神圣规划，为了实现——

> 神的前世界的复活……一个被毁灭的世界的重建。

所有这些事件都发生在“原始时代早期”——在很久很久以前，由于时间太久，以至于如果不是曾经做出巨大努力来保存这些事件，它们早已被人类所遗忘。塞易斯的埃及祭司告诉梭伦：

> 在我们的神庙里，我们已经保存了自远古以来任何重大或辉煌的成就或者我们有所耳闻的大事件的书面记录。[1]

情况正是这样，雷蒙德在埃德夫的详细研究表明，曾经存在过庞大而丰富的档案资料，祭司们从这些档案资料里提取出埃德夫文本，并将其刻进神庙的墙壁里，这样留存至今。正如我们在上一章里所做的，沿着那些提取文本里的线索一路追寻，我们已经来到了雄伟的斯芬克斯面前，也许这个“长着人脸的狮子”正是埃德夫文本里所说的把自己变成一头狮子的荷露斯神。

在此背景下，库存石碑表又提到，胡夫得到了斯芬克斯计划，并在“修复这座雕像”时把它用作参考，这揭示出在吉萨曾有一个古老档案的存在——也许是一个追溯到远古时期的古老档案，那时，“众神”利用显著的天文特征来创建了这个遗址，而这些天文特征让整个复合体后来得以被描述成“从天而降的书”。“这本书”是否指在公元前 10500 年的时代里在春分时的黎明出现的狮子座星座——那个以巨大的斯芬克斯的形式在吉萨“从天而降”的星座？而且，人们在那遥远的时代所看到的猎户座的三颗带星，也是以三大金字塔地面规划的形式“从天空降落”到吉萨的吗？

我们已经看到，巨大的斯芬克斯，或者至少它的绝大部分，很可能在公元前 10500 年的时代就已经被雕刻出来。金字塔肯定完成得晚得多，但我相信，它们建立在已经预先存在的可追溯至众神时代的构造之上——埃德夫文本明确告诉我们，这些神明“具有支配天空的能力”[2]。当然，这些预先存在的构造一直藏而不露，直到被替换成金字塔[3]，其中就包含着支持整个计划的天然小山岗，后来这些小山岗被纳入大金字塔构造之中。

由于埃德夫文本把众神的工作设想为在他们失落家园之外的其他地方的再创造，而且，由于失落家园的关键特征是“竖立在一个低矮的土丘上的一座原始神庙”[4]，因此他们就很有可能在吉萨寻求重现这些特征。无论如何，其权威性不逊于I·E·S·爱德华兹教授，这位大英博物馆埃及文物前管理员认为，那座天然的小山岗，现已被纳入大金字塔内部，确实就是在古埃及文本中被经常提及的远古土丘[5]——我们现在明白，这座土丘的神圣性源于它曾经站立在众神失落世界里的前身。雷蒙德告诉我们，这座土丘，形成了“原始时代里众神世界的原始核心”[6]，既然如此，那么在大金字塔心脏里的石丘以及后来的大金字塔本身，在复活失落的世界的项目里便担负着相同的功能。

库存石碑表绝不是表明与该项目有关的古代计划存在的唯一证据。我们在埃德夫文本里已经看到，这些计划是由智慧之神托特“根据先贤的话”书面记录下来的档案文件的一部分[7]，所以并不奇怪的是，之后的古埃及人十分迷恋这本他们似乎已经找不到而后来被看作是一切知识源泉的“图特之书”。在搜寻图特之书的文件编制的过程中，一些莎草纸幸存下来，而毫不奇怪的是，这些搜寻据说总是发生在吉萨附近和孟斐斯大墓地。

例如，有一个故事，是关于塞特罗－奇亚姆－乌阿斯特的，即拉美西斯二世之子，公元前十三世纪伟大的法老之一。该故事讲到，“图特自己所写的书”悄悄地隐藏在吉萨附近的古墓里：

> 塞特罗和他的兄弟去到那里，三天三夜寻找古墓……第三天，他们发现了它（并且）……走到下面，来到这本书所放的地方。当兄弟俩走进坟墓时，他们发现这本书正发出灿烂的光芒。[8]

似乎这里有一点古代技术，让人联想到在第七章所描述的，“闪耀着自身光芒”的伊玛的地下瓦拉，或是诺亚方舟里神秘的照明。在与吉萨相关的阿拉伯传统中还提到了听起来像某种失传的技巧。埃及史学家伊本·阿布德·埃尔·哈肯姆认为，金字塔是作为远古知识的保管所而建造的，这些远古知识所收录的书籍档案包含着：

深厚的科学，药物名称及其用途和副作用，还有占星学、算术、几何学和医学……（以及）从开始到结束时的一切……[9]

哈肯姆，生活在公元九世纪，可能对先进的冶金和塑料一无所知，但他表示，那些深藏于金字塔内部的来自于大洪水前时代的珍宝包括：

不生锈的武器，以及能够弯曲但不破碎的玻璃。[10]

他同样也描述了守护这些上古遗物的机关：

身坐宝座手执长矛的黑玛瑙雕像，睁着闪闪发光的双眼。当任何人看着它时，就会听到有个声音说要把他带走，他便跌倒在地，动弹不得，直至死去。[11]

第二个机关还是采用了雕像的形式：

朝这个雕像看的人会被它拖住并拽到它身边，他无法摆脱，直至死去。[12]

回到古埃及人自己的传统上来，我们有一份写在韦斯特卡莎草纸上的文本，可追溯至大约公元前 1650 年的中王国时代，但它是从已经失传的旧文件里复制出来的[13]。该文本提及了一个“堪称‘储备室’的建筑”，它坐落于一座圣城，即古埃及人所知道的伊努，圣经上称之为“昂”，后来希腊人称之为黑里欧波里斯并使其闻名于天下——“太阳之城”——位于吉萨东北 11 英里。根据莎草纸所写，“一箱燧石”被存放在黑里欧波里斯，里面装有一份神秘文件，据说法老胡夫本人曾经“花了很多时间来寻找”它——该文件记录着“图特圣殿的密室数据”——胡夫希望用它来“复制他的神庙”[14]。

我们正在这里讨论什么呢？

I·E·S·爱德华兹指出，黑里欧波里斯，“储备室”的所在地，曾经是一个与吉萨关系密切的天文学中心，而且这座城市的大祭司是“首席天文学家”[15]。对此，埃及古物学者 F·W·格林补充说，这个“储备室”似乎是黑里欧波里斯的一间“图纸室”，“或者也许是一个制定并存放计划的绘图室”[16]。同样地，A·H·加德纳爵士认为，“这间房子一定是一个档案室”，而且胡夫一直在搜寻有关图特圣殿的密室的详情[17]。

因此，我们再一次面对一份报告，它说到胡夫找到了古代文献并用来指导他在吉萨的工作——是否按照库存石碑表所说，要将斯芬克斯恢复到原来的样子；或是结合韦斯特卡莎草纸上的古老设计，以正确的方式来建造自己的“神庙”。在我看来，这样一些传统进一步强化了这一概念，即无论胡夫和第四王朝的其他法老在吉萨做了些什么，都不过是在执行众神时代的计划，完成并实现这一计划——换句话说，上古计划——而不是实施他们自己的一些新颖的规划。总之，他们在神的前世界复活计划中扮演着自己的角色。此外，第十章报道了

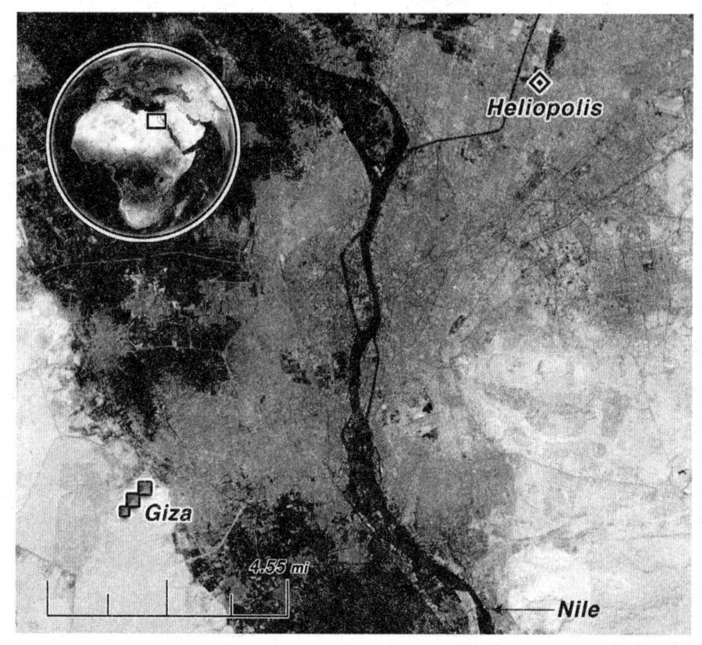

图 40　黑里欧波里斯位于吉萨金字塔东北大约十一英里。除了如今位于开罗郊区的埃尔－玛它里亚的一座方尖碑，古老的“太阳之城”几乎没有留下任何东西

表面释光测年的结果，如果我们把那些结果与有关斯芬克斯及其神庙的地质年龄放在一起讨论，我们认为，这一过程起源于公元前 10500 年的洪水时代，之后几千年几乎处于休眠状态，在此期间的古代知识和档案的维护是由一些住在像修道院之类的发起者来完成的，后来也许早在公元前 4000 年，这一过程又被重启，在公元前 2500 年的时代里逐渐完成并实现。

埃德夫文本清楚地标明着那样一些发起者的存在，还讲到了众神的长期使命：

造物主，原始时代的塑造者，光明之主……鬼魂们，先祖们……为众神和男人们孕育了种子……高级神明应运而生，当他们团结一致地涌现出来时，照亮了这片土地。[18]

埃德夫文本没有声称这些生命是不朽的。他们死亡后，他们的下一代“来到他们的坟墓前哀悼致敬”[19]，随后取代他们。这样一来，通过知识的发起和传送的完整链条，在埃德夫文本里所描述的那些“造物主”“七贤”“鬼魂”“光明之主”“闪灵”就能不断自我更新，就像神话中的凤凰。

——从而把起源于地球上某个先前时代的传统和智慧传承到未来。

在埃德夫文本里，这些发起者的另一个名称是贤苏荷，即“荷露斯的追随者”，这是考虑到荷露斯的重要性而给予的适当称谓[20]。在这个名称下，他们与黑里欧波里奥/伊努的关系特别密切，那座圣城就是图特圣殿的密室记录被存放的地方。读者会记得，在埃德夫文本里，正是七贤确定了在埃及建造未来神庙的规划和设计，所以有趣的是，在埃德夫靠北一点的丹德拉，有铭文告诉我们，建筑师们采用的“伟大计划”都“被记录”在由“荷露斯的追随者”传下来的古籍里[21]。据说，“造物主”即荷露斯的追随者在各方面都与“七贤”如出一辙，他们随身携带着一套埃及的神圣起源与神圣用途的知识”[22]，“这片土地曾经神圣而孤独，为表彰它的忠诚，众神垂临，旅居于此”[23]。

从天而降的石头

埃德夫文本与吉萨以及荷露斯的追随者的下一个内在联系，提供了大量有助于我们进一步探究的线索。其中最重要的线索就是黑里欧波里奥，今天开罗的一个无趣的郊区，曾经是凤凰神庙的所在地——凤凰在古埃及被称为本努鸟——是著名的复活与重生的标志[24]。在这座通常被称为“凤凰大厦”的神庙里，保存着一个早已从历史中消失的神秘物体。它是一块叫作本本石（Benben）的“石头”（在词源上与本努鸟关系密切[25]），据说是从天上掉下来的，被描写成众神之父拉－亚图姆的种子或精子。在古埃及语言里，本本石的限定词，正如一位专家所解释：

> 本本石显示出一种尖端逐渐变细的略呈锥形的形状，这成为小金字塔架构的程式化形状；它为金箔所覆盖，由方尖碑上的长轴高高擎起，在阳光下闪闪发光，昭示着对太阳的赞美。[26]

每座金字塔都同样拥有其代表性的顶石[27]——例如，在开罗博物馆里有一块保存完好的顶石，它从第十二王朝法老阿蒙涅姆赫特三世的金字塔里幸存了下来。

关于本本石概念的出处，人们提出了很多理论，但在我看来，其中最引人注目的，是我的朋友和同事罗伯特·鲍威尔于1989年首次刊登在学术杂志《埃及学讨论》上的文章，标题为“对本本石起源的调查：它是一块陨铁吗？”。类似于其他许多传统里的古代民族的陨石崇拜，罗伯特认为：

曾经在凤凰大厦里受到崇拜的本本石很可能是一块陨石。它的圆锥形……正好暗示着铁类陨石，其质量可能是在 1 — 15 吨的范围内。从天而降的这种物体通常是“流星”的代表物，它也许为埃及神职人员提供了一颗可以触摸的星星，即拉—亚图姆的“种子”。[28]

埃及古物学者 R・T・伦德・克拉克于 1949 年为《伯明翰大学历史》杂志所撰写的论文，题为“凤凰的起源”，考虑到一种连动的可能性。他注意到，现存的最早提及本努鸟的内容是在金字塔文本（古王国，第五和第六王朝）里被发现的，它说道：

你（说到拉—亚图姆神）在黑里欧波里奥的本努鸟之屋的本本石之上闪闪发光。[29]

但是奇怪的是，本本石，在以后的文本中总是作为一个具有几何形状的小金字塔出现[30]，并且它在金字塔文本里被描绘成具有稍微弯曲侧面的粗糙的石头。“这是一个重要的事实。”伦德・克拉克注意到，“因为它表明这些金字塔并非黑里欧波里奥的原始本本石的精确翻版……可以假设，本本石成为旧帝国时期的一座小金字塔，但尚不能确定它是否受到第四王朝金字塔真正成熟外形的影响[31]。”

他接着指出别的东西，引起了我的注意：

（金字塔文本）里的本本石具有圆锥形神石或贝瑟尔（betyl）的形状，贝瑟尔在亚洲的早期宗教中非常普遍……它是该文本的一篇课文……这块本本石是一种贝瑟尔形状的物体，它在第四王朝时被修改成小金字塔。[32]

伦德·克拉克在他 1949 年的论文里似乎没有意识到的，同时强烈支持罗伯特·鲍威尔后来的观点的东西，就是那种贝瑟尔，它们无论被怎样崇拜，都恰好是陨石——虽然往往是石头而不是铁。在 20 世纪 80 年代，我在研究我的《签名和印章》一书的时候，有机会从一定深度来调查这个问题。该书具体提及了据说存放于约柜里的十诫[33]。

圣经学者梅纳赫姆·哈兰，权威性著作《古代以色列的神殿和神殿服务》的作者，认为"约柜里保存的不是十诫，而是……来自西乃山的一块石头"[34]。由此，约柜及其内含物的古老崇拜与更加广泛地分布于整个中东和近中东地区的对"从天而降的石头"的崇拜传统相符合。[35]

有一个从古代幸存下来的例子，就是受到穆斯林特别尊崇的嵌入麦加天房克尔白墙角的那块神圣的黑石。每个来到圣地的朝圣者都要抚摸的这块石头，先知穆罕默德宣称，它从天堂来到人间，最初，在亚当被逐出伊甸园之后，这块石头被给予他以吸纳他的罪恶，后由天使加百利献给亚伯拉罕，希伯来人的族长；最后它成为克尔白的基石——伊斯兰世界的"跳动的心脏"[36]。

地质学家们把黑石的起源归属于陨石[37]。同样，贝瑟尔——圣石——前伊斯兰教的阿拉伯部落在沙漠中流浪时所携带的石头，也是陨石。而且，把贝瑟尔（往往被放置于便携的神龛里）与克尔白的黑石和约柜里的石头"十诫"连在一起，便形成一条文化传播的直线。在欧洲，贝瑟尔也被称为"青金石贝瑟尔"，这个名字——

起源于闪米特语，后被希腊人和罗马人借用以指称被认为拥有神性生命的圣石，这种有灵魂的石头被用于各种迷信、魔法和算命。它们是从天而降的陨石。[38]

考虑到所有这些传统，在库存石碑表里胡夫特别关心的“霹雳”呈现出新的意义。读者会记得，碑文讲到“天国之主”——拉－亚图姆的绰号——落在斯芬克斯身上并造成了损坏，胡夫后来将根据他得到的古代“计划”对这种损坏进行修复。正如塞利姆·哈桑所指出的，如果这样的霹雳仅仅是一个雷击是没有意义的，因为库存石碑表明白地告诉我们，胡夫拜访那个地方是为了“看到霹雳”。

简言之，从天上掉下来的一个物体，能够被合理地描述为“天国之主”降临到斯芬克斯身上的结果，一定是已经实际存在在那里的。陨石可以满足这一情况的要求，但对于保存在黑里欧波里奥的本本石不一定适用——因为凤凰大厦和本本石在胡夫时代就已经存在[39]。然而，法老对“看到霹雳”的渴望确实证明了古人对这类物体的特殊崇拜，人们也会很自然地想知道这种崇拜可追溯到什么具体事件——并且可追溯到多远的年代。

比如说，它可以一路追溯到埃德夫文本所纪念的时代吗？——在那个时代，众神之岛遭到由“大跳蛇”引发的灾难性洪水的破坏。

在试图回答这个问题之前，让我们把本本石与本努鸟稍微紧密一点地联系起来考虑。

凤凰的飞翔

伦德·克拉克对本努鸟－凤凰进行了深入研究，他报道说，古埃及人相信，一种“精华”——嗨可（Hike）——曾经被带到他们的土地上：

凤凰来自于一个遥远而神奇的地方。那里是“火焰之岛”——超越世界界限的永远充满光明的地方，那里的神出生或者复活，并从那里被派往世界。凤凰是那片人迹罕至的神性土地的首要使者。在一份棺上铭文里，那个胜利的灵魂说：“我来自火焰之岛，我的身体充满了嗨可，就像那只鸟一样，它（到来并）给这个世界充满了那种未知的东西。[40]”

因此，伦德·克拉克总结道，凤凰远道而来，“把光明和生命的消息带到这个陷入了远古黑夜的无助之中的世界。它飞越世界，‘在海洋和河流之上’，最后降落在黑里欧波里奥，地球的象征性中心，在那里它将宣告一个新的时代”[41]。

该总结中的很多内容都令人联想到埃德夫文本——那座遥远的岛屿，众神从那里被派送出去；在一段远古黑暗之后光明的回归；在黑里欧波里奥的一次到达，并在那里开启了一个新时代。事实上，凤凰几乎可以说象征着“众神”的使命。他们逃离了已被淹没的家园，带来了一个重生和复兴前世界的长期计划。

但是这些象征性的交集还有比这更加深远而复杂的含义。记住，凤凰不仅仅与光明密切相关，而且与火密切相关。因此，拉潭修斯在公元四世纪告诉我们，凤凰——

沐浴在圣洁的水中并以新鲜水沫为食。一千年之后……它筑巢为墓，巢中果汁丰富，芳香四溢。它坐于巢穴之中，身体变热以至发出火焰，火焰却将它的身体燃烧成灰烬。这些灰烬注定要产生一条乳白色的蠕虫；蠕虫在沉睡中变成一个蛋，最后孵化成鸟破壳而出。在吸收了营养之后，这只新生的鸟将这些灰烬卷滚成一个球，再把这个球运送到黑里欧波里奥。[42]

这个关于火焰、重生和从火热的死亡中浮现的新生命，也突然出现在古代伊朗，在那里，伊玛建造了他的瓦拉，凤凰被称为神鸟 Simorgh。民俗学者 E·V·A·肯尼利解释说，神鸟 Simorgh 的故事明确地建立了——

凤凰的死亡和重生展示了接连发生的世界的摧毁与再生，许多人相信它是源于一场暴烈的洪水泛滥。[43]

各不相同的漫长时期——1000 年，500 年，540 年，7006 年——凤凰自焚并重生之前的寿命[44]。然而，由公元三世纪初的索利努斯传播下来的一个强大而非常特别的传统，把凤凰的寿命设定在一个似乎是完全武断而奇特的数字上——12954 年[45]。而进一步的调查显示，“凤凰的回归时间被认为与大年相对应”[46]，而我们已经知道，“大年”是一个与岁差相关的古老概念，它包含十二个“大月”（太阳经过黄道十二宫的每间房子的时间为一个大月），每个大月为 2160 年——因此 12×2160 =25920 年。当然，25920 年这一数字，非常接近 12954 年的两倍（2×12954 =25908 年）——在我看来，太过接近就不会是巧合，特别是当我们想起，西塞罗在他的《霍腾休斯》一书中专门把大年与数字 12954 相关联[47]。

正如乔治·德·桑提拉纳和赫塔·冯·戴程德在《哈姆雷特的石

磨》中所证实的，来自其他传统的作为凤凰寿命的540年这一数字，原来也是源自大年。该书是他们针对通过神话传播的岁差知识的精湛研究。正如我们在第十章里看到的，岁差周期每跳动一次是72年——岁差一度所需的年数。我们再用36（72的一半）加72得到108；接下来我们取108的一半得到54，最后乘以10得到540。二十年前，我在《上帝的指纹》里对这一切有非常详细的阐述，请读者参考这本书以得到这些岁差数据的完整论述[48]。桑提拉纳和冯·戴程德早前所展示的这些岁差数据，被发现于世界各地的古代神话和传统中，它们是深藏于古代遗物里的先进的古代天文知识的证明——这些知识，他们将其归属于某种身份不明并“令人难以置信”的始祖文明[49]。

我们看到“大年”的道路已经连接到凤凰的寿命，那么，特别令人感兴趣的是，古代权威如何把“大年”与“世界突发性大火”和“世界性大洪水”联系了起来——不一定作为这些灾难的原因，而是作为一个记录并预测它们的计时器[50]。在这样的考古材料面前，无论几千年的过程中有多少令人颓丧的怪异与矛盾，我仍强烈地提请人们注意，新仙女木彗星及其撞击初期所引发的大火和全球性洪水——前者是由过热喷出物而引发，它掀起的森林火灾覆盖了至少5千万平方千米的地球表面；后者是由北美和北欧大段冰盖的灾难性崩溃所造成，因为这些冰盖被多个大型彗星碎片击中。

万事皆有因果

假设你想传递一个信息给未来，不是不久的将来，而是很遥远的未来，你将它托付于书面文件将是不明智的，因为你无法确定，从现在开始12000年以后的任何文明还能破译你的手稿。况且，即使这些手稿可以被破译，这些携带着你的信息的书面文件也可能无法从时间的摧残里幸存下来。如果你真的下决心要让生活在遥远未来的后代们理解你，最好的办法或许是利用庞大的建筑遗迹来筹划你的信息，因为“时间本身会恐惧”那些建筑——如金字塔和吉萨的巨大斯芬克斯纪念碑——并把纪念碑与一种世界通用的语言相关联，比如天空中缓慢的岁差变化，由此，任何具有天文知识的文明将能够读取你的信息。

理想的情况下，你的信息应该是一种简单的信息。

在埃德夫文本里，“一班”流浪的神明选择在不同地点建立新的圣域，力图复兴被洪水所摧毁的前世界。而我们在第十章里已经看到，吉萨 - 黑里欧波里奥 - 孟斐斯地区如何完全符合成为新的圣域的要求。这片疆域能够充分证明“一本从天而降的书”里的描述。当我们“读”着那本用巨石建筑的“笔”写在岁差的“脚本”里的书时，它迫使我们去看看公元前 10500 的时代——这不是一个确切的时间，因为岁差“时钟”所给的指示过于笼统，以至于我们无法指定“秒”甚至“分钟”，但非常肯定是到公元前10500年的时代，即12500年前。吉萨的大纪念碑所象征的大体天文构架，也同样适用于公元前 10500 年之前 500 年的大部分年代以及之后的 1000 年。

换句话说，正如我们所看到的，新仙女木的灾难性事件被完全封装在纪念碑的“消息”里。在公元前 10800 年即 12800 年前，它意外地突发于一个巨大彗星的多个碎片的剧烈撞击，并且同样意外地突然结束——我们还不知道原因——于公元前 9600 左右，也就是 11600 年前左右。最可能的解释是，地球在公元前 10800 年再一次与已造成新仙女木事件开始的同一颗破碎彗星的碎片流相遇。然而，第二次相遇时，撞击的结果是全球变暖，而不是全球变冷。

与彗星的几度偶遇，正如与神秘的凤凰的几番相逢，万事皆有因果。

由于在轨道上运行，它们以一定的循环时间间隔返回到我们的天空——一些短至3.3年（例如恩克彗星），一些长达4000多年（如海尔－波普彗星），有的甚至要飞行数万年。

像神话中的凤凰一样，彗星事实上要经历一次“更新”过程——真正的“重生”——每一次重现在我们的天空之时。这是因为彗星的核心通常是惰性的，它完全是在一片黑暗中穿越外太空，不会产生特征性的发亮的“彗星像差”和闪闪发光的“尾巴”。然而，当一颗彗星接近太阳时（地球也是这样），太阳光线导致埋藏在其内部的挥发性物质剧烈沸腾，并产生气体射流——科学家称之为“释气”过程——数百万吨超细粉尘和碎屑流泻而下形成彗星像差和彗尾。

最后但同样重要的是，彗星释气的过程确实跟凤凰在烈焰中自焚十分相像。而且，对12800年前新仙女木撞击事件进行研究的科学家们已经用生动的图像显示，大型彗星碎片与地球本身相撞有可能导致遍及大陆的大规模大火，如果撞击发生在冰盖上，则会导致全球性洪水泛滥。

有可能而且的确极有可能的是，我们还没有做完在公元前10800年和公元前9600之间改变地球面貌的彗星的相关事宜。天文学家比尔·纳皮尔、维克多·克鲁伯和钱德拉·维克拉马辛在最近的研究里提出了一个令人不寒而栗的可能性，新仙女木彗星本身就是一颗更大的大型彗星的一块碎片——直径或许曾高达100千米——它在约30000年前进入内太阳系，被太阳捕获并猛冲进一个与地球交叉的轨道。它在接下来的10000年里保持相对完好。然后，在约20000年前沿其轨道的某处，它经历了一次大规模的“分裂事件”，从一个致命的、潜在的世界杀手转换成多个物体，直径从5千米逐渐下降到1千米以内——其中的每一个仍然能够独立地引起全球性灾难[51]。

这一证据表明，正是多块这种规模的碎片在12800年前撞上地球从而导致了新仙女木事件[52]，而且我们又在11600年前遭遇到这颗彗星的碎片流，它几乎产生了同样巨大的影响。有趣的是，维克多·克鲁伯，前牛津大学天体物理系主任，曾经提出还有进一步的遭遇，以较小的规模发生在公元前第三个千年[53]。这些遭遇会不会包括产生了本本石神话以及后来损坏了斯芬克斯并在库存石碑表里有所描述的较小事件？

最后，但绝非最不重要的是，未来会有更多的遭遇吗？

十分清楚的是，我们将在第十九章里看到，“凤凰回归”将会发生在我们自己的时代——事实上会在2040年之前——而且有一种可能就是，其中一个碎片流的直径会高达30千米。如此大型的彗星碎片的撞击，最起码意味着文明的末日，也许甚至意味着所有生活在这个星球上的人类的终结。其后果要比12800年前的新仙女木撞击更具毁灭性，那次事件使我们成为患失忆症的物种，他们不得不像毫无记忆的孩子一样重新开始。

或者说几乎没有记忆。

因为在我们重新开始的时候，似乎我们有指导措施、领导人和教义，还有“七贤”和“闪灵”的高度智慧——那些“上帝的魔术师”——他们幸存于上古时代，其任务是确保一切都根本没有丢失。如果仅仅是为了说明他们的存在而让他们像我这样长篇大论地阐明公元前10500在吉萨的时代，那么这没有任何意义。我认为，他们的科学文明已经高明到足以让他们明白这个世界究竟曾发生了什么，并预测它何时会再次发生。

总之，我想，他们的目的是给我们留下信息。

我们将在后面的章节更深入地了解这些信息及其影响，但这里还有另一条线索可循，它可能会带领我们更加接近于“魔术师们”和他们的“魔术”。

第 五 部

石 头

Part Ⅴ

Stones

第十二章 巴勒贝克

2014 年 7 月 9 日深夜，我们降落在贝鲁特国际机场。该机场以黎巴嫩前总理拉菲克·哈里里的名字命名，他在 2005 年 2 月 14 日被暗杀。当时他的车队正驶过一辆停在圣乔治酒店外的三菱面包车，该酒店位于地中海海滨的时尚地——滨海路。面包车里有一个年轻的男性自杀式爆炸袭击者（一些非常零碎的 DNA 证据显示如此），还有估计重达 1800 千克（约 4000 磅）的 TNT 炸药。包括哈里里和他的几个保镖，他的密友前经济部部长贝塞尔·弗里汉在内的二十三人都遇害身亡。涉嫌组织此次屠杀的团体控制着巴勒贝克贝卡谷地，那里有些有趣的古迹，我决心在此次对黎巴嫩的研究访问期间去看一看。另外，有人怀疑叙利亚总统巴沙尔·阿萨德直接牵涉其中[1]。

叙利亚边境沿贝卡谷地东部边缘一线，非常靠近巴勒贝克。巴勒贝克在 2013 年 6 月曾遭导弹袭击，反复发生暴力事件[2]。可怕的叙利亚内战仍然如火如荼，数量庞大的难民又加重了整个国家的混乱和不稳定，有人建议我们远离这儿。但是我多年以来一直想看看巴勒贝克，在学习研究了古埃及之后，这种更加强烈的感觉把我带到了那片古废墟。

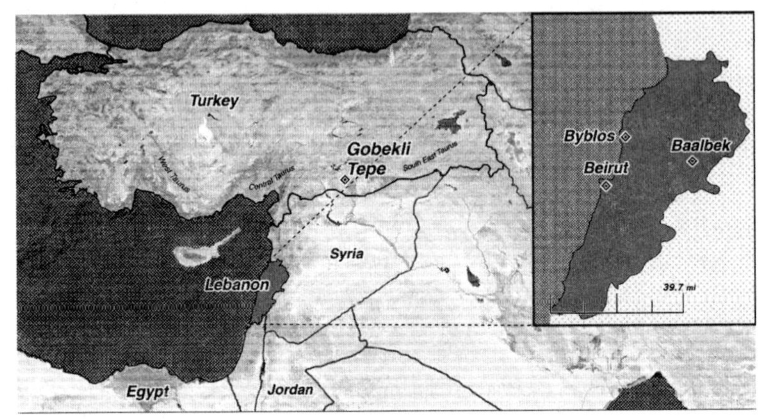

图 41　黎巴嫩所处的区域范围

你看，这显然存在一些令人费解的关联，我对此很是介怀。我在飞机上一直在重新阅读自己的笔记。随后，我和桑莎下了飞机，从停机坪走到候机楼。夜晚的空气微暖，但地中海上吹起清新的微风，让我觉得自己对前方的任何冒险都充满期待。

我们首先遭遇的是官僚机构，一位身穿灰色开领衫制服的入境事务官员。他很年轻但是面色蜡黄，肤色不健康，没刮胡子，满脸狐疑。实际上，他非常怀疑我们，在交回他鉴定的页签之前，每确认一页就要抬眼看我一次。我的护照上有 41 页签证，我经常出差，所以上面有世界各地的签证章——马来西亚，印尼，澳大利亚，南非，印度，美国，巴西，玻利维亚，秘鲁，埃及，阿拉伯联合酋长国，加拿大，土耳其……这位年轻的签证官对着每个章都研究几分钟，从头到尾慢慢地翻阅，看我一眼，继续研究，又再看我一眼。终于翻到最后一页了，他又重复了这一程序，这次是从后往前翻。

我知道他想找什么——以色列的签证章，如果上面有以色列签证章，他就可以拒绝我入境。但他是找不到的。

虽然我因为调查研究去过以色列几次，但我总是很小心，让人把出入境章盖到松散的纸页上，再放进护照，而不是直接盖在护照上。另外，我最后一次去那儿已经是 1999 年的事，在那之后我都换了两次护照了，所以根本没有丝毫值得担心的地方。即便如此，我还是不得不承认自己对这种紧张持久的审查感到很不舒服。

查阅了三次我的护照以后，入境官又带着敌意看了我一眼，问："你为什么来我们国家？"

"旅游。"我回答。根据自己的长期经验，我知道说出任何关于研究某本书的话都会带来多余的麻烦和怀疑，最好避免如此。

他狐疑地抬起一边眉毛："旅游？"

"是的，旅游。"

"那你来我们国家准备看什么？"

我准备好了怎么回答这一题："贝鲁特，美丽的滨海大道，我听说那里有很多很棒的餐厅。然后我们要去比布鲁斯，当然还有巴勒贝克。"

那狐疑的眉毛又抬起来了："巴勒贝克？"

"是，当然了！怎么也不能错过那里的。"至少这是真的，"那些庙宇，那些大石头。我听说它们是世界上的一大奇迹。"

一个突如其来的微笑："太好了，是的！我就是巴勒贝克的。那是我的家乡。"他欢快地在我的护照上盖了个章，然后潦草地在签证上签了字。"欢迎来到黎巴嫩。"他说。

现在轮到桑莎了，但既然已经破冰了，入境官只是草草翻过她的护照，然后盖章，并为我们指了去行李大厅的路。

灵魂之井

从机场驶往酒店的过程中我们经过了拉菲克·哈里里被暗杀的地方。当然暗杀造成的破坏早就被清除干净了，一切看起来都很别致。虽然已经很晚了，这儿还是有很多人，大部分都很年轻，穿着时髦，沿着滨海大道漫游，俯瞰地中海闪闪发光的海水，水中倒映着令人愉悦的路灯和星星。身处此情此景，我很难想象这座城市在过去的四十年间曾经历过那样的暴行，我把思绪又转回了此行的原因。虽然我已经在埃及做过研究，在埃德夫文本中也已经描述了那次全球性大灾难后的文明使命的线索，但我还是找到了些奇怪的地方，看起来暗示着这些吉萨高原和黎巴嫩的巨石纪念建筑之间存在某种可能的联系。

几千年前，黎巴嫩是由圣经所指的迦南地区的北边部分组成的，其中包括——粗略地说——被当今以色列、巴勒斯坦领地、约旦西部和叙利亚西南部覆盖的区域。更让我感兴趣的是，在以色列和黎巴嫩都有神秘的巨石结构，不仅规模上能与吉萨相比，而且似乎也表达了相同的基本目的，也就是创造可以持续的东西——庄严的土丘、神圣的处所，这些都是能经受时间的考验，年代不断加深的东西，即便当初与之相关的宗教和文化已经改变了。

耶路撒冷的圣殿山就是这样一个地方。正统的考古学和圣经的证词都把这个建筑归为当时最伟大的建筑，差不多是在神秘的所罗门王时期——就是那位加冕为君主的魔术师，他被认为在公元前 10 世纪进行统治。被称为所罗门神庙的建筑，犹太人的“第一座神庙”，在公元前 587 年被巴比伦人毁掉了，然后于公元前 6 世纪 20 年代被重建[3]。罗马人时期的犹太君主希律大帝在公元前 1 世纪又更加雄心勃勃地对其加以重建，并在公元前 20 年左右完成[4]。在他死后约 90 年的公元

70年，希律的神庙又和耶路撒冷城的大部分一起被罗马人给毁了[5]。

幸存下来的是巨大的梯形平台，如今被称为谢里夫圣地，这里矗立着阿克萨清真寺和大石圆顶清真寺，是伊斯兰地区圣地排行榜上的第三和第四名[6]。我们不必关心这个地方近期的历史，或者它是怎么到了穆斯林手中的。需要关注的是，巨石圆顶清真寺之所以叫这个名字，是因为在它里面躺着一块巨大的石头，被犹太人称为Shetiyah（字面意思为“基石”）。公元前10世纪，当所罗门神庙在这个地方拔地而起，基石是圣所和约柜地面的一部分，我在其他书中对这个神秘的东西详尽地做过研究，它就立在那里[7]。

在耶路撒冷，年代可能要追溯到埃德夫文本中所说的“诸神时代”的大石头，不只基石一块。当然，这块巨大的天然岩石一直在这个地方，原始的山峰之巅，和吉萨金字塔里面密封起来的天然山丘很相似，被封存了多久我们不得而知。但总会有个时间点，也许是公元前10世纪，考古学家们所认可的所罗门神庙的年代，或许更早，或许更晚，它是由人类改造过的，有一个洞穿过它将一道光线引到一个天然的洞穴中。这个洞也被人类改造过，叫作“灵魂之井”，这个洞就在巨石之下。

我来过“灵魂之井”几次。如果这里没有大金字塔下面的地下室的古朴氛围，那是因为当地人的坏品味已经把这口井弄成了一个铺过地，覆了地毯，安了照明和装潢的祈祷室。但覆盖它的巨石的切割和造型方式极易让人联想到修建了吉萨金字塔的岩石的表面形态。简而言之，我猜，跟吉萨的自然山丘下面的地下室一样，这块石头和这口井是最原始的圣所，耶路撒冷圣殿山的一切是后来才在其周围建起来的。

下一个地方是个平台，由大石头扎实地砌成，它形成了一个水平的表面，所有后来的神庙（和清真寺）都建在这个平台之上。探索耶路撒冷在此处的奥秘并非我的本意，但是在前往巴勒贝克——本章的重点——之前，我会简单说一件让我惊讶的事，那就是在所谓的哈斯蒙尼隧道发现的大型石块，位于著名的哭墙北边，又直接延伸到了哭墙。砌成哭墙的石头有时重达500吨一块[8]——而哭墙长久以来就被人们看作为希律所建。

同样，在巴勒贝克的那些与此极为相似的大型巨石，其年代也会被假设为相对近期的时期——从公元前1世纪到公元1世纪后半叶——而且也是罗马人的作品，也许早期部分也有希律所做的贡献[9]。但是吉萨高原的历史是由狭窄严苛的边界逼迫至此的，巴勒贝克也是一样。所以它的某些部分可能比目前人们认为的还要古老。

到底是什么让我想到这一可能性的呢？实际上，我在2014年来到贝鲁特并打算跑遍贝卡谷地、黎巴嫩真主党和叙利亚边境的全部原因，是因为我发现了一个怪异的关联之处，它将吉萨与古代迦南以及圣经中被称为迦南人的古代闪米特人联系在了一起。

众神中的魔术师

赛利姆·哈桑（1887–1961）是一位真正的埃及古物学家——他热情洋溢、博学多才，极其精通自己研究的领域，并持有开放的态度。他也是一位亲力亲为的挖掘者，20世纪30年代，他对吉萨高原的大部分建筑结构进行了彻底而细致的调研。在此过程中，在挖掘狮身人面像围合时，他找到了吉萨地区有迦南人的证据——实际上是迦南人在吉萨地区长期居住的证据——由于某些原因，这些证据主要集中在狮身人面像及巨石寺庙身上。“这些人是如何来埃及定居的，他们又是在何时、为何离开的，我们尚且没能找到能告诉我们答案的书面碑文。”哈桑承认说[10]。能充分证实的是，他们至少在第十八王朝（公元前1543-前1292年）就在那里了，但是不能排除他们远在这之前就定居埃及的可能性。

无论如何，我们已经在这发现了无数的许愿碑和其他崇拜吉萨狮身人面像的标记，都是这个迦南聚居区的人雕刻和奉献的。我们看到狮身人面像已经被当作是埃及神荷露斯，他能以很多种形象出现，但最常见的是猎鹰形象。有趣的是，迦南人铭文中的狮身人面像被称为赫那（Hurna），有时为霍隆（Hauron）。这些根本不是埃及语，而是一个迦南的猎鹰神的名字[11]。读者也可以从第十章看到，古埃及人常常称狮身人面像为地平线上的荷露斯（Hor-em-Akhet）。这与很多铭文中的赫内因（Hurnain）有直接联系，这一关联线索不仅是吉萨周围迦南聚居区的人留下的，也有古埃及人自身留下的——比如，在一块阿蒙霍特普二世时期的石碑上，称呼法老王为“亲爱的地平线上的荷露斯赫那（beloved of Hurna-Hor-em-Akhet）”[12]。

赛利姆·哈桑评价了阿蒙霍特普的牌匾上的“赫那与地平线上的荷露斯两个名字之间的同化”，他简洁地印证了“对狮身人面像，人们将埃及神赫内因之名与地平线上的荷露斯的同化使用”[13]。同样，在吉萨发现的一块石碑上也写着“敬地平线上的荷露斯，赫那……您将永在，当所有人死去”[14]。另一块吉萨石碑上，有赫内因的猎鹰形象，旁边的碑文刻着“哦，地平线上的荷露斯，愿他赐我恩惠与爱……”[15]克里斯蒂安·齐维耶-科什是巴黎高等研究实践学院宗教学主任，他补充说，霍隆这个名字的变形用法还经常以同样的方式出现：

> 霍隆与地平线上的荷露斯——吉萨狮身人面像的名字——是如此紧密相关……以至于人们可以毫无顾虑地用这些名字来称呼他：地平线上的荷露斯、霍隆，或者地平线上的荷露斯霍隆。[16]

但是，真正引起我的注意，使我乘飞机前往贝鲁特的，是齐维耶－科什深入观察到的一个地方。她在报告中写道：

> 狮身人面像上的一个词，指出霍隆一词源于黎巴嫩。[17]

耐人寻味的还有一块烤制泥板，是在“圣人”和“魔术师”的教化下制成的。这种教化工作在埃德夫文本和美索不达米亚的铭文中都有很多相关线索。这一泥板来自地中海岸边现属叙利亚的乌加里特古城，在黎巴嫩比布鲁斯偏北一带。霍隆是这块泥板上的主角，正如美索不达米亚的七圣人一样，他被刻画成为一位“巫师”[18]——实际上，埃及古物学家雅克布斯·范迪克指其为——

> 诸神中的魔术师……[19]

与圣人进一步呼应，霍隆的“魔法”包括了在现代听来像是先进科学知识一样的内容，这也证明了“从死亡之树中”提取出的抗蛇毒[20]能治疗被致命毒蛇咬伤的人。毒素被中和了，所以我们读到它“变弱”然后“像溪水一般流走了”[21]。

还有一些内容——直接指向巴勒贝克及它的神秘巨石——在吉萨

被崇拜的霍隆/赫那，与狮身人面像和猎鹰荷露斯同化了，而迦南神祇巴力，也就是巴勒贝克名字的由来[22]，在埃及也和赛特一起被崇拜，赛特是沙漠和风暴之神[23]。

最后，事实上巴勒贝克后来又被命名为“赫利奥波利斯”——是希腊语中“太阳之城”的意思——在公元前332年亚历山大大帝征服了地中海东部的黎凡特和叙利亚之后[24]。读者回顾第十一章就会发现，古埃及人的圣城伊努，即吉萨的法老们侍奉的凤凰神殿所在地，也被希腊人称为“赫利奥波利斯”。他们至少在公元前5世纪的希罗多德时期就这样称呼它[25]，罗马人也如此效仿。所以在整个罗马时期巴勒贝克继续被称为“赫利奥波利斯”。

跟随着亚历山大的脚印向前迈进，庞培在公元前64年攻占了黎凡特和叙利亚，“赫利奥波利斯最伟大的最高之神朱庇特”的雕像在巴勒贝克的朱庇特神庙后院被竖了起来，罗马帝国的势力在公元1世纪和2世纪达到一个新的高度[26]。这座雕像和它一贯的罗马象征一样，都能在今天的巴黎卢浮宫博物馆看到，它的胸口展示了一个有翅膀的太阳圆盘——贝鲁特美国大学的建筑学教授弗里德里希·拉加特认为，这可能是一种指代，“指的是埃及神赫利奥波利斯”[27]。

直到公元7世纪被阿拉伯人征服后，原来被称为“巴勒贝克”的迦南地区才重新在黎凡特的编年史中出现，到那时这个城市的“古希腊-罗马”指定之名“赫利奥波利斯”才彻底退出使用[28]。

黎巴嫩和前黎巴嫩山脉的范围之间

我们乘深夜航班到达贝鲁特后的第二天一早，就有黎巴嫩朋友好心地到酒店驾车送我们去巴勒贝克。在出发前喝咖啡的时候，他们说我们的运气非常好：叙利亚战争处在间歇期，边境沿线都很平静，他们觉得不会遇到任何问题。

白天的黎巴嫩首都看上去几乎和午夜时一样迷人。1975 至 1990 年间，恐怖而持久的内战使得这座城市中的 102 万人丧生，但作为许多战斗的中心，这座城市仿佛已经将这可怕的一页翻过去了。大多数建筑物上的弹孔、弹片和爆炸的痕迹都已经被修复，新的建设正在进行，整个城市的氛围积极乐观、充满活力、雄心勃勃。对，空气中是有悲伤的——毕竟在经历这么多的谋杀和混乱之后这是不可避免的——但是我感受到的是一个正在从创伤中恢复的民族，并未沉溺

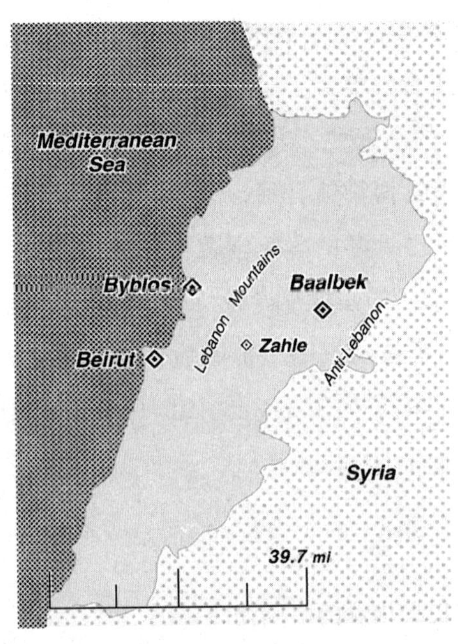

图 42

在创伤之中，这里充满了欢欣而聪明的年轻人，他们下定决心向前迈进。

盘旋翻过黎巴嫩山的陡峭山麓去到首都东面的道路交通十分繁忙。虽然到巴勒贝克的距离只有86千米（约53英里），但是有很多军事检查站，我们要通过很多减速弯，接受全副武装、小心谨慎的士兵的检查。这当然会把我们的速度拉下来。但是，景色却变得越来越壮观。波光粼粼的地中海在我们身后，黎巴嫩山脉那碧绿的、遍布着树木的山脊高耸在我们眼前。道路蜿蜒曲折，有多个急转回头弯，上下颠簸得让人头晕眼花。空气也明显变得凉爽，眼前的土地变得贫瘠。然后我们经过达哈尔埃尔贝达越过了海拔1556米（约5100英尺）的山顶。在山的另一侧，我们一路往下狂奔，下方是一片开阔的景象：广阔的、精耕细作的贝卡谷地。我们经过了城市延伸区域的扎赫勒边缘，这里以可萨拉酒厂著名。不一会儿我们就驰骋在贝卡谷地了——虽然它更像是个高原而非谷地，因为其平均海拔超过1000米（约3280英尺）。

西边以我们刚刚驶过的黎巴嫩山脉为界，东边以前黎巴嫩山脉为界，之间的贝卡谷地被两条历史悠久的河流灌溉着——利塔尼河和奥龙特斯河。当罗马人两千多年前在这里进行殖民统治时，这片肥沃的高原是他们的粮仓，向帝国输出谷物。如今这里产出的作物更加丰厚，虽然大部分躲藏在视线之外，那就是大麻。为防止惹恼当地农民，当局通常对此视而不见。

在这条两边都是耕地、又长又直的道路上继续匀速走了三四十分钟后，我们进入了前黎巴嫩山麓边上的巴勒贝克外围。这是一个凋敝的小镇，有些商店、办公室和破旧的低层公寓楼，许多地方都挂着真主党旗帜。

人们对神的崇拜风尚和喜好来来去去，但是圣地的风貌却挺过了时间的考验。在城镇上方的一处高地，我们能清楚地看到那些壮观的遗迹，那些高耸的柱子，三座罗马寺庙高大的山形墙，在古代世界赋予了巴勒贝克如许的声誉。这三座庙宇应该是专门为朱庇特、巴克斯和维纳斯而建，它们在规模和气势上要比其他的罗马建筑都大，包括那些在罗马的建筑。不过，真正让我感兴趣的是，环绕朱庇特神庙周围三面的高墙，特别是被称为巨石牌坊的三块巨石。我在预先研究中得到的大部分关于巨石牌坊的内容都让我怀疑，它们其实要更古老——古老得多——而且罗马人修建它们的目的要比修建其他东西的目的神秘得多。

现在就是我找出答案的机会。

几个世纪的黑暗

上午的阳光照耀在万里无云的湛蓝天空下，我坐在一块大约曾经是朱庇特神庙一部分的石灰石大砖块上。说“曾经”是因为这座高塔建筑留下来的部分不多，除了我身后那 6 根巨大的石柱，它们伸向空中的高度达到足球场宽度的一半——它们是这个硕大的矩形建筑原有的 54 根中轴立柱中仅余的 6 根。这个遗址是如此庞大，但又被毁坏得如此严重，我都弄不清自己所在的方位了。另外，我必须承认，远处炮火不绝的声响，重机枪密集的突突作响声，以及偶尔出现的巨大爆炸声，是让人有些不安的。

好吧，我装作关闭了听觉，不去听那些声音，断然地想，这只是黎巴嫩军队在做射击练习，我们还是来看看这儿有些什么吧。我从自己肩膀的高度望出去，大致朝向东南方，穿过我所站的巨大平台边缘的 6 根大石柱中间，经过一个下沉的广场，看到北边柱廊有一排十几根较小的柱子，它们更完整也很漂亮，那是罗马酒神巴克斯的神庙。

我虽然不是来这儿研究罗马建筑的，但它们依然给我留下了深刻印象。罗马人知道给酒以及它带来的所有乐趣建造一座寺庙的乐趣——据说这里常常发生性放纵行为，而且是经过许可的——我们还是别顾左右而言他了，这些人的确擅长建造！这些柱子本身就是巨石建筑中的精品，罗马人在把这些山形墙的大石块立起来时，似乎毫无困难，这些石块每块重达 10 吨——有时候有几百吨——这取决于它们的高度。

人们关于这个话题有很多无知的胡扯，那我们来梳理一下这些内容，从头开始：罗马人是让人难以置信的成熟的建造者，他们无疑能够移动和放置那些硕大无比的沉重的石块。如果对巴勒贝克的失落文明有什么东西需要讨论的话，肯定不是这些石头的重量，或者罗马人能做或不能做什么这种天真而显得孤陋寡闻的观点。因为就建筑而言，我身边的这些证据都能证实罗马人能够建成他们想建的任何东西。

他们经常在现存的圣地上再建造自己的庙宇，目的并不是要抹杀本土的神或宗教（比如像西班牙人在墨西哥做的那样，在阿兹台克神庙的遗址上建教堂），而是以一种积极的方式将罗马的神和宗教与之前已经消失的东西联系起来。在罗马之前的宗教常常继续繁荣，在罗马之前的神也被崇拜和吸收进来，成了一种丰富的、新颖的、不断增长的混合体。但是对那些做考古取证工作的人来讲，想确认究竟谁要为哪些东西及哪个时期的东西负责，这些重复的建筑不可避免地会成为一种挑战——特别是在巴勒贝克，后来的文化以及时间的摧残，都持续不断地塑造着这一遗址。

在罗马时代走向终点时，这里开始发生坏事。转折点是罗马在君士坦丁大帝（公元 306-307 年）统治下转向了新的、狂热的、排他的基督教。这一信仰的武装分子首先将他们锐利的目光对准了维纳斯神庙，基督教编年史家尤西比乌斯称其为“一所教人声色行为的学校”，那里是人们沉迷于“各种放荡行为”的发源地[29]。君士坦丁下令彻底摧毁这座庙宇（但在本次行动中并没有做到）[30]。背叛者朱利安（公元 361-363 年）憎恨基督教，并恢复了对旧神的崇拜。之后狄奥多西（公元 379-395 年）登上了王位，基督教重新掌权，咄咄逼人。《逾越节纪事》记载了“君士坦丁大帝只好关闭了庙宇”：

> 但是狄奥多西摧毁了它们，将之改成了基督教堂，改为了赫利奥波利斯，即巴力－赫里斯、伟大的太阳神巴力的庙宇，也即著名的巨石牌坊。[31]

几百年后，伊斯兰时代开始了。在公元 664 年左右，巴勒贝克被一支穆斯林军队围困并占领，他们把城市正南边的朱庇特神庙和巴克斯神庙变成了一座单独的巨型军事堡垒。之后又有不同的派别控制巴勒贝克并持续巩固它（事实上，在今天，阿拉伯语中还称之为 Kala’a，意思是“堡垒”[32]）。当然，在这个过程中，这些古代庙宇又遭到了进一步的破坏。公元 992 年，卡马茨，一个持不同政见的什叶派教派，围困并占领了巴勒贝克，屠杀了守城者。公元 969 年，法蒂玛围（Fatimites）又围困了这里。四年之后，一位名为萨米西斯的穆斯林将军带着一支庞大的军队来到这里，接踵而至的是一场灾难性的围困和大屠杀[33]。

公元996年，一支希腊基督徒军队火烧巴勒贝克；到1100年，这座城市又落入了塞尔柱王朝的手中。1134年，它被辛克围困，辛克用“十四个弹弩夜以继日地工作，狂风暴雨般地向城墙投掷炮弹”[34]。

1158年，巴勒贝克受到一次“前所未有的剧烈”程度的地震侵袭，地震“摧毁了所有堡垒和庙宇”。辛克的儿子努拉丁“赶往巴勒贝克修复地震对这一壁垒造成的损害”[35]。

1171年，被关押在此的一股欧洲十字军发起了一次起义，他们屠杀了把守的驻军，并占领了城堡，但是很快就轮到他们被从地下通道攻进来的穆斯林军队屠杀。1176年，十字军又杀回来了。他们攻打并洗劫了巴勒贝克。此后不久的1203年，又发生了一次大规模地震，对这里造成了进一步的破坏[36]。

1260年，鞑靼苏丹，霍拉克，围攻巴勒贝克，占领并摧毁了它。“甚至连防御工事也未能幸免”——在后来被达希尔·贝巴尔斯国王攻打并驱逐时，鞑靼人也后悔当初选了霍拉克这个傻子。达希尔下令马上重建巴勒贝克城的堡垒，修复城墙。——不要忘了，毕竟巴勒贝克是那些古代庙宇的所在地。但是在1318年，大自然又接手了这里，一场可怕的洪水把城墙冲出了几个宽大的缺口。“洪水的力量如此强大，将一座结实的12米高塔冲出了400米远”。[37]

接下来是土耳其－蒙古征服者，帖木儿。1491年，在攻占了堡垒及击退所有抵抗之后，他将那里弃于“士兵们无情的掠夺屠杀之下”。到1516年，巴勒贝克成为奥斯曼帝国的一部分时，那儿的堡垒和寺庙已经“全然被毁了”[38]。

在这种状态下，1751年，英国建筑师罗伯特·伍德还是看到了这些遗迹。在他详尽的绘图中，还能看到朱庇特神庙的54根石柱中，有9根保存完好。后来的1759年，又发生了一次可怕的地震，只留下了6根石柱，我现在正面对它们思考着古老神秘的地方的动荡历史[39]。

我问自己——在经历如此反复多次的建造、破坏和重建之后，考古学家们对这里到底称得上了解多少呢？正如前巴勒贝克馆长迈克尔·阿鲁夫所言：

> 很不幸，这所庙宇饱受时间的摧残和无知的破坏；它的墙体已经垮塌，柱石已经断裂，基底已被损毁。剩余的只有南面柱廊的6根柱子，北面阿拉伯工事内的4根只剩基座的断柱，以及外围柱廊的基座。最先开始进行破坏的是拜占庭皇帝，他们用毁掉建筑得来的材料修建教堂。阿拉伯人对此进行效仿，从庙宇的墙壁和基石中极尽所能地取出石块，用来巩固城墙的薄弱之处。[40]

毫无疑问，负责这处遗址的德国考古研究所（同时也是哥贝克力石阵的负责方）已经尽了全力。然而，在这个过程中，他们已经更深刻地揭开了一些让人疑惑的复杂岩层，并被迫推翻了长期以来的主流共识，这个共识认为罗马人是巴勒贝克城最初的建造者[41]。事实却远非如此！我如今所坐的地方，处于曾经构成朱庇特神庙内室的区域之中，其实是一座更为久远的神圣土丘的遗迹。这些土丘在这一地区被当作“玄机”，考古学家们现在也承认了“巴勒贝克玄机”至少有10000年的历史[42]——要比罗马人来到这儿的时间早至少8000年！“极有可能属于前陶器新石器时代的一长串有序的新石器时期岩层”[43]被挖了出来，也把巴勒贝克的起源推到了与邻近的哥贝克力石阵繁荣时期非常接近的时间点。

巨石墙北

炮火仍在继续，给我们所处的情景制造着背景音，但是那种需要些时间才会引起人们注意的噪音。我起身离开已经被我坐得温暖舒适的那块石头，往北走了十多步，穿过应该是朱庇特神庙地板的地面，走到其北部边缘（以几根破裂的石柱为标志，依然立在基座上的石柱就像烂掉的牙齿剩余的存根），这里之后由阿拉伯人修建了一面非常临时的、杂乱无章的防御墙。在墙的内部，间隔着修建了一些射击孔，这是一些让防御的士兵向进攻者射火箭的环孔。我透过一个环孔朝北方望去，只能看到下方一排巨石的顶端，（我猜测）也许比我所处的地方要低 20 或 25 英尺。我数出了 9 块巨石，并注意到它们与这面修了射击孔的墙的墙基之间的水平距离为 35 英尺——我也是大概猜的。中间地带则长满了草和灌木，里面有许多倒下的破碎石块。

为了能更好地查看这面奇怪的巨石墙，我沿着朱庇特神庙的北缘朝西面继续走，一直走到了阿拉伯人后来加建的另一部分防御工事，也就是所谓的“西北塔”。我可以走上去——一个便利的露台，有着居高临下的视角——从这里往后沿着我身下的巨石看向东边，可以看到身下的一排巨石，下面是那条长满草的沟，隔开了巨石立柱与庙宇平台的墙。

我不会试图解释这些巨石到底是什么。让我感到迷惑的东西已经够多了！但是过不了多久我们会转过头来看它们的，等到一切变得明朗的时候，这还是有希望的。与此同时，我走出了阿拉伯塔，走回它伸向的巨大的矩形空间，朱庇特神庙曾经就在这里，穿过这儿之后我

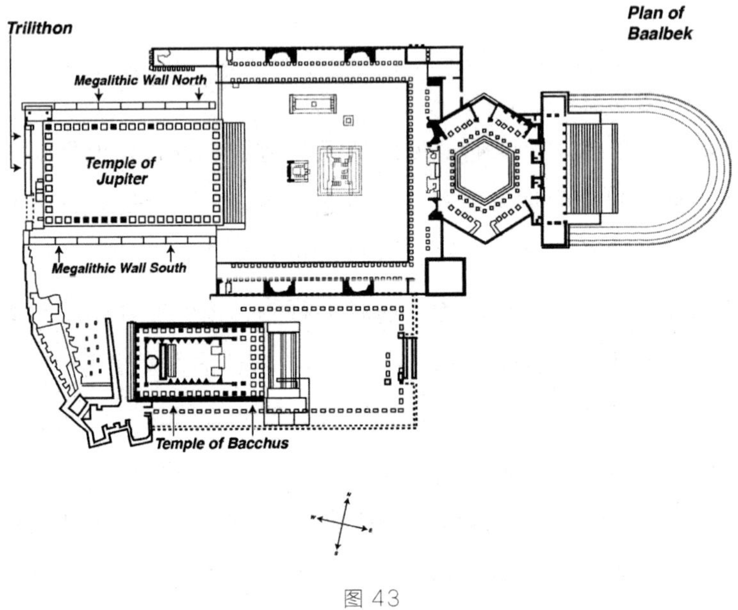

图 43

往东一直走到了伸向神庙入口的台阶。我走下台阶，然后又转向西边，走进那个下沉的广场，这个广场的北面是朱庇特神庙的平台，南边是巴克斯神庙。

知识的传播

当然，我也查看了酒神的庇护所。它很美丽，自有一股强大的力量，我相信古时候人们在这里庆祝了很多欢乐之事。但是它也有更为严肃的一面，暗示着罗马人接受了一些古代知识和象征的最古老的起源——这些知识像一条河流，虽然后来有很多支流，但在今天依然流淌着。

共济会研究了巴克斯神庙，指出了很多对他们而言有意义的浮雕和设计。比如，在一块至今仍然被神庙的石柱支撑着的天花板石的底面，出现了一个被称为“所罗门封印”的标记——一个圆圈里的六角星。根据美国知名共济会圣殿骑士大法师蒂莫西·霍根的说法，这个六角星中间的图案“对已入门的学徒而言应该是个熟悉的标记”。另一个浮雕是两个人物“肩并肩坐着做出手势，对共济会的成员而言这手势具备某种意义”[44]。

值得一提的还有，在巴克斯神庙，甚至整个巴勒贝克，到底有多少证据能证明人们对智慧之神的崇拜。罗马人称他为墨丘利——希腊人的赫尔墨斯——古埃及人称之为图特，他还和第九章中的七圣人相关[45]。另一个有趣的关联是，墨丘利教派的最早形式还用到了[46]——我在第十一章中讨论过的，最早为“从天而降的石头”的东西——换句话说，就是陨石，常常是彗星的碎片流的一部分。我们记得，麦加的克尔白黑石据说就是一块陨石，有趣的是巴勒贝克在古时候是一个神谕之物的所在地（据说罗马皇帝图拉真对这个神谕大力推崇），这个神谕之物是一块能回答人们问题的黑色的石头[47]。

有学者认为巴克斯神庙也是侍奉墨丘利的[48]，但是我来巴勒贝克不是为了研究罗马建筑的，就不深入阐述了。让我真正感兴趣的是朱庇特神庙，以及与之纠缠的史前往事——特别是它与那个建有哥贝克力石阵同时代的早期建筑平台之间的联系。

同样，要整理出历史的不同阶段是很困难的，我决定不受那些“另类”历史学家掉进过的陷阱的诱惑——总的来说，在我们看来，那些非常先进甚至“外来”的技术肯定与移动和抬升那些巨石相关。正如我说过的，我不否认罗马人可以，他们也的确可以随心所欲地移动那些巨大的石块。实际上，能证明这一点的证据就在我周围，在巴克斯和朱庇特神庙之间，两所庙宇倒塌的山形墙上掉落的被雕琢和镌刻过的石块散落在那里。它们，无疑是罗马人的作品，有些重达 100 吨以上，其中一块重 360 吨[49]，而且它们都被抬到了高出地面 70 英尺（约 21 米）的地方——也就是它们曾经所处的石柱的高度[50]。

我往北走过这些废墟，又回到朱庇特神庙，现在正抬头看着它剩余的 6 根柱子，每根都是由 3 块巨石组成，并竖立在将近 9 英尺高的单石基座上[51]。只有傻子才会说不是罗马人建造和竖起了这些石柱，以及那些山形墙，因为从风格上看这是非常明显的，而且根据复杂的考古研究，它们确实为罗马人所建。

然而，如前文所指出的，罗马人本身就是一种非常古老的传统的继承者和传播者，朱庇特神庙本身具有 54 根石柱应该也不是偶然。读者应该记得第十章和十一章里讨论过的岁差的现象，以及“岁差数”的奥秘，它们存在于世界各地的古代谜题与传统中，乔治·德·桑蒂拉纳和赫塔·冯·戴程德教授将之作为证据，来证明某种未知的“几乎不可置信”的古代文明传承了先进的天文知识。正好 54 也是岁差数之一。它从 72 演变而来，72 是岁差运动一度所需的年数。我们将 36（72 的一半）加上 72，得到 108，除以 2 以后便是 54。在他们的突破性研究《哈姆雷特的石磨》中，桑蒂拉纳和冯·戴程德指出了柬埔寨吴哥窟的雕像道，“每道 108 个，每侧各 54 个”，这也是深思熟虑的岁差象征的例子[52]——所以为什么巴勒贝克城的朱庇特神庙也有 54 根石柱呢？

巨石墙南

我的目光从这六根石柱的顶端游走到它们巨大的柱基上，又移至那堵由那些不那么大的、只有四分之一吨重的石块组成的墙上——这几根柱子就立于它之上（形成了神庙的南缘）——向下，是这墙的墙基，它的侧面又是9块排成一排的巨石，每块长32英尺，高13英尺，宽10英尺（9.5m × 4m × 3m）[53]。这些怪兽般的巨石每块重达400吨左右。其中的几块，远远地朝着西面，表面装饰得很精美，石面被打磨得很光滑，上半部分凿得比下半部分要窄。但是其余的几块都很粗糙，还露着“石坯”。石坯是工匠们为了让琢石在运送途中不被破坏而加到石头上的保护层[54]。

这些石块的来源采石场已经确认了。在其南面800米（半英里）远的地方。我不会怀疑采集和搬运它们是罗马人的技术能力范围内的事。但还有个不得不问的问题——这些石块是他们的作品吗？还是别人的呢？必须问这个问题，因为我现在看见的9块石块，是大得惊人的巨石墙的组成部分，我先前在这个遗址北面看到的9个同样巨大的石块也是属于那面墙的。北面的一排巨石和这排南面的巨石形成了南北两条“手臂”，组成了一个巨大的“U”形墙，从北、南、西三面环绕朱庇特神庙——在这U形之中则坐落着我来这里查看的传说中的巨石牌坊，面向西方。

虽然，对于往常的巴勒贝克，这还不够扑朔迷离，但有更为复杂的问题！丹尼尔·罗曼探究过，他是一位心思极其透彻，头脑聪明的德国建筑师和考古学家，他花费了数年挖掘和详尽研究这个遗址，在2015年2月，他慷慨地与我取得联系，并将他的广博知识授益于我。我在下一章会更深入探讨的，正是他的观点，即围绕朱庇特神庙的让人敬畏的U形墙，百分之百是罗马人作品。

在他的研究中，这U形墙本来是要修成一座巨大平台的一部分——我们就跟随他的逻辑，暂时称之为“2号平台”——掌管这座庙宇的人（因为没有任何现存记录，我们并不知道这人是谁[55]）希望这个平台能够环绕他这一“妄自尊大”的杰作[56]。罗曼的调查结果是，在2号平台的U形墙中，就是他所认为的早期建筑的残余部分，他称之为1号平台[57]。他的研究显示了1号平台的尺寸为高12米，南北距离48米，东西距离95米，但是他也承认，“唯一能确定的线索”是“它的年代”要“早于胡里奥克劳迪安神庙”[58]（也就是朱庇特神庙，它主要是在胡里奥克劳迪安王朝建起来的，并跨越了奥古斯都、提比略、卡里古拉、克劳狄斯和尼禄的统治，在公元前27年至公元68年间）。长话短说，罗曼认为1号平台是希律大帝的作品，这位客居罗马的国王，在公元前1世纪统治了犹太人几十年。但是没有任何铭文或其他文件能证明这一点，所以“唯一的信息来源就是这座保存完好的建筑本身”[59]，特别是它的建筑风格：

> 比如采用交替排列的露头砖和横砌石，砌筑的砖石，以及对早期建筑图的重建。这些元素揭示了与希律王圣殿惊人的相近之处，特别是耶路撒冷神庙，不仅在大致外观上，并且在确切的比例和尺寸上，都很相似。这两个建筑项目的关联有力地表明希律与之有关……即使其确切性还有待证明。[60]

正如我们所看到的，耶路撒冷圣殿是在公元70年被罗马人毁掉的，所以罗曼的论点是，必须要根据“神庙唯一幸存的部分，圣地谢里夫的巨大梯形平台”来立论[61]。尽管如此，他所提供的细节比较，也确实可以作为“希律参与修建了”巴勒贝克的1号平台的绝佳案例。然而，仍需解决的问题是，他到底参与了多少。具体而言，虽然罗曼承认了“巴勒贝克玄机……从前陶器新石器时代就一直存在”[62]——也就是从哥贝克力石阵时期就有——虽然他的整个讨论都在说胡里奥－克劳狄皇帝开始在巴勒贝克为2号平塔修建其庞大得惊人的U形墙时是在1号平台周围开展工作的，但他并没考虑到一个可能性，那就是也许还存在“0号平台”，而且其实是希律修建的。

我不能因为这个责怪他，因为没有任何我所知道的主流考古学家愿意考虑这一可能性，说耶路撒冷神庙是希律重建的——特别是面对那些我们之前讨论过的、如今在哈斯蒙尼隧道暴露在外的巨大石块时。即便如此，我们还是不能忽视巴勒贝克的这个可能性，特别是还有罗曼自己描述为“伟大的古迹”的遗址的启发[63]。

我要考虑的，还有另一种可能性。这一可能性关系到形成罗曼称之为2号平台的巨石U形墙所组成的基座和边界。假如，U形墙玄机根本不是罗马人所建呢？假如它是在1号平台修建之前就在那，而非之后呢？假如，进一步说，那个已经存在了上千年的早于1号平台的玄机，实际上是因为U形巨石墙本来就预先存在于此呢？换句话说，假如U形墙和它的巨石是这座遗址里面最早的建筑物，也许是用来奉祀一些中央物件的，一些原始土堆的，在这些土堆前面，那玄机后来经过了上千年的演变，直到希律圣殿在那之上被建起来，之后又被重建为朱庇特神庙呢？

巨石牌坊

我爬上了设在一块巨大无比的巨石后面的台阶——这儿的一切的规模都是史诗级的！——然后我沿着一排大约13英尺高、400吨重的巨石走，这些巨石修成了U形巨石墙的南边部分，罗曼将之视为从未完工的2号平台的一部分。我往西走，从6个石块下面经过，它们不是若隐若现，而是越过我的头顶，虽然尺寸很大，但看起来轻盈典雅。它们栖身的墙，要比我再高一倍；墙的上缘，也就是放置石块的地方，就是朱庇特神庙地面的水平高度，之前我在那里坐过。墙与我现在走在上面的10英尺宽的巨石边缘之间，有一个石柱碎块的障碍物，以及当初它们支撑的那些几吨重的华丽山形墙碎片。

在这一长排巨石末端，我面对着一堆高塔、拱门和摇摇欲坠的中世纪阿拉伯防御工事。我艰难地穿过它们——这一切都有点扑朔迷离！我爬上了一道阶梯，右转到了这团混乱区域西边的一条狭窄小巷。我现在往北走，这条小巷看起来还不够两人并排通行，左边是部分由罗马人部分由阿拉伯人重建的外部防御工事，右边是一排粗糙的大石块。我不知道这些石头是建什么用的，但是几个月之后，从我和罗曼的通信中，我最终得知，它们是——

> 填充层的一部分……是用来填充希律修建的墙与之后的巨石之间的部分的，之后的巨石组成了第二个，也就是胡里奥－克劳狄修建的平台的外壳。它们本来应该在外壳里面，不被人看到的，所以保持着裸露、粗糙的表面。[64]

不管它们是什么，这些庞大的石块被分隔到离左边墙体只有我两肩宽的地方，左边的墙体是混合的罗马墙和延伸的阿拉伯防御工事。处在其中的感觉像是被压缩了，几乎使我产生了幽闭恐惧。又走了二十多步，小巷变宽了，而外侧的防御墙，之前明显有几层厚的，突然变得只剩一层。在前方，还有一个大口子，我从那里往下看到一个长着草的边缘地带，在大约 35 到 40 英尺以下的地方，整个巴勒贝克遗址被现代的栅栏围住。

那时我才确切地明白了——虽然我之前有一半的心情是在期待这个结果，但直到此时我才确认——我就站在我来巴勒贝克想看的地方。它只有 64 英尺长，高约 14 英尺，大约 12 英尺宽，超过 800 吨重[65]。

这是三块著名的巨石牌坊巨石中最南边的一个。

第十三章 洪水来了

我希望着，期待着，几乎是确定地相信，我对这片废墟绘制的路线一定可以将我带往巨石牌坊。但在这个迷宫般的地方晃荡，使我最终来到了这个特别之地，还真是有一丝胜利的感觉。

这是一个评估状况的好时机。光是我西面的外部防御工事砖石结构，就占了巨石牌坊巨大宽度的四分之一。一根倒塌的石柱的一段躺在防御工事的间隙边，这段防御工事俯瞰着废墟的围栏里面长满草的边缘。紧靠在防御墙上的柱子覆盖了它栖身的巨大石块大约一半的宽度，也就是三个巨石牌坊中最南边的一个。总而言之，这是一个被庇护的地方，一个安静的空间，差不多是个小院子。有一块跟凳子一般高度的松散砖块，正好方便我休息。另外，现在已经是下午了，还有一片树荫。

我松了口气，坐下来拿出我的笔记本，整理思绪。我知道，我这样做的时候，我的脚不仅放在巨石牌坊的石块上，而且放在了镌刻在石块上的比朱庇特神庙更为古老的字迹上，虽然不是久远很多。自这些雕刻第一次重见天日至今的五十年中，时光并未善待它，说实话，我也看不见它。但是，哈鲁斯·卡拉扬教授，也就是黎巴嫩古迹部门任命的巴勒贝克修复工作的负责人和工程师解释说，早在十九世纪六十年代，“鉴于科学上的兴趣，古迹部门的总干事埃米尔·莫里斯·谢哈卜就决定清理巨石牌坊的顶部……”在做完这些之后——

南边的石块……将朱庇特神庙前冲部分的正面图像完全地暴露出来了。这幅图像的一部分延伸到了罗马建筑之下，另一部分藏在阿拉伯建筑的早期部分中……这一发现暗示了巨石牌坊是早就修建好来用作栈桥板，以确定前冲石块的尺寸和顺序的。也就是说，它建于公元1世纪的上半页开端。进一步说，可以总结为，在前冲部分修建好后，这些图案也完成了自己的使命，巨石牌坊之上的结构图也执行完了。这就是为什么有些图案延伸到了罗马建筑的下方。[1]

所以在这儿，我的脚边——很不幸现在在没有特殊照明的情况下无法看到——是一个能说明这巨石牌坊周边真正奥秘的极具说服力的证据，而不是由某个历史学家捏造出来的。显然，正如卡拉扬承认的那样，因为它是用作朱庇特神庙的部分建筑图的，特别是之后还有部分被罗马建筑遮住了，唯一合理的推理就是，它肯定要比这庙宇更古老。

我们将深入了解一下其中的意味，但是需要在一开始就注意，丹尼尔·罗曼对此并不赞同。他在2009年于德国科特布斯举办的第三届国际建造历史大会上发表了一篇文章这样写道：

卡拉扬提出，这幅图画证明了巨石牌坊要比庙宇更古老，在庙宇建成之前就已存在。今天，新的证据显示，这种假设已经过时，巨石牌坊和庙宇是同时建造的。该建筑区域的外层（带有图案的最南边的巨石牌坊石块）是特地用于同时建造的，之后只是被另一层石层覆盖了而已。[2]

紧接着在2010年的一篇文章中，罗曼扩展了他的论述：

这一未建完的前罗马时期建筑（平台1）是一个纪念性建筑杰作规划的组成部分。它明显遭到了已建成的大型的前罗马时期建筑的挑战，早期的帝王朱庇特神庙同时显示了公元1世纪上半叶建筑上的唯我独尊的设计和建造技术。最著名的例子应该是组成西面庙宇平台的中间层的巨石牌坊……这个平台可以被视为企图将较早的、造型不便的神庙露台用一种时髦的罗马的方式隐藏起来……[3]

我明白罗曼的逻辑，但是对此还是有好多疑问。首先是，这里丢出了一个“平台”的概念，字典里是这样定义“平台”的：

支撑古典庙宇的砖石结构。[4]

或者：

古典庙宇的台基，特别是侧面垂直的那种。[5]

“台基”又被定义为：

建筑物或同类物被立于之上的基础或基底。[6]

或者：

> **构成古典庙宇的地面和下部结构的坚实基础；梯形基座；平台。**[7]

“梯形基座”，类似的是“房屋的上部建筑竖立的平台”[8]。

这些定义都持一个共同的观点，那就是，平台是一个建筑结构，庙宇建造在其之上。但罗曼口中的平台 2 却不是这种情况。它不是朱庇特神庙竖立在其之上的“基础或基底”，也不是“构成”朱庇特神庙的“地面的坚实基础”。朱庇特神庙实际上是站在——罗曼自己清楚指出——希律一世的平台 1 上面的，被其“支撑”的。罗曼所说的平台 2，反而并没有“支撑”朱庇特神庙的任何部分。它从三面围绕着平台 1，但是并没有支撑平台 1。换言之，正如在我第十二章中几次描述的那样，它是一个 U 型的巨石墙，而不是一个平台。如果如罗曼相信的那般，是罗马人修建了它，那么他们并不是要将之建为结构性的、承重的、发挥平台作用的部分，而只是因为美观原因建了它——“作为一种尝试”，用罗曼自己的话说，“用以将较早的、造型不便的神庙露台用一种时髦的罗马的方式隐藏起来”。

作为回应，我只能重复一遍，“平台”仍然是一个误导性的词，并不能真正描述我们眼前看到的东西。如果罗曼的分析是正确的，这的确是先于希律大帝的作品，那么我们并未看到有证据能证明罗马人“将较早的、造型不便的神庙露台用一种时髦的罗马的方式”隐藏起来。不管原来的计划如何，都是要扩张和发展的，我们无从获知，也没有任何相关记录。立于地上的证据仅限于这个巨大的从三面围绕平台 1 的 U 形墙，但并不是支撑着平台 1——这是一座坚固的巨石墙，比世界上其他任何已知由罗马人建造的巨石墙的尺寸都要更大。

一座看起来不像罗马人建的墙——巨石牌坊——组建它的石块重量超过 800 吨，光是运送和放置材料就的确需要耗费惊人的劳动量。

我的意思并不是罗马人无法承担这样的工作，或者是 800 吨的石块超出了他们的建造技术。我并不知道，也不会声称自己知道他们的技术极限在哪儿。我是说，在罗曼看来[9]，仅仅为了装饰而修建到如此极端的长度，这不太像是罗马人务实冷静的头脑想出来的东西。当然，这就给了我们选择其他可能性的空间，比如说，这座 U 形巨石墙是在平台 1 修建之前就存在的——也许早在其上千年前。

但是，在卡拉扬宣称巨石牌坊早于朱庇特神庙的文章中，他继续给出了另一条关键信息，似乎给这种想法泼了冷水。的确，巨石牌坊是要比朱庇特神庙这一巨型建筑古老，但是并没有那么老，因为：

有一根在尺寸上与朱庇特神庙的柱子相似的柱子，它的一截被用于建造巨石牌坊的地基。由于在巴勒贝克没有（据我们所知）第二根具有相似尺寸的柱子，我们可以得出，这一截石柱是被扔掉的，而这些石柱在巨石牌坊的地基建造之初就已经成型或正被打造。[10]

这会不会属于“一点点丑陋现实毁灭了一个美好理论”呢？我对巴勒贝克遗失的文明的质问是否注定要在卡拉扬的一截石柱面前妥协呢？也许我应该收拾行装打道回府？如果从对该问题充满怀疑的文献的角度来看，你会这么认为。这一作品对上述引用内容进行多次反刍，似乎想对此问题盖棺定论，似乎凭它就能推翻对巨石牌坊为罗马人所建的合理怀疑——似乎对该问题的任何深入思考和疑虑都是虚无而反科学的废话。

比如，杰森·克拉维托，一名持怀疑观点的作者，以“边缘学科与历史修正主义的事实揭露者”自居，认为“考古和工程学可以解释巨石牌坊的方方面面”，并声称因此无需换一种视角再讨论[11]。不过，他并不是用实际工作来为自己佐证，而是将我们指向另一个自称“怀疑论者”的物理学家艾伦·阿代尔的“精彩”著作[12]。阿代尔又一次简单地老调重弹卡拉扬的观点，严重依赖于地基中的一截石柱，以及最南端的巨石牌坊顶部的建筑图纸，他总结道：

我们可以合理断定，巨石牌坊的石头是在朱庇特神庙建造的同一时期被砌上的。所以，既然巨石牌坊的石头是与神庙同时建造的，那么我们就已经得出结论，罗马是该建筑物的起源地。[13]

听上去似乎合理，完整，具有说服力。但是实际上，与在这份怀疑论文献中充当事实的诸多其他内容一样，只要细心观察，就会发现该结论其实是一种被伪装成客观性的推测、主张和偏见。卡拉扬过去提到的那一截石柱，许多人坚定地仰赖于它，来巩固那些有关这一遗址年代的既成观点。

讽刺的是，我为之而来的中心议题，正好也在由阿代尔复印的一张黑白照片之中。照片中是遗址的西墙，被用来与其文章一道证明其论点（显然是来自一张年代久远的明信片）——比如里面有巨石牌坊下的石块，这些石块下方，在照片之外，是卡拉扬所说的石柱一截。但是照片展示的巨石牌坊上方的墙，是另一根罗马石柱的一截，该部分被阿拉伯人重新调整过，就是在我们所知道的阿拉伯人维修巴勒贝克防御工事的众多时期之一所为，在它们被敌人的弹弩攻击捣毁之后[14]。此外，似乎是想强调巴勒贝克的石墙每一个重新修整的地方的暂时性，就连那一点点石柱段（在另一张“拍摄于二战之前”的照片中还能见到，该照片在1980年被弗里德里希·拉加特复制[15]），也在最近的修复中被移除——就像桑莎·法伊亚2014年放进展示区的照片显示的那样。

事实上，阿拉伯人定期对罗马石柱段及其部件常规性地拆用，再利用并另作他用[16]。此外，正如我们在第十二章所见，也如迈克尔·阿卢夫——一个密切研究该废墟超过五十年的人——所说，在无数的围攻期间，巴勒贝克城的基础曾遭受反复破坏，该遗址作为一个堡垒服役时饱经风霜[17]。在被围之后，这些基础又自然地被修复（不然的话整个石墙部分早就塌了），依我看，比起原先的罗马建筑的说法，这是对这些发现于巨石牌坊之下的石柱段最为合理的解释。为什么这么说？毕竟，如果正如正统理论想让我们接受的那样，是罗马人建造了这座城市的建筑基础，那他们会在本来有很多特别雕刻和装饰过的常规石块可用的情况下，突然在这个地方用上一截石柱吗？

这很显然不合理。但是阿拉伯工匠们在修补被破坏的建筑基础时就该用他们手边的任何材料，巴勒贝克经受了几个世纪的战争、地震和其他灾难，意味着这里四散了无数破碎的古老石柱，正如今日这般。还有另一种可能，那就是，的确是罗马人将这截石柱放进了墙里——但还是因为修葺，而不是在原先的建造过程中做的。如果这巨石墙是在罗马人到来之前就存在的古物，如果罗马人本来就想将其用作建筑物的基础，他们肯定会检查这些建筑基础，修整饱经风霜的各个地方。

我在笔记本的一页纸上大大地写上了一行“找出更多关于石柱段的信息”。这事还没完呢，但是罗马人并非 U 形 A 巨石墙（巨石牌坊是其不可分割的一部分）的建造者的猜想，对我而言还是存在可能性的，值得进一步研究。

是时候从外面看看巨石牌坊了。我走出了那片迎接我的树荫，朝顶端的大石头又走近了些，然后返回东边穿过朱庇特神庙。最后，我找到了返回遗迹主入口的路，穿过山门，走下台阶，右转后沿着与南面阿拉伯人所建防御工事外墙平行的小路走。映入眼帘的是位于主废墟东南几百米远处的维纳斯神庙。它很壮丽，但是和我来此的目的不相干，所以我略过它继续朝西南方前进，经过了两座更具阿拉伯风情的建于防御墙内的高塔，终于走进了一道围栏上开出的入口，穿过它可以看到远处的巨石牌坊。

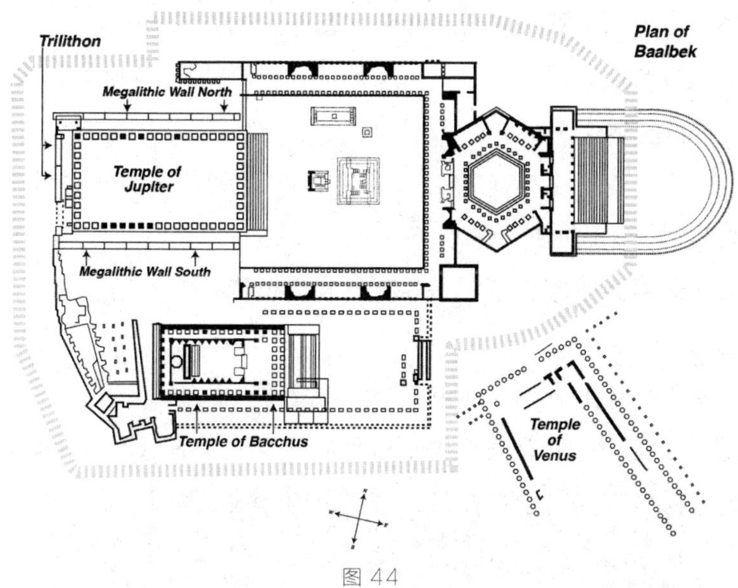

图 44

那里有个门卫，他竭力表现出一副禁止我入内的表情，但是有钱能使鬼推磨，他乐呵呵地打开了门，然后我就走在穿过满是枯树的果园的路上了，可以去好好看看那三块在世界上任何其他地方的建筑上都从未有过的最大石块了……

“力量和技术的最高峰……”

大卫·乌克哈特，是十九世纪一位博学的苏格兰人，他遍游黎巴嫩，最后在1860年出版了《历史与日志》。他从未解释过自己从何得到的线索，但是相信巴勒贝克在腓尼基人隐秘的海上帝国时期曾扮演了重要角色。腓尼基人是该地区原有的迦南人的后裔，他们的功绩从公元前两千年就已经被其他文化烙上印记。实际上腓尼基人常以迦南人自居[18]。他们以出色的航海能力，也许准确而科学地说是航海技能闻名于世。他们在地中海沿岸修建港口，远至突尼斯、摩洛哥、西班牙、意大利、土耳其、塞浦路斯和马耳他。他们的核心处于黎巴嫩，但是第一个城市为比布鲁斯，在现代贝鲁特北部，其他的重要中心城市为提尔和西顿。

腓尼基人有很多的神秘之处，也常被心灰意冷的研究者们斥以“对自身长期保持沉默，未留下任何书面历史。我们对他们的认知全来自于其他种族的历史记载，只有外族拥护者希望他们的事业能后继有人”[19]。

这些国外的拥护者之一是希腊学者斐洛，他于公元一至二世纪生活在比布鲁斯——所以被称作比布鲁斯的斐洛。他自称其《腓尼基历史》是译自桑渠尼阿通的作品，桑渠尼阿通被认为是一名一千多年前斐洛的腓尼基圣人[20]。他的著作没有通过任何其他途径流传下来。此外，正如巴比伦祭司贝乐索斯所说——读者在前面的章节也能看到他——斐洛自己的《腓尼基历史》也已散失。剩下的就只是由其他作者通过引用和总结保留下来的片段，其中尤其值得关注的是公元四世纪的教会神父尤西比乌斯[21]。

在这些片段中，我们读到了被认为是希腊神乌拉诺斯的功勋，他的名字的意思是“天空”或“天堂”：

通过设计被赋予了生命的石头发明了贝特尔斯。[22]

这里有几个地方很有意思。首先，很明显，我们回到了贝特尔斯的王国，那些“从天上而降的石头”，往往是支离破碎的彗星碎片流的一部分，在整个古代近乎被视为崇拜对象。如果我们看看这个词的词源 betyl，我们会发现它的意思是“神之家”[23]，而天神的家，当然是天空，正是陨石物体的来源。其次，对这些“被赋予了生命的宝石”有一种奇怪的意味，在有些翻译中被显著体现出来，“因生命而移动的宝石”[24]。这样一来，我不禁想起古埃及的传说：巨大的石块被“魔术师”使用“权能之语”毫不费力地搬来搬去。例如，大英博物馆有一卷第 604 号纸莎草记录了魔术师荷露斯努比亚的事迹：

他用 200 腕尺长 50 腕尺宽的石头做了一个穹顶，遮盖了法老和贵族们的头顶……当法老抬头望向天空，他和在场的人们一起张开嘴巴呐喊起来。[25]

由于 200 腕尺乘 50 腕尺相当于大约 100 米乘 25 米（约 328 英尺

乘 82 英尺），很明显，可以举起这样一个巨大石块的任何魔法师要举起巨石牌坊的巨石是不会有问题的，后者大小不到前者的四分之一。无论如何，这种对魔术师的想法迂回地把我们带来了大卫·厄克特，他在其《历史与日志》中告诉我们，是什么在十九世纪中叶将他引到了巴勒贝克：

我被贝特尔斯吸引到那里，古代作家留下的谜题……我（相信）那就是腓尼基的船只在从事远距离航行时使用的磁铁，并在回来时还回巴勒贝克的宗教寺庙，直到船队在此出发之前都继续留在那里……[26]

不幸的是厄克特没有发现任何消失的技术的线索，那块他一直在巴勒贝克寻找的“神奇的磁石”[27]。“哪个才是贝特尔斯举行仪式的寺庙？”他问道。然后，他推断“它已经消失了”。“它一定是在平台上面的”，为了给罗马寺庙让路，“可能后来被拉倒了下面”[28]。因此，他用研究巨石牌坊的奥秘和另一块切得更大的石块来聊以自慰。那块更大的石块是当地线人提供的，废弃于采石场以南半英里的废墟中。他指出，这些废墟“上部连接在一起”，当你不将他们和后来的神庙联系在一起时，它“不过是个四方形外壳”[29]：

人们可以想象用这些巨大石块刻成的国王雕像，宫殿的装饰，或寺庙的盛况，但这里没有这种东西，没有引人遐想的对象来解释如此的作品。[30]

这是厄克特自己提出但找不到答案的一系列问题中的一个：第

一，为什么要修建如此巨大的石块（相比之下“巨石阵只是一个幼儿园玩具”）？第二，为什么在这里建？巴勒贝克不是一个伟大的首府或港口，而是处在深远内陆。第三，为什么工程突然停止？采石场的石块、巨石牌坊所处的 U 形墙的未完成状态可以证明这一情况。第四，巴勒贝克为什么特殊[31]？

这个建造物是单独的，世上没有任何与它有哪怕丝毫相像之处的东西。[32]

某天晚上厄克特和巴勒贝克的埃米尔一起吃饭，问他大 U 形外墙是谁建的。埃米尔就事论事地回答，石块是分三个阶段建成的。远古洪水之前，在两个不同统治者号令之下，巨石阵的工作已经完成：

洪水来了，然后所罗门修复了它。[33]

在回贝鲁特的途中，厄克特想起了埃米尔告诉他的一件事，认为它触及了一个基本事实，即“巴勒贝克的石头一直被认为是洪水没能卷走的坚固物件之一”[34]。更重要的是，对他而言，似乎——

大洪水之前，人类社会的进程就已经在运行……巴勒贝克的建设者一定是到达了权力与技术最高峰的人，该区域肯定是他们领土的中心。[35]

毕竟，诺亚就掌握了建造方舟的技术：

方舟长450英尺，宽75英尺，深45英尺……因此，他有着这些著名人士的知识，在这上古时代航行技术肯定已经被掌握，而且在技术上达到了不同寻常的完美程度。对于方舟的建造，圣经是唯一权威……在另一方面，访问巴勒贝克的怀疑论者，将不再怀疑那些可以用三层带枪甲板那么重的石头修墙的人是否能建造这种（巨大）尺寸的船只。我假设批评者对这一上古起源的争论，要少于非此起源的相信者的争论。[36]

今天，诚然，怀疑论者质疑一切带着轻信、迷信、简单信仰风味的东西。然而，让厄克特如此激动的传统，却是普遍的。诺亚本人被认为被葬于该地区，他在洪水之后返回了那里，并度过余生[37]。根据黎巴嫩1670至1704年的马龙派主教斯特芬・艾尔・杜埃伊所述：

巴勒贝克是世界上最古老的建筑……它……由巨人统治，他们因罪孽而被洪水惩罚。[38]

其他传统暗示了在放置巨石时恶魔的存在[39]，一份阿拉伯手稿呼应了厄克特听到的故事，即在洪水后人们试图重建巴勒贝克。这一次并非所罗门，而是尼姆罗德，诺亚的曾孙，派巨人修复了被损毁的墙壁[40]。

魔鬼，巨人，压路机，绞盘，升降架……还是外星人？

抬头看看巨石山墙的三块大石头，它们的基座高出巴勒贝克西墙内的地面6米（约20英尺）以上，我能理解为什么人们认为这是恶魔或巨人所为了。实际上，关于它们还有些超自然的东西——某些看似不可能之处。它们的长度分别为 19.60 米（64 英尺 3 英寸）、19.30 米（63 英尺 3 英寸）和 19.10 米（62 英尺 8 英寸），高 4.34 米（14 英尺 3 英寸），宽 3.65 米（接近 12 英尺）[41]。它们被放置得过于精准，以至于即便只是想在接缝处插入刀锋的边缘都是不可能的。

我唯一能说的就是“去看看”！

但是，如果你想采取正统视角，可以读一读让·皮埃尔·亚当 1977 年的文章《关于巴勒贝克巨石牌坊：巨石运输和修建》[42]。它仍然是所有怀疑论者引用的标准参考作品，似乎它证明了他们的观点，并提出了一个部署雪松木辊的可能性，木辊上放置石块[43]。为了拉动木辊上的石块，亚当首先考虑使用 800 头牛，后来（由于后勤方面的原因）否掉了[44]。

最后，在解释了人体肌肉力量的弱点可以通过技术独创性来克服后，他决定采取装配了六绞盘轮的多个阵列来拉运巨石牌坊的石头，每个阵列 24 人，合计仅 144 人，把石头一个接一个地从半英里（约 800 米）外的采石场运到施工现场[45]。在路途的终点，他计算出要用 16 个大些的绞盘，每个阵列 32 人（合计 512 人），将石块运到最终位置[46]。在最后操作步骤增加绞盘轮和人数的原因，必须要去掉木辊，因为显然不能把它们留在壁上的某个位置。这将极大地增加石块与拖动面之间的摩擦，但某种润滑剂的应用可以在理论上减少摩擦，这样就无需抬起石块了——这是亚当认为罗马人在面对这种尺寸的石块时不愿碰到的问题[47]。

弗里德里希·拉加特有一个略为不同的正统的解决方案来应对移动和放置巨石牌坊的石块的挑战[48]。他的方案确实涉及在工序的最后抬升石块，他建议用多个“刘易斯”设备来完成（在石头质量中心上方的专门切孔中安装金属件，连接到链条或绳索上，用升降架机或绞盘提升）：

> 这块巨石牌坊上的800吨重的石块肯定是用木辊移动的。然后，它必须被稍稍抬起，以便在这巨大负荷一寸寸降低之前去除木辊。如果每个刘易斯孔能承担5吨重量的提升力，则这块石头上要连160个金属件。[49]

我并不想在这里进行详尽的批判。只是顺便提一下亚当和拉加特的提议存在的一些困难。例如，两者都依靠木辊，但计算结果表明，支撑石块的压力会迅速粉碎木辊，即使这些木辊是用最强韧的黎巴嫩雪松切割而来的[50]。同样，绞盘一切都好，加上每个人发挥出的“肌肉力量”，但亚当也承认有一个问题，即除非能牢固地固定在地面上，否则移动的会是绞盘，而不是石块[51]。最后，每一个石匠都明白刘易斯设备以及它们工作的原理，但巨石牌坊的石块上没有哪怕一个刘易斯孔的任何迹象，更别说160个[52]。

亚当和拉加特，和其他想要再次向我们证实巨石牌坊的成就并不来自非凡及神秘的人，他们都喜欢首先提出，巨石是可以利用历史上的已知技术移动的。例如埃及一座25米（约82英尺）高的方尖碑，重达320吨，在公元一世纪由皇帝卡利古拉带到了罗马。用一艘特制的船将之从埃及穿过整个地中海运送过去，这本身就是一项令人难以置信的工程、物流及重物提升方面的壮举。然后，很久以后——十六世纪——同一座方尖碑在西斯都五世令下，被从卡利古拉时期以来它所在的地方移走，重新竖立到了圣彼得广场[53]。同样，在俄罗斯，十八世纪后期的“雷石”，一块重 1250 吨的花岗岩，至今仍矗立于圣彼得堡市的彼得大帝骑马雕像的底座，被人用特殊的可移动的青铜球轨道移动了 7 千米[54]。

你要知道，用青铜球轴承拖着一块超大型的巨石走直线，或站在巨大空旷广场中间把它立起来是一回事，但用这样的巨石砌成一堵墙完全是另一回事，后者仿佛巨人的乐高搭建项目。

然而……我们还是要承认，这是可以做到的，类似的事情已经实现了，当然了——因为证据就在我们眼前——在巴勒贝克。唯一的问题是，到底是罗马人还是在罗马人之前可追溯到万年以上的文明发现了 U 形巨石墙，并将自己的建筑嵌入其怀抱之中的呢？

在我看来是这样的。

崛起于巴勒贝克平原之上的坚固基石，丹尼尔·罗曼认定为前罗马时期的 1 号平台，在其之上建起了朱庇特神庙，端坐于从南、西、北三侧拥抱它的 U 形墙内。墙没有支持朱庇特神庙，这是一个完全独立的外部结构。

我沿着西墙走了几次，麻木地凝视着让人惊叹的巨石牌坊上面的巨石，试图去读取其中的意思。无论是罗马人还是其他不为人知的上古文明把它们建在了此处，我想知道的是为什么他们把他们放到 20 英尺高的地方？为什么要把巨石堆在相对小的石块上面？一般的逻辑是把最大、最重的石块放在地面，在其之上添加更小、更轻的石块。为什么反其道而行之，增加额外工程与抬升的挑战吧？

我继续沿着墙走，数着石块和层数。首先，从地面向上数，有三层特别小的方石——大概高 1.5 米，重 0.25 吨。在这三层顶端是六个更大的石块，成品非常漂亮（虽然也被严重侵蚀了），上半部分修整得比下面部分窄。这六块石块，或多或少与我前面描述的南墙石块相像（见第十二章），每个重达400吨左右。最后，在它们上面，来了三个怪物，800吨的巨石块。

现在我往北走往西边和北边墙壁的角落。这块最北的巨石块并没有直接延伸至西墙末端。之间有个间隙，被从平台1延伸过来建在角落的阿拉伯防御塔填补上了。但是，如果我在脑海里把这塔删除，就可以看到这是怎么回事，因为另一侧是巨石形成的U形墙的北壁——我之前从上方看下来看到的那边（见第十二章）。事实上，我就是从阿拉伯防御塔走出来，找到了观察这部分巨石墙的合适视角，它和平台1的北墙被35英尺宽的草地隔开了。

我知道，考古学家将U形墙视为朱庇特神庙的宏伟壮观的基础，但平台2尚未完成。罗曼提供了十分良好的例子证明它正是如此。但我还是为它非承重的、纯粹的装饰功能感到困扰，如果是那样的话，我有一种挥之不去的感觉，那就是这是罗马人从前人那里继承而来的。

然而，与考古学家意见一致的是，我所知道的仍然在半英里远的采石场中的那些更大的巨石（这里的工作一结束我就要去采石场看看），肯定是建造者打算放到U形墙的北墙和南墙顶端，来将高度升到西墙一般高的，而西墙高度是由巨石牌坊的安置达到的。诚然，这些巨石比巨石牌坊的石块更长更宽，但在从采石场运来的途中，把保护它们的“石坯”修去以后，它们将严丝合缝地像拼图碎片一样与巨石牌坊吻合。还是那个问题，到底是罗马人将平台2建成为U形墙的一部分，还是消失的史前文明的建筑师和石匠工作的作品。

我也同意考古学家们另外一些观点。

几十年前就由热衷于“古代宇航员”的人士们开始推广的那些想

法不可能是正确的。这些人当中撒迦利亚·西琴尤为突出，观点见于他 1980 年首次出版的《天国的阶梯》一书（以及他后来的地球编年史系列出版物）。无论巴勒贝克是什么，以及为什么 800 吨及其以上重量的巨石被用在这里，无论谁是把它们放到了这里，他们绝对不是为了打造“一个神的飞机的着陆点”[55]。西琴声称巴勒贝克抬升的平台是“为支持一些极端的重量”[56]，以及此处的重量是来自一个“火箭般的飞行舱”，这种想法只可能是由一个不知道巴勒贝克本身的真实面貌和布局的人提出来的，而且只有不具备对遗址的直接认识的人才会相信。

西琴似乎是因为巨石牌坊上的巨石块才相信巴勒贝克的整个平面都是由巨石打造的，其实牌坊上的巨石只是环绕平台 1（只是中等规模）的 U 形墙的组成部分。虽然想象中的外星人也许能够在如此狭小的平台上降落（如果没有其他建筑物），但他们肯定也不希望降落在一堵墙头上。因此，凭 U 形墙用了巨石这一点，就说那个没有与之直接相连，也不靠其支撑的平台是外星人设计用来承受极端重量的“降落台”，只是在那上面“飞船的起飞和降落都十分受限”[57]。这种想法要么是无知，要么是虚伪，或是两者兼而有之。

此外，就算整个巴勒贝克都是巨石建造的——实际上完全不是这样——我们必须要问，为什么技术发达的外星人能乘太空船穿过太阳系，却需要这样一个平台来登陆？如果就像西琴希望我们相信的那样，他们能从一个星球跳到另一个星球，凭他们的技术不是应该能构建一些更为高新和适用的东西吗？总之，西琴简单地把 20 世纪 70 年代美国航空航天局的空间技术用作模板，投射出了他想象中的古代宇航员，这不是很明显吗？我本人认识撒迦利亚·西琴，我俩在纽约一起吃过几次晚餐，我还在他访问英国时将他从巨石阵载回伦敦。我很喜欢他，也觉得他的一些研究是很好的，但是对于巴勒贝克，至少目前我很确定——在亲自探索过遗址之后——他的整个“登陆平台”理论有根本性的缺陷。这并不是说他书中的每一个想法都是如此。那些他自己也说过其实并不会阅读和翻译的美索不达米亚楔形文字文本（他的“翻译”其实是从一些主流学者作品改编而来的，有一定程度上的“虚构”），其实包含了最有意思的材料，我认为他关注到其中的高科技线索是正确的。

但是，那些技术到底是“外星人”的还是人类的？在第十六章我们会回到这一问题，考虑关于圣经和其他古代文献中被称为“巨人”和“看守人”的某些强大生物到底是什么。

世界上最大的切割石块

“我发现考古学家很少会接受古代宇航员的概念。”艾丽芙·巴图曼在其 2014 年 12 月 18 日发表于《纽约客》的一篇文章中写道，“尽管人们可以争辩说，考古学家寻找答案时，所找到的是一个更大、更神秘的石块。”[58]

的确如此！2014 年 6 月，就在我抵达巴勒贝克一个月前，德国考古研究所在离朱庇特神庙以南半英里远的采石场有了惊人发现。人们早就知道那儿躺着两块巨石，比巨石牌坊中的任何石块都要重得多。但是，没人会料到，第三个巨石块被采石场上千年积累的沉积物掩藏了，尽管围绕巴勒贝克人们已经进行了一个世纪的深入研究。考古学家选择不对外公布他们的发现，直到 2014 年 11 月下旬。由于他们在 6 月份就将其出土了，当我与一位当地店主在 7 月 10 日第一次访问采石场时，它就在众目睽睽之下——那位店主声称自己才是它的发现者，德国人只是占有它——这引起了我的注意。

采石场分为两部分，由道路分割，当你从神庙方向过来时就会进到著名的“石孕妇”所在的一区，这块石头也被叫作“南方石”，一百年来装饰着巴勒贝克的明信片。在此之前，如大卫·厄克特这样的旅客早就知道了其存在。它有 21.50 米（约 71 英尺）长，4.20 米（不到 14 英尺）高，4.30 米（刚刚超过 14 英尺）宽，重 970 吨[59]。马路对面，有一块更大的巨石，历经沧桑都未被发现，在 20 世纪 90 年代才出土。它长 20.5 米，宽 4.56 米，高 4.5 米，人们计算出其重量为 1242 吨[60]。但是，2014 年 6 月被发现的巨石质量比它们还要大，有 19.60 米（64 英尺 4 英寸）长，6 米（19 英尺 9 英寸）宽，5.5 米（18 英尺）高，重量估计有 1650 吨[61]。

那位兴奋的店主得意洋洋地指着的，正是这块新发掘的巨石，这一古代世界采石场中最大的一块。它的上表面比位于旁边与之平行的孕妇石下缘要低不到两米。而且，与孕妇石一样，在除去“石坯”后，它的切割和成形非常漂亮，已经准备好直接放入 U 形墙了，这三块巨石毫无疑问就是为 U 形墙而造的。

我对着这些奇怪的、异世界的石块爬高上低花了几个小时。我感觉是在登山。规模如此之大，某种程度上让人有“外来”感，有一种与日常现实的诡异脱离，我的时间概念都模糊了。我注意到孕妇石其实是从底部被切开的，用干净的直切。那是怎么做到的？不管我站在它的哪边——上面、下面、旁边——在这古老而不可知的魔鬼的头脑的产物旁都相形见绌。想到在某个遥远的时代，有人能够想出这种东西，能够将之完整地雕刻和塑造出来，最后将之留在这里，抛弃它，忘记它，我对此无法理解。我越近地审视它，就能观察到更多的细节，有关这作品的工艺之精确，整体之规模，创作所投入之意志和想象，我就更加肯定，这个作品及采石场中的其他作品，以及巨石牌坊和巴勒贝克的其他巨石，都不是罗马人的作品。

我知道对此丹尼尔·罗曼多么彻底地不同意！几个月后的 2015 年 2 月，我和他将进行超过数天的通信。他殷勤地回答了许多问题，并帮助我了解了一些我在巴勒贝克时没解决的困扰。他对这个庞大规划出自罗马人之手做出了精彩解释。他甚至还将建在巨石牌坊地基中的石柱段的照片发给了我，并写道：

在最近的工作中，我找到了这个石柱段，重新对其进行发掘，精确到毫米地测量确定了截面直径。我观察了其表面结构及敷料，与朱庇特神庙的石柱和岩性进行了对比。所有迹象都与罗马的朱庇特神庙的石柱段一致。为了用其制出琢石砌体，此碎片边缘装饰整齐，并且具备所有罗马朱庇特神庙琢石的精美的切边（包括巨石）。[62]

我的答复是：

首先，必须清晰明了的是，我不否认该碎片来自罗马朱庇特神庙的石柱段。它显然就是。我不否认罗马朱庇特神庙被普遍认同的年代日期。但这个碎片是你和你的同事们用来建立巨石牌坊年表的逻辑大厦的十分重要（强大的！）的组成部分，并且很多其他人在说到这一年表时都要凭借它。所以，我想更深入询问一点的是，你有多确定这一石柱段碎片是在西墙最初建造的同时被放进去的。固然，其切割和成形俱佳，但又突兀伸出（在你好心送我的照片中看起来尤其清晰）。它看起来有侵入性、怪异而尴尬——与这一石层中的其他石块都很不同。总之，我认为这个碎片更可能是用作墙的后期修补的，而非原墙的组成部分。可以借以支持这一说法的是，我们知道阿拉伯人不断地修复围绕整个遗址的墙，有时还会用石柱段，那么为什么此处不可以只是另一次修复呢？能够绝对令人信服的，彻底、有效、一劳永逸地将这种可能性删除的考古证据是什么呢？如果你能解决并能就此具体回复，我会不胜感激。[63]

罗曼直接如此回复道：

此碎片只是展示巨石平台与神庙之间相似性的标志之一，它不是我们的发现结果，而是科学家们在一百多年来公认的——最晚的是1900年至1904年间的德国考察队。是的，它伸出了墙外。但是并没有——没有与其他石块不同。寺庙的建造者很务实：当建筑结构隐藏在土壤之下或别的东西后面，他们并不刻意去压平表面或使之看上去不错……建造中最重要的首先是琢石的顶部和底部要完全平整，然后是两侧要平，为了构建巩固和稳定的墙壁——在石柱段上用罗马人的手法这样做，其周围的石块也完全一样。如果你看一下这碎片的长度，想象墙上不是它而是一个洞，上方的两个较小的琢石会掉下来，从而导致上方结构上进一步的不稳定。在这里，摩擦连接／闭力［我的字典里对kraftschluss（译者注：德语的“牵引”）的翻译——语言障碍！］是必要的，你不能只用一排“顺砌砖”取代琢石。其次，阿拉伯人对罗马墙的修复看起来很不同：他们用的石块更小，并且永远不可能将它们挤得那么紧……中世纪的修复从来没有这样严密的接缝。精确性的对比让像我这样的工程师能100%确定（不是修复）。[64]

在检查我们自己的巨石牌坊照片后——我们在那儿时桑莎拍了很多照——我发现自己不能被罗曼的说法说服。首先（见照片部分），这石柱段没有“隐藏在土壤下面或别的东西背后”。它就在正常视角内，在墙的最低可见层里，而且突兀地伸出来。它由一个明显不同的、更黑的石头做成，与它相邻的石块相比“外表”非常不同。事实上它相当独特。第二，精度上，我不同意罗曼提出的这一石柱段不可能是阿拉伯人修复的说法。在照片部分，读者能发现另一个石柱段的案例，能确定那肯定是阿拉伯人对巴勒贝克墙壁的修复，其精度与墙基中那个石柱段一样好。我也考虑了另一种可能性——即这是罗马人对前罗马时期墙体的修复——这种可能性还是很大的。如果被这块石块取而代之的较低的一块已损坏严重，肯定会被移除，那么它上面的两个小矩形块（罗曼说它们“会掉落，造成上方结构进一步的不稳定”）也不得不被同时除去。

但接下来发生的事情是这样的，没有其他任何石块掉落，也没有引起上面一层巨石的任何不稳定，上面那层巨石由不下五块大型水平石块支撑，其中三块完全不会受到下方两块较小石块移除的影响，而另外两块能受“摩擦连接”保持在适当位置上。一旦石柱段切割成形后在地面上放置到位，那两个较小的石块就能被滑回到上面的墙上，维修就能完成得十分整齐而有效。

还有一个基本领域上的分歧，有关我认为的围绕平台 1 的 U 形巨石墙，而罗曼认为它是平台 2 的第一道工序层。他告诉我，“除却琢石的大小”，我所说的 U 形巨石墙是“奥古斯时期后罗马神庙平台底部的标准造型”。他让我去看看尼姆的美美·逊卡瑞伊的平台[65]，并提出巴勒贝克的巴克斯神庙本身也有一个类似的平台[66]。他还给我发了照片链接。“如果你放大看——”他写道，“可以看到底层上面第二层的石头，与巨石牌坊是相对应的。”

我的回复是：

您写道，朱庇特神庙的巨石平台，虽然规模上明显不一样，却是“罗马神庙平台的标准造型”，但从您发给我的链接照片看，我不确定是否如此。此处附上我们自己的巴克斯神庙照片……（角度与你发来的照片相同[67]）。照片显示的平台，有一侧是直的（除了顶部和底部边缘），而朱庇特神庙的平台用一排巨石块展示给我们更多的阶梯效果。胡里奥·克劳狄神庙平台的最底层形成连接的部分，从它们上方陡峭的墙壁向外跨出了很远，其顶部就是这种变形。我想两者更具相似性，如果巨石层已建好并一路延伸到墙的顶部，但变形仍然会被设在顶部后面几米，而不是几乎与顶部齐平，因为它是在巴克斯神庙里面。总之，当我把照片放大看巴克斯神庙平台时，就算忽略规模问题，也真的看不到与巨石牌坊相呼应的石块。是我忽略了此处的一些明显的东西吗？[68]

我还问道：“你有没有从平台 2 中发现任何能证明其出处的有机材料，有没有对其进行碳定年？”[69]

关于碳定年，罗曼回答说，“不幸的是”，没有进行。

建筑的年代不断在变化，过去 100 年的深度挖掘也没留下任何考古上的或有机的物质来帮我们克服这个困难。[70]

这一情况给了我很大启示，因为这就意味着——打个恰当的比方——所谓朱庇特神庙的“胡里奥－克劳狄平台”——平台2——的整个考古年代大厦，其建立基础不具备任何科学证据。不是在说考古遗址的碳十四定年有问题！正如我们在前面的章节中看到的，定年的确很成问题——对于哥贝克力石阵的情况，除非能够证明被定年的有机物已被“封”在某个特定的时刻，不可能有后序的材料对其进行入侵从而造成可能的日期推迟。

其实根本没有对平台2进行碳定年，不论方法有没有问题。由此可见，这个非常有趣和特殊结构的正统年代完全只是基于风格因素——某种建筑风格与特定的文化和时段相关，而平台2的风格完全适用于“胡里奥－克劳狄”时代的罗马建筑。

我的观点是，对巴勒贝克风格的观点本该是清晰的，但如今却远未明确，仅以我们现在依赖遗址得出的理解而言。为回应我对变形位置提出的问题（即神庙中围绕内殿——内部筑物——的四面门廊或立柱厅的变形），罗曼承认风格有些异常：

> 是的，通常变形会在平台边缘，在巴克斯神庙的确如此。之前的例子应该是罗马建筑（罗马广场的马尔斯神庙是这方面的里程碑[71]）。这是朱庇特神庙的一个怪异之处。[72]

另一方面，罗曼指出，如果平台2确实建成了，以他设想的方式将变形设在后方的神庙就会出现在巴勒贝克——比如巴尔米拉的贝尔神庙，土耳其埃扎诺伊的宙斯神庙，土耳其塔索斯的巨型庙宇。他写道：

在我看来，是因为这样的事实，即贝尔神庙和巴勒贝克的朱庇特神庙，都是建在更古老的土地上的（巴勒贝克的希律，巴尔米拉的希腊），并必须找到一个解决方案，在（即使只是略微）旧的寺庙建筑下挤出第一世纪的、最时兴的、最新的时尚罗马式平台。巴勒贝克的露台是非常高的，所以这个平台需要很宏大，而在巴尔米拉，变形的建筑已经建起，所以这个平台就被立在了远处。[73]

此外，罗曼站在自己的立场上认为平台 2 尽管不完整，但形状很正常：

（它是）由底部轮廓（边缘，照你的称呼）、“轴部”或垂直部分（这在巴勒贝克是巨石层……）及顶端边缘层组成的标准平台……[74]

他附了一份尼哈豪森神庙的平台建筑结构图来说明他的观点，那是黎巴嫩的另一个罗马神庙[75]。但在我眼中，它与巴勒贝克的平台 2 惊人地不相像，他想让我拿来与巨石牌坊作比较的石砌层是 1.58 米（5 英尺 3 英寸）高，而巨石牌坊，正如我们所看到的，高达 4.34 米（14 英尺 3 英寸）。

正如我指出的，我认为丹尼尔·罗曼给出了一个强有力的证据，但没能在我们的通信中向我证明 U 形巨石墙（围绕但不支撑朱庇特神庙所处的平台 1）是罗马人的作品。他可能是对的，也可能是错了，从来自整个失落的文明世界的其他所有证据来看，我认为明智的做法是对巴勒贝克保持开放的心态。

然而，最后要说的是，我因自己在采石场的所见而得出这一看法，因为我们不得不问，为什么重达1000至1650吨的三个巨大的石块会被留在那里？

传统的答案是罗马人在开采出这些异乎寻常的巨大石块后，发现自己根本无法挪动它们，于是干脆放弃。但这种解释几乎没有意义。如果罗马人修建了U形巨石墙的说法是正确的，那么我们就知道他们会继续用较小的石块修建一个范围很广的建筑群，服务于朱庇特神庙。当然，他们所需的较小石块的第一来源，根据主流考古学的说法，该是那些他们无法从采石场挪动的庞大巨石，而不是开拓新的采石面吧？罗马很实际，不会允许自己煞费苦心所做的工作白白浪费。他们不会将那些巨大的、已几近完全开采出的1000多吨中的石块，简单切成较小的、更易挪动的石块来进行神庙剩余的建造工作吗？

真正令人费解的是，他们并没有这样做，所以实际上这些巨大的、几近完成的石块被留在了采石场，从未被切分成更小的石块并用在朱庇特寺庙的总体建造中。这一事实让我强烈地觉得，罗马人甚至不知道它们在那里——就像德国考古研究所那样，尽管已经有一百多年的发掘，他们也是直到2014年才知晓那里有第三块巨石。某天有人告诉我，可能很快就会传来“有关采石场巨石的定年与用处的新信息”，但这些信息在我写作的当下还没有[76]。

我满怀兴趣地等待着，但也疑惑着这信息是否能解决任何问题，还是只能带来更多问题。

我们是个有失忆症的物种。12800年前使新仙女木期准备就绪的毁灭性彗星撞击，造就了两次全球性的洪水泛滥，第一次是在新仙女木期的开端，另一次是在新仙女木期的末尾，所以我们忘却了许多。靠存留的碎片让记忆复苏，逻辑上很困难，心理上很痛苦——正如围绕巴勒贝克展开的复杂局面和几十年的争议。但来自幽深遥远的过去的信息还是传到了我们这里，这信息藏于先贤的世界，藏于魔术师的功绩中，藏于他们留下的宏伟纪念物中，是为在这“伟大回归”的时刻将我们唤醒。